DAS NEUE
SCHULDRECHT 2022

Das neue Kaufrecht und der
Vertrag über digitale Produkte

2022

Dr. Tobias Langkamp
Rechtsanwalt und Repetitor

ALPMANN UND SCHMIDT Juristische Lehrgänge Verlagsges. mbH & Co. KG
48143 Münster, Alter Fischmarkt 8, 48001 Postfach 1169, Telefon (0251) 98109-0
AS-Online: www.alpmann-schmidt.de

Zitiervorschlag: Langkamp, Das neue Schuldrecht 2022, Seite

Dr. Langkamp, Tobias
Das neue Schuldrecht 2022
– Das neue Kaufrecht und der Vertrag über digitale Produkte –
1. Auflage 2022
ISBN: 978-3-86752-813-9

Verlag Alpmann und Schmidt Juristische Lehrgänge
Verlagsgesellschaft mbH & Co. KG, Münster

Unterstützen Sie uns bei der Weiterentwicklung unserer Produkte.
Wir freuen uns über Anregungen, Wünsche, Lob oder Kritik an:
feedback@alpmann-schmidt.de

Folgen Sie uns!

Instagram Youtube Facebook

INHALTSVERZEICHNIS

Das neue Schuldrecht 2022 – das neue Kaufrecht und der Vertrag über digitale Produkte 1

1. Teil: Das neue Kaufrecht 2

1. Abschnitt: Änderungen im allgemeinen Kaufrecht 5
  A. Neuer Sachmangelbegriff 5
    I. Subjektive Anforderungen 6
      1. Vereinbarte Beschaffenheit 6
        a) Beschaffenheitsbegriff 6
        b) Vereinbarung der Beschaffenheit 7
      2. Vertraglich vorausgesetzte Verwendung 9
      3. Vereinbartes Zubehör und vereinbarte Anleitungen 10
    II. Objektive Anforderungen 11
      1. Eignung zur gewöhnlichen Verwendung 12
      2. Übliche Beschaffenheit, die Käufer erwarten darf 13
        a) Übliche Beschaffenheit 13
        b) Erwartung des Käufers 15
      3. Probe oder Muster vor Vertragsschluss 17
      4. Zubehör einschließlich Verpackung, Montage- und Installationsanleitungen 17
    III. Montageanforderungen 18
      1. Unsachgemäße Montage 18
      2. Mangelhafte Montageanleitung 19
    IV. Aliud-Lieferung und Lieferung einer zu geringen Menge 19
  B. Ergänzungen des Nacherfüllungsanspruchs 20
    I. Beschränkung des Ersatzes der Aus- und Einbaukosten bei Kenntnis des Käufers vom Mangel 21
    II. Zurverfügungstellung zum Zweck der Nacherfüllung 22
    III. Pflicht zur Rücknahme der ersetzten mangelhaften Kaufsache 23
    IV. Erfüllungsort der Nacherfüllung 24
  C. Regress des Verkäufers 24
    I. Selbstständiger Regress 26
    II. Verjährung des Regressanspruchs 26
    III. Sonderbestimmungen für den Regress des Unternehmers 27

2. Abschnitt: Änderungen beim Verbrauchsgüterkauf 28
  A. Anpassungen der Legaldefinition und des Anwendungsbereichs 29
    I. Änderung der Legaldefinition 29
    II. Änderungen des Anwendungsbereichs 30

B. Abweichende Regelungen und Vereinbarungen 32

    I. Ausschluss der Wertersatzpflicht und Unanwendbarkeit der §§ 442, 445
       und 447 Abs. 2 BGB 32

    II. Kein Ausschluss der Totalverweigerung 33

    III. Frist und Art der Nacherfüllung 35

    IV. Sonderregelungen für Rückgabe und Rückgewähr 35

    V. Abweichende Vereinbarungen zum Nachteil des Verbrauchers 36

       1. Verbot haftungsbeschränkender Vereinbarungen 36

       2. Anforderungen an negative Beschaffenheitsvereinbarungen 38

       3. Vereinbarungen über die Verjährung 41

       4. Gestaltungsspielraum bei Schadensersatzansprüchen 42

       5. Verbot der Umgehungsgestaltung 43

C. Verbrauchsgüterkauf einer Ware mit digitalen Elementen 44

    I. Sachmangel einer Ware mit digitalen Elementen 46

       1. Ware mit digitalen Elementen 46

       2. Modifizierter Sachmangelbegriff 49

          a) Modifizierter subjektiver Fehlerbegriff 50

          b) Modifizierter objektiver Fehlerbegriff 51

             aa) Bereitstellung der Aktualisierung 52

             bb) Information über Aktualisierung 54

       3. Verantwortlichkeit des Verbrauchers 54

       4. Modifizierte Montage- und Installationsanforderungen 55

    II. Sachmangel einer Ware mit digitalen Elementen bei dauerhafter
       Bereitstellung der digitalen Elemente 56

D. Sonderbestimmungen für Rücktritt, Minderung und Schadensersatz 58

    I. Nichtvornahme der Nacherfüllung in angemessener Frist 60

    II. Erfolglose Nacherfüllung 62

    III. Derart schwerwiegender Mangel 62

    IV. Verweigerung der ordnungsgemäßen Nacherfüllung 64

    V. Offensichtlich keine ordnungsgemäße Nacherfüllung 65

    VI. Entsprechende Anwendbarkeit auf Schadensersatz statt der Leistung 66

E. Sondervorschriften für die Verjährung 66

    I. Ablaufhemmung bei dauerhafter Bereitstellung digitaler Elemente
       und Verletzung der Aktualisierungspflicht 67

    II. Allgemeine Ablaufhemmung 67

    III. Ablaufhemmung bei Nacherfüllung und Ansprüchen aus Garantie 68

F. Änderungen bei Beweislastumkehr und Garantien 70

    I. Modifizierte Beweislastumkehr 70

       1. Verlängerung der Beweislastumkehr 71

       2. Reichweite der Beweislastumkehr 71

       3. Beweislastumkehr bei Waren mit digitalen Elementen,
          die dauerhaft bereitgestellt werden 73

II. Sonderbestimmungen für Garantien 73

    1. Anforderungen an Garantien 73

    2. Rechtsfolgen eines Verstoßes 75

3. Abschnitt: Dreiteilung des Sachmangelrechts 77

2. Teil: Der Vertrag über digitale Produkte 79

1. Abschnitt: Verbraucherverträge über digitale Produkte 80

A. Anwendungsbereich 80

   I. Entgeltlicher Verbrauchervertrag 81

   II. Bereitstellung personenbezogener Daten 82

   III. Digitale Produkte 84

    1. Digitale Inhalte 84

    2. Digitale Dienstleistungen 85

   IV. Anwendbarkeit bei digitalen Produkten nach Spezifikation des Verbrauchers 86

   V. Eingeschränkte Anwendbarkeit auf Verträge über körperliche Datenträger 86

   VI. Anwendung auf Paketverträge und Verträge über Sachen mit digitalen Elementen 88

    1. Paketverträge 88

    2. Verträge über Sachen mit digitalen Produkten und Waren mit digitalen Elementen 89

   VII. Ausnahmen vom Anwendungsbereich 91

B. Bereitstellung digitaler Produkte und Folgen bei deren Unterbleiben 92

   I. Bereitstellungspflicht 92

   II. Zeitpunkt und Modalitäten der Bereitstellung 94

   III. Verletzung der Bereitstellungspflicht 95

    1. Vertragsbeendigung 96

     a) Aufforderung oder deren Entbehrlichkeit 96

     b) Rechtsfolgen 98

     c) Unwirksamkeit der Vertragsbeendigung 99

     d) Besonderes Vertragslösungsrecht bei Paketverträgen und bei verbundenen Verträgen 99

    2. Schadensersatz und Ersatz vergeblicher Aufwendungen 100

C. Mängelgewährleistung 101

   I. Produktmangel 102

    1. Maßgeblicher Zeitpunkt 104

    2. Subjektive Anforderungen 104

    3. Objektive Anforderungen 106

    4. Öffentliche Äußerungen 110

    5. Integrationsanforderungen 111

II. Aktualisierungen 111

   1. Bereitstellung der Aktualisierungen 112

      a) Begriff und Umfang der Aktualisierungen 113

      b) Maßgeblicher Zeitraum 114

      c) Abweichungen von der Aktualisierungspflicht 116

   2. Information über Aktualisierungen 116

   3. Verantwortlichkeit des Verbrauchers 118

III. Rechtsmangel 119

IV. Vereinbarungen über abweichende Produktmerkmale 121

V. Beweislastumkehr 122

   1. Vermutungsregelungen 123

   2. Ausnahmen von der Beweislastumkehr 123

D. Gewährleistungsrechte des Verbrauchers 125

  I. Nacherfüllung 126

   1. Anspruch auf Nacherfüllung 127

   2. Ausschluss des Nacherfüllungsanspruchs 129

  II. Vertragsbeendigung 131

   1. Beendigungsrecht 132

      a) Ausschluss des Nacherfüllungsanspruchs 132

      b) Nichterfüllung der Nacherfüllung 132

      c) Erfolglose Nacherfüllung 133

      d) Derart schwerwiegender Mangel 133

      e) Verweigerung der ordnungsgemäßen Nacherfüllung 134

      f) Offensichtlich keine ordnungsgemäße Nacherfüllung 134

   2. Vertragsbeendigungserklärung 135

   3. Ausschluss wegen Unerheblichkeit 136

   4. Rechtsfolgen 136

      a) Rückerstattung der Leistungen und keine weiteren Zahlungen ... 136

      b) Vertragsbeendigung bei Paketverträgen 138

      c) Vertragsbeendigung bei verbundenen Verträgen 138

  III. Minderung 139

   1. Minderungsrecht 139

   2. Minderungserklärung 140

   3. Kein Ausschluss wegen Unerheblichkeit 140

   4. Rechtsfolgen 140

  IV. Schadensersatz und Ersatz vergeblicher Aufwendungen 141

   1. Schadensersatz neben der Leistung 141

   2. Schadensersatz statt der Leistung 142

   3. Ersatz vergeblicher Aufwendungen 143

  V. Verjährung 144

E. Weitere Nutzung nach Vertragsbeendigung 147
   I. Nutzungsuntersagung für den Verbraucher 147
   II. Nutzungsuntersagung für den Unternehmer 148
   III. Anspruch auf Bereitstellung 150
F. Änderungen des digitalen Produkts 151
   I. Änderungsvoraussetzungen 152
   II. Zusätzliche Voraussetzungen bei benachteiligenden Änderungen 155
   III. Vertragsbeendigungsrecht des Verbrauchers 156
      1. Voraussetzungen der Vertragsbeendigung 156
      2. Ausschluss der Vertragsbeendigung 156
      3. Rechtsfolgen der Vertragsbeendigung 157
   IV. Keine Anwendung auf bestimmte Paketverträge 157
G. Vertragsrechtliche Folgen datenschutzrechtlicher Erklärungen 157
H. Abweichende Vereinbarungen 159
   I. Unabdingbarkeit und Umgehungsverbot 159
   II. Verbleibender Gestaltungsspielraum 161

2. Abschnitt: Verträge über digitale Produkte zwischen Unternehmern 162
A. Anwendungsbereich 162
B. Rückgriff des Unternehmers 163
   I. Rückgriffsansprüche 164
      1. Regress bei unterbliebener Bereitstellung 164
      2. Regress bei Mängelgewährleistung 165
   II. Verjährung 166
   III. Unabdingbarkeit und Umgehungsverbot 167
   IV. Beachtung der Rügeobliegenheiten 167
   V. Erstreckung auf die Lieferkette 168

V

LITERATURVERZEICHNIS

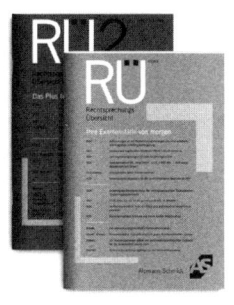

Verweise in den Fußnoten auf „RÜ" und „RÜ2" beziehen sich auf die Ausbildungszeitschriften von Alpmann Schmidt. Dort werden Urteile so dargestellt, wie sie in den Examensklausuren geprüft werden: in der RechtsprechungsÜbersicht als Gutachten und in der Rechtsprechungs-Übersicht 2 als Urteil/Behördenbescheid/Anwaltsschriftsatz etc.

RÜ-Leser wussten mehr: Immer wieder orientieren sich Examensklausuren an Gerichtsentscheidungen, die zuvor in der RÜ klausurmäßig aufbereitet wurden. Die aktuellsten RÜ-Treffer aus ganz Deutschland finden Sie auf unserer Homepage.

Abonnenten haben Zugriff auf unser digitales RÜ-Archiv.

Brönneke, Tobias / Föhlisch, Carsten / Tonner, Klaus — Das neue Schuldrecht, 1. Auflage 2022

Fellner, Christoph — Neue Regelungen für Verträge über digitale Inhalte und Dienstleistungen, MDR 16/2021, 976–982

Gelbrich, Katharina/ Timmermann, Daniel — Der Mangelbegriff im Kaufrecht nach Umsetzung der WKRL und DIRL, NJOZ 2021, 1249–1257

Hoffmann, Jochen — Ein- und Ausbaufälle nach Umsetzung der Warenkauf-RL, NJW Spezial 2021, 2839–2845

Jauernig — Bürgerliches Gesetzbuch, 18. Auflage 2021 (zitiert: Jauernig/Bearbeiter)

Kupfer, Tim/ Weiß, Johannes — Der Referentenentwurf zur Warenkaufrichtlinie – Vorbote einer endgültigen Fragmentierung des nationalen Kaufrechts?, ZVertriebsR 2021, 21–26

Kirchhefer-Lauber, Anna — Digitales Kaufrecht 2022, JuS 2021, 918–922

Lorenz, Stephan — Die Umsetzung der EU-Warenkaufrichtlinie in deutsches Recht, NJW 2021, 2065–2073

Mayer, Maximilian/ Möllnitz, Christina — Gewährleistung für „smarte" Produkte nach Umsetzung der Digitale Inhalte- und Warenkauf-Richtlinien, RDi 2021, 333–340

Meller-Hannich, Caroline — Die Warenkaufrichtlinie und ihre Umsetzung, DAR 2021, 493–497

Pech, Sebastian — Verträge über digitale Inhalte und digitale Dienstleistungen – Ein Überblick zu den Neuregelungen BGB (Teil I), GRUR-PRAX 2021, 509–511 BGB (Teil II), GRUR-PRAX 2021, 547–549

Pechstein, Christoph	Das neue Schuldrecht 2022, RÜ 2021, 630–638
Ring, Gerhard	Die Transformation der EU-Warenkaufrichtlinie ins BGB, ZAP 2021, 907–924
Rosenkranz, Frank	Spezifische Vorschriften zu Verträgen über die Bereitstellung digitaler Produkte im BGB, ZUM 2021, 195–210
Schulze/Dörner/Ebert u.a.	Bürgerliches Gesetzbuch, Handkommentar, 11. Auflage 2021 (zitiert: Hk-BGB/Bearbeiter)
Schöring, Michael	Umsetzung der Warenkaufrichtlinie der Europäischen Union im deutschen Kaufrecht, MDR 2021, 1097–1102
Schöttle, Hendrik	Software als digitales Produkt, MMR 2021, 683–690
Spindler, Gerald	Umsetzung der Richtlinie über digitale Inhalte in das BGB, MMR 2021, 451–457
Spindler, Gerald	Ausgewählte Rechtsfragen der Umsetzung der digitalen Inhalte-Richtlinie in das BGB, MMR 2021, 528–533
Weiß, Johannes	Die Neuerungen durch die Umsetzung der Digitale-Inhalte-RL und der Warenkauf-RL, ZVertriebsR 2021, 208–215
Wendehorst, Christiane	Die neuen Regelungen im BGB zu Verträgen über digitale Produkte, NJW 2021, 2913–2919
Wendehorst, Christiane	Die neuen kaufrechtlichen Gewährleistungsregelungen – ein Schritt in Richtung unserer digitalen Realität, JZ 2021, 974–984
Wilke, Felix M.	Das neue Kaufrecht nach Umsetzung der Warenkauf-Richtlinie, VuR 2021, 283–293

Das neue Schuldrecht 2022 – das neue Kaufrecht und der Vertrag über digitale Produkte

Am 25.06.2021 hat der Bundestag zum einen das Gesetz zur Regelung des **Verkaufs von Sachen mit digitalen Inhalten** und anderer Aspekte des Kaufvertrags,[1] und zum anderen das Gesetz zur Umsetzung der Richtlinie über bestimmte vertragsrechtliche Aspekte der **Bereitstellung digitaler Inhalte und digitaler Dienstleistungen**[2] beschlossen.

Mit diesen Gesetzen hat der deutsche Gesetzgeber die **Warenkaufrichtlinie** (im Folgenden: WKRL – EU RL 2019/711) **und** die **Richtlinie** über bestimmte vertragsrechtliche Aspekte der **Bereitstellung digitaler Inhalte und digitaler Dienstleistungen** (im Folgenden: DIRL – EU RL 2019/770) umgesetzt. Die Richtlinien schließen einander in ihrem Anwendungsbereich aus.[3] Stichtag für die Umsetzung war der 01.07.2021.

Die Neuregelungen,[4] die **zum 01.01.2022 in Kraft** treten, führen zur **umfangreichsten und bedeutendsten Reform des Schuldrechts** seit der Schuldrechtsreform 2002.[5] Die geänderten Vorschriften betreffen die Kernbereiche des Kaufrechts und des Allgemeinen Teils des Schuldrechts und damit sehr relevanten Prüfungsstoff für das Erste und das Zweite Staatsexamen. Außerdem hat der Kauf von (digitalen) Waren natürlich auch eine sehr große Relevanz für die Praxis.

Die **wichtigsten Elemente der Neuregelungen** sind die:

- Einführung einer neuen Sachkategorie der „Ware mit digitalen Elementen" mit Aktualisierungspflicht (§§ 475 b ff. BGB),

- Einführung des „Vertrags über digitale Produkte" (§§ 327 bis 327 u BGB),

- Neuregelung des Sachmangelbegriffs in § 434 BGB,

- Sonderregelungen für die Rückgabe und Rückgewähr der Ware (§ 475 Abs. 6 BGB),

- Einführung besonderer Anforderungen an negative Beschaffenheitsvereinbarungen im Verbrauchsgüterkaufrecht (§ 476 Abs. 1 S. 2 BGB),

- Verlängerung der Beweislastumkehr gemäß § 477 BGB und

- Sonderbestimmungen für Rücktritt, Minderung und Schadensersatz des Verbrauchsgüterkäufers nach § 475 d BGB.

---

1 BGBl. I 2021, 2133.

2 BGBl. I 2021, 2123.

3 Meller-Hannich DAR 2021, 493, 494.

4 Zu den Neuregelungen bereits Pechstein RÜ 2021, 630 ff.

5 Weiß ZVertriebsR 2021, 208.

1. Teil: Das neue Kaufrecht

Die **Warenkaufrichtlinie**, auf der die neuen Regelungen des Kaufrechts beruhen, war bis zum 01.07.2021 umzusetzen. Sie **ersetzt** die bislang maßgebliche **Verbrauchsgüterkaufrichtlinie**[6] aus dem Jahr 1999.

Die Warenkaufrichtlinie, der es ebenso wie der Digitale-Inhalte-Richtlinie um die Verwirklichung des digitalen Binnenmarktes geht, folgt dem **Grundsatz der Vollharmonisierung**.[7] Das bedeutet, dass die Mitgliedstaaten bei der Umsetzung der Richtlinie **kein höheres Verbraucherschutzniveau** als dasjenige der Richtlinie vorsehen dürfen, sofern dies nicht durch die Richtlinie ausdrücklich zugelassen wird (Art. 4 WRKL).

Soweit die Warenkaufrichtlinie sich auf Verträge über den Kauf von Waren mit digitalen Elementen bezieht, sind damit **Waren** gemeint, **die ein digitales Produkt benötigen**, um ihre Funktionen erfüllen zu können. Die Digitale-Inhalte-Richtlinie regelt im Unterschied dazu die Anforderungen an Verträge für die Bereitstellung digitaler Inhalte oder digitaler Dienstleistungen.

Die Umsetzung der Warenkaufrichtlinie, die ihren europarechtlichen Vorgaben entsprechend **zum 01.01.2022 in Kraft** tritt, zielt neben den Änderungen im Sachmangelrecht u.a. auf die Einführung von Aktualisierungspflichten für Verkäufer digitaler Geräte ab, wenn der Käufer ein Verbraucher ist.[8] Damit soll auch die Funktionsfähigkeit der Kaufsache nach der Übergabe an den Käufer gewährleistet werden. Die Änderungen finden sich ausnahmslos im BGB.

Die Änderungen des Kaufrechts, das zuletzt mit Wirkung zum 01.01.2018 schon nicht unerheblich reformiert worden ist, betreffen sowohl das **allgemeine Kaufrecht** als auch das **Verbrauchsgüterkaufrecht**. Der Schwerpunkt der Änderungen liegt deutlich im Bereich des Verbrauchsgüterkaufs und führt nicht nur zu einem weiteren Anstieg des Verbraucherschutzniveaus, sondern vertieft auch die **fragmentierende Entwicklung** des deutschen Kaufrechts.

Während manche Bereiche **wesentlich neu geregelt** (insbesondere der Sachmangelbegriff in § 434 BGB) oder sogar ganz neu eingeführt (vor allem die Ware mit digitalen Elementen, §§ 475 b ff. BGB oder auch die Sonderregeln für Rückgabe und Rückgewähr in § 475 Abs. 6 BGB) werden, kommt es an anderen Stellen nur zu geringfügigen Anpassungen (so enthält etwa die Aufzählung in § 445 a Abs. 1 BGB keinen Verweis auf § 475 Abs. 6 BGB mehr, da diese Vorschrift im Zuge der Schuldrechtsreform 2022 gestrichen worden ist).

Einen ersten **Überblick** über die Änderungen gibt die folgende Übersicht:

---

6   RL 1999/44/EG des Eur. Parlaments und des Rates v. 25.5.1999 zu bestimmten Aspekten des Verbrauchsgüterkaufs und der Garantien für Verbrauchsgüter.

7   Vgl. Meller-Hannich DAR 2021, 493, 494.

8   Schörnig MDR 2021, 1097.

Altes Recht	Neues Recht	Anmerkungen
§ 434	§ 434	Kein Vorrang der vereinbarten Beschaffenheit mehr, sondern nunmehr Gleichrang der subjektiven Anforderungen, der objektiven Anforderungen und der Montageanforderungen
§ 439	§ 439	Neue Ergänzungen des Nacherfüllungsanspruchs, nämlich Beschränkung des Ersatzes der Aus- und Einbaukosten bei Kenntnis des Käufers vom Mangel, Zurverfügungstellung der Kaufsache zum Zweck der Nacherfüllung und Pflicht zur Rücknahme der ersetzten mangelhaften Kaufsache
§ 445 a	§ 445 a	Nur geringfügige Anpassungen
§ 445 b	§ 445 b	Obergrenze der Ablaufhemmung ersatzlos gestrichen
noch nicht belegt	§ 445 c	Keine Anwendung der §§ 445 a, 445 b, 478 BGB, wenn letzter Vertrag in der Lieferkette ein Verbrauchervertrag über Bereitstellung digitaler Produkte ist
§ 453	§ 453	Bestimmung der anwendbaren Vorschriften beim Verbrauchervertrag über den Kauf digitaler Inhalte
§ 474	§ 474	Neue Legaldefinition des Verbrauchsgüterkaufs, maßgebender Kaufgegenstand nunmehr keine bewegliche Sache mehr, sondern eine Ware i.S.d. § 241 a Abs. 1 BGB; außerdem wird im Gegensatz zur Vorgängerregelung nun für den Begriff der öffentlich zugängliche Versteigerung auf die Legaldefinition in § 312 g Abs. 2 Nr. 10 BGB verwiesen; besondere Informationspflichten bei Ausnahme für gebrauchte Sachen
§ 475	§ 475	Besondere Bestimmungen für den Bereich des Verbrauchsgüterkaufs, die von der Ausgestaltung der Gewährleistung im allgemeinen Kaufrecht abweichen; kein Ausschluss der Totalverweigerung mehr; neue Sonderregelungen für Rückgabe und Rückgewähr der Kaufsache
noch nicht belegt	§ 475 a	Abgrenzungsregelung, welche die anwendbaren Vorschriften beim Verbrauchsgüterkaufvertrag über digitale Produkte bestimmt.

Altes Recht	Neues Recht	Anmerkungen
noch nicht belegt	§ 475 b	Vorschrift ergänzt für den Verbrauchsgüterkauf § 434 BGB in Bezug auf Sachmängel bei Sachen mit digitalen Inhalten, d.h. auf Sachen mit digitalen Inhalten sind sowohl § 434 BGB als auch § 475 b BGB anwendbar; zur Mangelfreiheit gehört auch die Erfüllung der Aktualisierungsverpflichtung.
noch nicht belegt	§ 475 c	Sondervorschrift für den Kauf von Sachen mit digitalen Elementen, bei denen die digitalen Elemente nach der vertraglichen Vereinbarung nicht einmalig, etwa mit der Lieferung der Sache, sondern dauerhaft über einen Zeitraum bereitgestellt werden; dann gelten für die Sachmängelgewähr die §§ 434, 475 b und § 475 c BGB.
noch nicht belegt	§ 475 d	Sonderbestimmungen für Rücktritt, Minderung und Schadensersatz, insbesondere kein Fristsetzungserfordernis bei Verbraucherverträgen mehr und keine festgesetzte Versuchsanzahl mehr, die dem Unternehmer für sein „Recht zur zweiten Andienung" zusteht.
noch nicht belegt	§ 475 e	Spezielle Ablaufhemmungen der Verjährung für den Bereich des Verbrauchsgüterkaufs, u.a. bei dauerhafter Bereitstellung digitaler Elemente und Verletzung der Aktualisierungspflicht
§ 476	§ 476	Erstmalige Regelung zu den Anforderungen an eine negative Beschaffenheitsvereinbarung; Frage der Europarechtswidrigkeit bei Verkürzung der Verjährung beim Verbrauchsgüterkauf von gebrauchten Sachen stellt sich nicht mehr.
§ 477	§ 477	Verlängerung der Beweislastumkehr bei Verbrauchsgüterkäufen auf ein Jahr, beim Kauf lebender Tiere bleibt es aber weiterhin beim Zeitraum von 6 Monaten.
§ 478	§ 478	Neue Fassung des § 478 Abs. 2 S. 1 BGB erstreckt Einschränkung der Dispositivität auf Vereinbarungen, die von den Regelungen in § 475 b BGB oder § 475 c BGB abweichen.
§ 479	§ 479	Neue verschärfte Fassung das Transparenzgebots; Haltbarkeitsgarantie des Herstellers muss als materiellen Mindestinhalt der Garantie Nacherfüllungsrecht vorsehen

1. Abschnitt: Änderungen im allgemeinen Kaufrecht

Wenngleich nur wenige Vorschriften des allgemeinen Kaufrechts von der Gesetzesänderung zum 01.01.2022 betroffen sind, so wird doch zu Recht darauf hingewiesen, das die textlichen Abweichungen von seit gut zwanzig Jahren Bekanntem erheblich sind.[9] Das gilt insbesondere für den in § 434 BGB geregelten Sachmangelbegriff.

§ 434 BGB (neue Fassung)

(1) Die Sache ist frei von Sachmängeln, wenn sie bei Gefahrübergang den subjektiven Anforderungen, den objektiven Anforderungen und den Montageanforderungen dieser Vorschrift entspricht.

(2) [1]Die Sache entspricht den subjektiven Anforderungen, wenn sie

1. die vereinbarte Beschaffenheit hat,

2. sich für die nach dem Vertrag vorausgesetzte Verwendung eignet und

3. mit dem vereinbarten Zubehör und den vereinbarten Anleitungen, einschließlich Montage- und Installationsanleitungen, übergeben wird.

[2]Zu der Beschaffenheit nach Satz 1 Nummer 1 gehören Art, Menge, Qualität, Funktionalität, Kompatibilität, Interoperabilität und sonstige Merkmale der Sache, für die die Parteien Anforderungen vereinbart haben.

A. Neuer Sachmangelbegriff

Der Begriff des Sachmangels ist wie bisher in **§ 434 BGB** normiert. Nach **Absatz 1** der Vorschrift ist die Kaufsache frei von Sachmängeln, wenn sie bei Gefahrübergang

- den **subjektiven Anforderungen**,

- den **objektiven Anforderungen** und

- den **Montageanforderungen** entspricht.

Anders als nach dem bisherigen Recht, welches den Vorrang der vereinbarten Beschaffenheit vorsah (vgl. § 434 Abs. 1 S. 1 BGB **a.F.**[10]), sieht § 434 Abs. 1 BGB nunmehr einen **Gleichrang** der subjektiven Anforderungen, der objektiven Anforderungen und der Montageanforderungen vor.[11]

Bei Kaufverträgen zwischen Unternehmern (§ 14 BGB) und zwischen Verbrauchern (§ 13 BGB) untereinander, also **außerhalb des Verbrauchsgüterkaufs**, hat dies jedoch **keine große Auswirkung**, denn dort haben die Vertragsparteien die Möglichkeit, eine Be-

---

9 So Wilke VuR 2021, 283, 285.

10 Vorschriften der bis 31.12.2021 geltenden Fassung des BGB sind mit dem Zusatz „a.F." versehen.

11 Vgl. Begr. z. RegE, BT-Drs. 19/27424, S. 23.

schaffenheit zu vereinbaren, die von den objektiven Anforderungen abweicht, sog. **negative Beschaffenheitsvereinbarung**.

Hingegen ist unbedingt zu beachten, dass bei einem Verbrauchsgüterkauf (vgl. § 474 BGB) die Regelung des § 434 BGB gemäß § 476 Abs. 1 S. 1 BGB grundsätzlich zwingend ist. Nach § 476 Abs. 1 S. 2 BGB setzt eine **vertragliche Abweichung** von den objektiven Voraussetzungen eine besondere Information des Verbrauchers und eine ausdrückliche und gesonderte Vereinbarung der Parteien voraus (dazu unten Seite 38 ff.).

I. Subjektive Anforderungen

Nach **§ 434 Abs. 2 BGB** entspricht die Sache den subjektiven Anforderungen, wenn sie

- die **vereinbarte Beschaffenheit** hat (Nr. 1),
- sich für die nach dem **Vertrag vorausgesetzte Verwendung** eignet (Nr. 2)
- und mit dem **vereinbarten Zubehör** und **Anleitungen**, einschließlich Montage- und Installationsanleitungen, übergeben wird (Nr. 3).

1. Vereinbarte Beschaffenheit

Die Parteien müssen hinsichtlich der Beschaffenheit der Sache eine Vereinbarung treffen. Vereinbart ist eine Beschaffenheit, wenn der Inhalt des Kaufvertrags die Pflicht des Verkäufers enthält, die Sache in dem **bestimmten Zustand** zu übereignen und zu übergeben.

a) Beschaffenheitsbegriff

Zur Beschaffenheit zählen nach der Gesetzesbegründung jegliche Merkmale einer Sache, die der Sache **selbst anhaften oder sich aus ihrer Beziehung zur Umwelt** ergeben.[12] Dieser Beschaffenheitsbegriff deckt sich daher insgesamt mit dem Beschaffenheitsbegriff in der bisherigen deutschen höchstrichterlichen Rechtsprechung.[13] Nach der neuen und nicht abschließenden Aufzählung in **§ 434 Abs. 2 S. 2 BGB** gehören zur Beschaffenheit Art, Menge, Qualität, Funktionalität, Kompatibilität, Interoperabilität und sonstige von den Parteien vereinbarte Merkmale.

Zu den **Merkmalen**, die der **Sache anhaften**, zählen die **physischen Merkmale** der Kaufsache.

Beispiele

Größe, Gewicht, Alter, Herstellungsmaterial, Höchstgeschwindigkeit, Energieverbrauch

---

12 Vgl. Begr. z. RegE, S. 23.

13 Vgl. Kirchfelder-Lauber JuS 2021, 918.

Darüber hinaus werden aber auch die **Merkmale** einer Sache erfasst, **die sich aus ihrer Beziehung zur Umwelt** ergeben.

> **Beispiel**
>
> Die Lage eines Grundstücks am See gehört nicht zur physischen Beschaffenheit des Grundstücks, da dieses nur der katastermäßig vermessene Teil der Erdoberfläche ist. Die Seelage ist aber eine Umweltbeziehung, die in der Sache selbst ihren Grund hat, weil das Grundstück unverrückbar direkt an den See grenzt.

Die Begriffe **Kompatibilität** und **Interoperabilität** betreffen nach der Definition in Art. 2 Nr. 8 und Art. 10 WKRL die Fähigkeit der Waren, mit der Hardware und Software zu funktionieren, mit der Waren derselben Art in aller Regel benutzt werden, ohne dass die Waren, die Hardware oder die Software verändert werden müssen (Kompatibilität) oder die Fähigkeit, mit einer anderen Hardware oder Software zu funktionieren als derjenigen, mit der Sachen derselben Art benutzt werden (Interoperabilität).

Das betrifft die **Qualitätsanforderungen** an das „**Internet der Dinge**" (Internet of Things – IoT), also beispielsweise die Fähigkeit von Smartphones und Smart-Home-Geräten (Thermostaten, smarten Kühlschränken) und virtuellen Assistenten (z.B. Alexa, Siri), untereinander zu kommunizieren und Daten auszutauschen.[14]

b) Vereinbarung der Beschaffenheit

Für eine Beschaffenheitsvereinbarung genügen **auch konkludente** Erklärungen, wenn etwa der Käufer dem Verkäufer bestimmte Anforderungen an den Kaufgegenstand zur Kenntnis bringt und dieser dann zustimmt. Eine konkludente Beschaffenheitsvereinbarung kann auch angenommen werden, wenn der Verkäufer die Sache bei Vertragsabschluss in einer bestimmten Weise beschreibt und der Käufer vor diesem Hintergrund seine Kaufentscheidung trifft.

Allerdings sind an das Vorliegen einer Beschaffenheitsvereinbarung **strenge Anforderungen** zu stellen; sie kommt nicht im Zweifel, sondern nur in eindeutigen Fällen in Betracht. Außerdem bedarf es nach der **bisherigen Rechtsprechung des BGH** konkreter Anhaltspunkte, aus denen sich mit der gebotenen Eindeutigkeit ergibt, dass der Verkäufer **in vertragsmäßig bindender Weise** die Gewähr für eine bestimmte Beschaffenheit übernehmen wollte und damit seine Bereitschaft zu erkennen gibt, für alle Folgen des Fehlens dieser Eigenschaft einzustehen.[15]

Da diese strengen Voraussetzungen indes weder durch die Warenkaufrichtlinie noch durch die neue Formulierung im BGB bestätigt werden, bestehen **Zweifel**, ob diese Voraussetzungen weiter aufrechterhalten bleiben können.[16]

---

14 Vgl. Lorenz NJW 2021, 2065, 2066.

15 Vgl. BGH RÜ 2018, 75, 76; RÜ 2019, 349 f.

16 Kirchfelder-Lauber JuS 2021, 918 f.

Verwendet der Verkäufer zur Beschreibung des Kaufgegenstands bestimmte **Begriffe**, so ist durch **Auslegung** zu ermitteln, welchen Inhalt die Beschaffenheitsangabe hat.

Beispiele

1. Verkauft ein Kraftfahrzeughändler einen Gebrauchtwagen als „**Jahreswagen**", entspricht es nicht mehr der vereinbarten Beschaffenheit, wenn zwischen der Herstellung und der Erstzulassung mehr als 12 Monate liegen. Die vereinbarte Beschaffenheit „Jahreswagen" ist nach der Verkehrsauffassung dahingehend zu verstehen, dass es sich um ein Gebrauchtfahrzeug aus erster Hand handelt, welches von einem Werksangehörigen ein Jahr von der Erstzulassung an gefahren worden ist.[17]

2. Bei einem „**Werkswagen**" handelt es sich nach dem maßgeblichen Verständnis der beteiligten Kreise um ein Fahrzeug eines Automobilherstellers, das entweder im Werk zu betrieblichen Zwecken genutzt oder von einem Mitarbeiter vergünstigt gekauft, eine gewisse Zeit genutzt und dann auf dem freien Markt wieder verkauft wird. Demnach liegt ein Sachmangel vor, wenn ein tatsächlich als gewerblich genutztes Mietfahrzeug als vermeintlicher „Werkswagen" verkauft wird.[18]

3. Ein Pferd entspricht dann nicht der zwischen den Parteien vereinbarten Beschaffenheit „**für einen Reitanfänger geeignet**" zu sein, wenn es insgesamt scheu, nervös und unberechenbar ist sowie Angst vor Menschen hat.[19]

RÜ-Video 03/20

Beim **Grundstückskauf** ist zu beachten, dass **auch** die **Beschaffenheitsvereinbarung** der **notariellen Beurkundung** (§ 311 b Abs. 1 S. 1 BGB) bedarf. Eine Beschreibung von Eigenschaften eines Grundstücks oder Gebäudes vor Vertragsschluss durch den Verkäufer, die in der notariellen Urkunde keinen Niederschlag findet, führt deshalb in aller Regel nicht zu einer Beschaffenheitsvereinbarung.[20]

Die **Beschaffenheitsvereinbarung** ist zu **unterscheiden von** der **Beschaffenheitsgarantie**. Während die Beschaffenheitsvereinbarung lediglich die geschuldete Qualität festlegt, kann die Beschaffenheitsgarantie neben anderen Auswirkungen auf den Gewährleistungsanspruch (z.B. §§ 442, 444 BGB) auch die Folge haben, dass der Verkäufer verschuldensunabhängig (§ 276 Abs. 1 S. 1 Hs. 2 BGB) haftet.

Ist im Kaufvertrag eine negative Beschaffenheit vereinbart, begründet deren Vorliegen keinen Mangel. Eine **negative Beschaffenheitsvereinbarung** liegt beispielsweise vor, wenn ein Kfz im Kaufvertrag als „Unfallwagen" bezeichnet wird (zu den Voraussetzungen einer solchen Vereinbarung im Bereich des Verbrauchsgüterkaufs unten S. 39).

---

17 Vgl. NJW 2006, 2694.

18 OLG Koblenz RÜ 2020, 137 mit RÜ-Video unter t1p.de/o0om.

19 Vgl. OLG Oldenburg RÜ 2018, 681.

20 OLG München RÜ 2020, 69, 71.

2. Vertraglich vorausgesetzte Verwendung

Außerdem muss sich die Sache gemäß **§ 434 Abs. 2 S. 1 Nr. 2 BGB** für die nach dem Vertrag vorausgesetzte Verwendung eignen. Durch die Bezugnahme auf den Vertrag wird auch hier deutlich, dass die vorausgesetzte Verwendung ebenfalls **Gegenstand einer vertraglichen Einigung** sein muss. Die Verwendung ist dabei der Zweck, für den die Kaufsache eingesetzt werden soll.[21]

Beispiel

Die Echtheit eines Kunstwerks im Sinne seiner Herkunft aus der Hand eines konkreten Künstlers bestimmt maßgeblich die Eignung eines Kunstwerks als Sammlerstück und Wertanlage und bildet daher regelmäßig dessen zentrale Eigenschaft für seine – im Rahmen eines Kaufvertrags der sowohl vorausgesetzten wie gewöhnlichen – Verwendung.[22]

RÜ-Video 09/18

Ohne vertraglich vereinbart zu sein, ist die Verwendung nach der bisherigen Rechtsprechung dann vertraglich vorausgesetzt, wenn sie von beiden Parteien **übereinstimmend unterstellt** wird.[23] Bei der Ermittlung dieser Verwendung sind neben dem Vertragsinhalt die Gesamtumstände des Vertragsabschlusses heranzuziehen. Dabei genügt es, dass der Käufer den **Verwendungszweck erkennen lässt und** der Verkäufer (auch konkludent) **zustimmt**.[24]

Beispiel

V verkauft K eine Immobilie als Wohnhaus. Der Umstand, dass sich das Haus mangels Tragkraft des Bodens nicht als Lagerraum eignet, begründet deshalb keinen Mangel i.S.d. § 434 Abs. 2 S. 1 Nr. 2 BGB.

Teilweise wird angenommen, dass die neue Rechtslage hingegen eine **echte Vertragsabrede** erfordern könnte, auch wenn der Verkäufer konkludent annehmen oder zustimmen können soll.[25]

Nach anderer Ansicht und mit Verweis auf die Gesetzesbegründung soll es (weiterhin) genügen, wenn der **Verkäufer in Kenntnis der vom Käufer angestrebten Verwendung** den Kaufvertrag abschließt, ohne dem Käufer mitzuteilen, dass die Kaufsache sich

---

21　Vgl. Lorenz NJW 2021, 2065, 2066.

22　Dazu OLG Frankfrt mit RÜ-Video 09/2018 unter t1p.de/n9h3.

23　BGH NJW-RR 2012, 1078.

24　Auch Art. 6 lit. b WKRL setzt eine „Zustimmung" des Verkäufers zu dem Zweck voraus, den der Verbraucher ihm zur Kenntnis gebracht hat, vgl. dazu Wilke VuR 2021, 283, der vor diesem Hintergrund die bisherige (großzügige) BGH-Rechtsprechung zur vertraglich vorausgesetzten Verwendung unter Druck sieht.

25　So Kirchfelder-Lauber JuS 2021, 918 f; vgl. auch Wilke VuR 2021, 283.

nicht für diese Verwendung eignet. Der Verkäufer gebe dadurch nämlich zu erkennen, dass er der ihm zur Kenntnis gebrachten Verwendung zustimmt.[26]

Nicht zur vertraglich vorausgesetzten Verwendung gehören jedenfalls **einseitige Vorstellungen** des Käufers.

Beispiel

Juwelier K kauft bei V einen Tresor der Sicherheitsstufe Klasse 5. Da die Versicherung den Inhalt eines Tresors der Sicherheitsstufe Klasse 5 nur mit bis zu 250.000 € versichert, K aber einen Tresor benötigt, dessen Inhalt bis zu 500.000 € versicherbar ist, möchte er sich vom Vertrag lösen. Da der Verwendungszweck nicht vertraglich vorausgesetzt ist, führt die einseitige Erwartung des Käufers nicht zu Gewährleistungsansprüchen. Auch eine Anfechtung scheidet aus, weil lediglich ein Motivirrtum vorliegt.

Mit dem Merkmal der nach dem Vertrag vorausgesetzten Verwendung zielt die Vorschrift nämlich **nicht auf konkrete Eigenschaften** der Kaufsache ab, die sich der Käufer vorstellt, sondern darauf, ob die Sache für die dem Verkäufer erkennbare Verwendung (Nutzungsart) durch den Käufer geeignet ist.

RÜ-Video 06/19

Beispiel

K kauft eine Maschine zur Verpackung von Vogelfutter und geht dabei erkennbar von einer bestimmten Produktionsgeschwindigkeit aus.[27]

---

3. Vereinbartes Zubehör und vereinbarte Anleitungen

Gemäß der **Neuregelung** in § 434 Abs. 2 S. 1 Nr. 3 BGB muss die Kaufsache mit dem vereinbarten Zubehör und den vereinbarten Anleitungen, **einschließlich Montage- und Installationsanleitungen**, übergeben werden. Damit bleibt die schon seit der Schulrechtsreform 2002 bekannte sog. IKEA-Klausel, die bisher in § 434 Abs. 2 S. 2 BGB **a.F.** zu finden war, auch dem neuen Schuldrecht erhalten.[28]

Der deutsche Gesetzgeber hat damit die Richtlinienvorgaben aus **Art. 6 c WKRL** umgesetzt. Durch die Bezugnahme auf eine entsprechende Vereinbarung ergibt sich daraus aber **in sachlicher Hinsicht keine Änderung** zum bisherigen Rechtszustand.[29]

---

26 Schörnig MDR 2021, 1097, 1099.

27 Dazu BGH mit RÜ-Video 06/2019 unter t1p.de/updp.

28 Schörnig MDR 2021, 1097, 1099.

29 Vgl. Lorenz NJW 2021, 2065, 2065.

II. Objektive Anforderungen

Die objektiven Anforderungen an die Kaufsache, die nun – außer in den Fällen einer formwirksamen negativen Beschaffenheitsvereinbarung – zusätzlich zu den subjektiven Anforderungen erfüllt sein müssen, werden in **§ 434 Abs. 3 BGB** geregelt.

---

§ 434 BGB (Fortsetzung)

(3) [1]Soweit nicht wirksam etwas anderes vereinbart wurde, entspricht die Sache den objektiven Anforderungen, wenn sie

1. sich für die gewöhnliche Verwendung eignet,

2. eine Beschaffenheit aufweist, die bei Sachen derselben Art üblich ist und die der Käufer erwarten kann unter Berücksichtigung

a) der Art der Sache und

b) der öffentlichen Äußerungen, die von dem Verkäufer oder einem anderen Glied der Vertragskette oder in deren Auftrag, insbesondere in der Werbung oder auf dem Etikett, abgegeben wurden,

3. der Beschaffenheit einer Probe oder eines Musters entspricht, die oder das der Verkäufer dem Käufer vor Vertragsschluss zur Verfügung gestellt hat, und

4. mit dem Zubehör einschließlich der Verpackung, der Montage- oder Installationsanleitung sowie anderen Anleitungen übergeben wird, deren Erhalt der Käufer erwarten kann.

[2]Zu der üblichen Beschaffenheit nach Satz 1 Nummer 2 gehören Menge, Qualität und sonstige Merkmale der Sache, einschließlich ihrer Haltbarkeit, Funktionalität, Kompatibilität und Sicherheit. [3]Der Verkäufer ist durch die in Satz 1 Nummer 2 Buchstabe b genannten öffentlichen Äußerungen nicht gebunden, wenn er sie nicht kannte und auch nicht kennen konnte, wenn die Äußerung im Zeitpunkt des Vertragsschlusses in derselben oder in gleichwertiger Weise berichtigt war oder wenn die Äußerung die Kaufentscheidung nicht beeinflussen konnte.

(4) Soweit eine Montage durchzuführen ist, entspricht die Sache den Montageanforderungen, wenn die Montage

1. sachgemäß durchgeführt worden ist oder

2. zwar unsachgemäß durchgeführt worden ist, dies jedoch weder auf einer unsachgemäßen Montage durch den Verkäufer noch auf einem Mangel in der vom Verkäufer übergebenen Anleitung beruht.

(5) Einem Sachmangel steht es gleich, wenn der Verkäufer eine andere Sache als die vertraglich geschuldete Sache liefert

---

Der Absatz 3 des § 434 BGB beruht auf den Vorgaben des **Art. 7 WKRL**. Demnach muss sich die Sache für die

- **gewöhnliche Verwendung** eignen (§ 434 Abs. 3 S. 1 **Nr. 1** BGB),

- eine Beschaffenheit aufweisen, die bei **Sachen derselben Art üblich** ist und die der **Käufer erwarten kann** (§ 434 Abs. 3 S. 1 **Nr. 2** BGB),

- der Beschaffenheit einer vom Verkäufer vor Vertragsschluss **zur Verfügung gestellten Probe oder** eines entsprechenden **Musters** entsprechen (§ 434 Abs. 3 S. 1 **Nr. 3** BGB),

- und mit dem **Zubehör einschließlich Verpackung, Montage- und Installationsanleitungen** sowie anderen Anleitungen übergeben werden, deren Erhalt der Käufer erwarten kann (§ 434 Abs. 3 S. 1 Nr. 4 BGB).

Hinweis: Der Gesetzestext definiert positiv, wann die Kaufsache den objektiven Anforderungen entspricht. Das ist der Fall, wenn die Voraussetzungen nach den Nummern 1 bis 4 vorliegen. Eine Abweichung von den objektiven Anforderungen liegt indes bereits dann vor, wenn eine der vier Voraussetzungen fehlt.

Die Regelungen des § 434 Abs. 3 BGB zum objektiven Fehlerbegriff zeigen einen **deutlichen Systemwechsel** an, weil das bis zum 31.12.2021 geltende Kaufrecht den Vorrang des subjektiven Fehlerbegriffs festlegte, und die Beschaffenheitsvereinbarungen entscheidend für den Begriff von Mangelfreiheit oder Mangelhaftigkeit waren. Die vereinbarte Beschaffenheit konnte nach dieser bisherigen Rechtslage sowohl oberhalb als auch unterhalb des normalen Qualitätsstandards liegen, der dann nicht mehr entscheidend für die Frage nach der Mangelhaftigkeit war. Demgegenüber kann nach dem neuen Kaufrecht eine Sache mangelhaft sein, obwohl sie einer Beschaffenheitsvereinbarung entspricht. Denn diese hat **keinen Vorrang mehr** gegenüber den sonstigen Kriterien der Sachmangelfreiheit.[30] Es bleibt aber weiterhin die Möglichkeit einer negativen Beschaffenheitsvereinbarung, die im Bereich des Verbrauchsgüterkaufs jedoch die Voraussetzungen gemäß § 476 Abs. 1 S. 2 BGB erfüllen muss (ausführlich dazu unten Seite 36).

1. Eignung zur gewöhnlichen Verwendung

Nach **§ 434 Abs. 3 S. 1 Nr. 1 BGB** ist die Kaufsache mangelhaft, wenn sie sich nicht zur gewöhnlichen Verwendung eignet. Das ist insbesondere dann der Fall, wenn die Sache **zum Weiterverkauf bestimmt** ist und dieser unmöglich oder erschwert ist. Dabei kann auch ein mit zumutbaren Mitteln nicht auszuräumender **Verdacht der Mangelhaftigkeit** ausreichen.[31]

Beispiel

V verkauft K argentinisches Hasenfleisch zum Weiterverkauf. Nach der Lieferung häufen sich Presseberichte, nach denen ca. 31 % des aus Argentinien stammenden Hasenfleisches salmonellenverseucht sei. K kann die Ware deshalb nicht weiterverkaufen. K kann Mängelgewährleistungsrechte geltend machen, da das zum Verkauf bestimmte Hasenfleisch jetzt unverkäuflich ist und sich damit nicht für die gewöhnliche Verwendung eignet.

---

30 Kupfer/Weiß VuR 2021, 95, 97.

31 Vgl. BGH NJW 1989, 218, 220.

2. Übliche Beschaffenheit, die Käufer erwarten darf

Die Sache ist gemäß **§ 434 Abs. 3 S. 1 Nr. 2 BGB** auch dann mangelhaft, wenn

- sie nicht die **übliche Beschaffenheit** aufweist,

- die der **Käufer** nach der Art der Sache **erwarten kann**.

a) Übliche Beschaffenheit

Zur üblichen Beschaffenheit der Sache gehören gemäß **§ 434 Abs. 3 S. 2 BGB** Menge, Qualität und sonstige Merkmale einschließlich von Funktionalität, Kompatibilität und Sicherheit.

Die übliche Beschaffenheit einer Kaufsache richtet sich nach den **berechtigten Erwartungen eines objektiven Durchschnittskäufers**. Vergleichsmaßstab für die übliche Beschaffenheit ist dabei die übliche Beschaffenheit bei Sachen gleicher Art (Normalbeschaffenheit). Damit gelten die Ausführungen der Rechtsprechung und der Literatur zum bisherigen Kaufrecht weiter.[32]

> **Beispiel**
>
> Ein Fahrzeug hat nicht die übliche Beschaffenheit, wenn bei Übergabe an den Käufer eine – den Stickoxidausstoß auf dem Prüfstand gegenüber dem normalen Fahrbetrieb reduzierende – Abschalteinrichtung i.S.v. Art. 3 Nr. 10 VO 715/2007/EG installiert ist, die gemäß Art. 5 Abs. 2 S. 1 VO 715/2007/EG unzulässig ist.[33]

> **Gegenbeispiel**
>
> Der Erwerber einer gebrauchten, zum Zeitpunkt des Vertragsabschlusses rund 19 Jahre alten Eigentumswohnung, kann nicht erwarten, dass diese Wohnung völlig frei von Silberfischen ist. Ein solcher Zustand entspräche auch nicht dem Üblichen. Vielmehr ist ein gewisser Grundbestand von Silberfischen in Wohnungen weder unüblich noch ist die Abwesenheit dieser Tiere generell zu erwarten.[34]

Beim **Gebrauchtwagenkauf** umfasst die übliche Beschaffenheit, dass das Fahrzeug **keine Unfallschäden** erlitten hat, die über Bagatellschäden hinausgehen. Bagatellschäden sind nur ganz geringfügige äußere Lackschäden, nicht dagegen Blechschäden, auch wenn sie keine weiteren Folgen hatten und der Reparaturaufwand nur gering war.[35]

---

32 Kirchfelder-Lauber JuS 2021, 918, 919.

33 BGH RÜ 2019, 273, 274.

34 OLG Hamm RÜ 2017, 556, 557.

35 OLG Rostock RÜ 2020, 668, 669.

> **Beispiel**
>
> Der Gebrauchtwagenhändler V verkauft K einen zwei Jahre alten gebrauchten Mercedes für 40.000 €. Eine Nachfrage beim Vorbesitzer ergab, dass dieser beim Zurücksetzen gegen ein Garagentor gefahren war. Dabei wurde die Heckklappe eingebeult. Sie musste gespachtelt und neu lackiert werden. Der Reparaturaufwand betrug 1.050 €. Der Käufer eines Gebrauchtwagens kann erwarten, dass das Auto keinen Unfall hatte, bei dem es zu mehr als einem Bagatellschaden gekommen ist. Hier ist es nicht bloß zu einem Bagatellschaden, sondern zu einem Blechschaden gekommen, der gespachtelt werden musste.

Ist der Kaufgegenstand ein **Tier**, so muss es lediglich der **Normalbeschaffenheit** entsprechen und nicht in jeder Hinsicht der Idealnorm. Der Käufer eines Pferdes kann deshalb redlicherweise nicht erwarten, dass er auch ohne besondere (Beschaffenheits-)Vereinbarung ein Tier mit „idealen" Anlagen erhält.

> **Beispiel**
>
> Diese Grundsätze gelten auch für ein vom Idealzustand abweichendes Verhalten, wie etwa sog. Rittigkeitsprobleme, wenn das Pferd nicht oder nicht optimal mit dem Reiter harmoniert und Widersetzlichkeiten zeigt. Entspricht die Rittigkeit eines Pferdes nicht den Vorstellungen des Reiters, realisiert sich für den Käufer – wenn nicht klinische Auswirkungen hinzukommen – grundsätzlich nur der Umstand, dass es sich bei dem erworbenen Pferd um ein Lebewesen handelt, das – anders als Sachen – mit individuellen Anlagen ausgestattet und dementsprechend mit sich daraus ergebenden unterschiedlichen Risiken behaftet ist.[36]

RÜ-Video 09/20

Ein **altlastenverdächtiges Grundstück** weist unabhängig von dem mit dem Kauf verfolgten Zweck in aller Regel schon wegen des Risikos der öffentlich-rechtlichen Inanspruchnahme und wegen der mit einem Altlastenverdacht verbundenen **Wertminderung** nicht die übliche Beschaffenheit auf.[37]

Ausdrücklich erwähnt wird in **§ 434 Abs. 3 S. 2 BGB** auch die legitime Erwartung des Käufers an die **Haltbarkeit der Sache**. Dieser Begriff ist als die Fähigkeit der Sache zu verstehen, ihre erforderlichen Funktionen und ihre Leistung bei normaler Verwendung zu behalten. Demnach hat der Verkäufer dafür einzustehen, dass die Sache zum Zeitpunkt des Gefahrübergangs die Fähigkeit hat, ihre erforderlichen Funktionen und ihre Leistung bei normaler Verwendung zu behalten. Wobei der Begriff der Haltbarkeit auch die Möglichkeit der Wartung und Reparatur der Kaufsache erfasst.[38]

---

36 Dazu BGH mit RÜ-Video 09/2020 unter t1p.de/lhbe.

37 BGH RÜ 2018, 72, 74.

38 Vgl. Begr. z. RegE, S. 24.

Allerdings ergibt sich daraus **keine wesentliche Änderung** zur Rechtslage bis zum 31.12.2021, da schon bis dahin die Haltbarkeit ein Kriterium des objektiven Fehlerbegriffs war. Außerdem weist die Gesetzesbegründung explizit daraufhin, dass § 434 Abs. 3 BGB bewusst **keine gesetzliche Haltbarkeitsgarantie** begründen soll, sondern die Haltbarkeit nur als eine Fähigkeit der Kaufsache festlegt, die zum Zeitpunkt des Gefahrübergangs gegeben sein muss.[39]

Hinweis: Abgesehen von der Frage der Beweisbarkeit kommt es wegen der unberührt gebliebenen Verjährung von Mängelansprüchen deshalb zu dem wenig überzeugenden Ergebnis, dass Verkäufer im Regelfall auch für entsprechende Mängel nur zwei Jahre ab Lieferung einstehen müssen, selbst wenn die Sache länger halten soll.[40]

b) Erwartung des Käufers

Die Erwartung des Käufers bestimmt sich nach der Art der Sache (§ 434 Abs. 3 S. 1 Nr. 2 a) BGB) und den vor allem in der **Werbung oder** auf dem **Etikett** vom Verkäufer oder einem anderen Glied in der Vertragskette oder in deren Auftrag abgegebenen **öffentlichen Äußerungen** (§ 434 Abs. 3 S. 1 Nr. 2 b) BGB).

Für das Kriterium der Öffentlichkeit ist erforderlich, dass die Äußerung an eine **unbestimmte Vielzahl** von Personen gerichtet ist.[41]

> **Beispiele**
>
> Plakatwerbung, Werbeprospekte, Fernsehspots, Internetwerbung oder auch Werbung auf Instagram und in anderen sozialen Medien

Außerdem muss der Kaufsache eine **bestimmte Eigenschaft** zugesprochen werden. Das ist dann der Fall, wenn es sich bei der Äußerung um nachprüfbare Tatsachen handelt. Bloße Anpreisungen genügen hingegen nicht.[42]

> **Beispiele**
>
> **1.** Der Satz „Red Bull verleiht Flügel" ist keine Eigenschaftsangabe, sondern stellt eine allgemeine Anpreisung dar.
>
> **2.** Zu den Eigenschaften, die der Käufer eines Grundstücks nach den öffentlichen Äußerungen des Verkäufers erwarten darf, zählen auch Angaben (etwa zur Trockenheit eines Kellers) in einem Exposé, wobei es keinen Unterschied macht, ob es sich um ein von dem Verkäufer selbst erstelltes Exposé oder um ein Maklerexposé handelt.[43]

---

39 Vgl. Lorenz NJW 2021, 2065, 2066; Begr. z. RegE, S. 24.

40 So Wilke VuR 2021, 283, 284.

41 Grigoleit/Herresthal JZ 2003, 233, 237.

42 Lehmann DB 2002, 1090, 1092.

43 BGH RÜ 2018, 416, 418.

Neben dem **Verkäufer** kann auch der **Hersteller** entsprechende Äußerungen treffen, welche dann gegenüber dem Verkäufer vorgebracht werden können. Es handelt sich dabei nämlich um Äußerungen, die von „einem anderen Glied der Vertragskette" (vgl. **§ 434 Abs. 3 S. 1 Nr. 2 b) BGB**) abgegeben wurden.

> **Beispiel**
>
> Enthält ein Prospekt des Herstellers über einen Pkw die Aussage, dass sich mit dessen Smart-Key-System das Fahrzeug einschränkungslos ohne Schlüssel öffnen, verschließen und starten lässt, ist das Auto mangelhaft, wenn das System bei Störungen durch Funkwellen von Mobilfunkmasten oder Bahnoberleitungen ausfällt.[44]

Auch **Aussagen der Gehilfen** genügen. Gehilfen (nicht notwendig Erfüllungsgehilfen) sind nicht nur die Angestellten des Verkäufers oder des Herstellers, sondern auch Selbstständige, also z.B. Werbeagenturen, die bei der Vermarktung tätig werden. Denn dann handelt es sich um Äußerungen, die „in deren Auftrag" abgegeben wurden, vgl. **§ 434 Abs. 3 S. 1 Nr. 2 b) BGB**.

Die übliche Beschaffenheit wird dann nicht durch öffentliche Äußerungen bestimmt, wenn einer der drei **Ausschlussgründe** des **§ 434 Abs. 3 S. 3 BGB** gegeben ist.

- Der Verkäufer haftet nicht für solche öffentlichen Aussagen, die er **nicht kannte** und auch **nicht kennen musste**. Die Legaldefinition des „Kennenmüssens" ist in § 122 Abs. 2 BGB geregelt und gilt für das gesamte Zivilrecht. Die Unkenntnis entlastet den Verkäufer also nur, wenn sie nicht auf Fahrlässigkeit beruht. Da insbesondere im gewerblichen Verkehr von dem Verkäufer erwartet werden kann, dass dieser über öffentliche Äußerungen des Herstellers informiert ist, wird ein solcher Fall selten vorkommen.

- Der Verkäufer haftet auch dann nicht, wenn die betreffende öffentliche Aussage im Zeitpunkt des Vertragsschlusses in **gleichwertiger Weise bereits berichtigt** war. Eine Berichtigung in „gleichwertiger Weise" erfordert, dass diese mit demselben Wirkungsgrad erfolgen muss, also entweder auf dieselbe Weise, in der die öffentliche Äußerung getätigt wurde, oder auf eine Weise, die dieselbe Reichweite und Wirkung hat.

> **Beispiel**
>
> Es reicht also nicht aus, dass eine Werbung, die in einer überörtlichen Zeitung geschaltet worden ist, in der Ortspresse berichtigt wird.

Die erforderliche Berichtigung setzt im Übrigen begrifflich voraus, dass auf die **vorherige Äußerung Bezug** genommen wird, also nicht lediglich später der richtige Sachverhalt mitgeteilt wird.

---

44 OLG München NJW-RR 2013, 1526.

- Der Verkäufer hat schließlich auch dann nicht für Werbeaussagen einzustehen, wenn er darlegt und beweist, dass die öffentliche Aussage die **Kaufentscheidung** des Käufers **nicht beeinflussen konnte**. Das ist dann der Fall, wenn sie für die Willensbildung des Käufers nicht maßgeblich sein konnte, etwa weil er sie nicht zur Kenntnis genommen hat oder nicht nehmen konnte, was etwa bei Äußerungen im ausländischen Werbefernsehen der Fall sein kann.

Die Annahme eines Sachmangels wegen des Fehlens einer Beschaffenheit der Kaufsache, die der Käufer nach § 434 Abs. 3 S. 1 Nr. 2 BGB erwarten kann, setzt **nicht** voraus, dass diese Eigenschaft **im notariellen Kaufvertrag** Erwähnung findet. Denn die genannten Anforderungen in § 434 Abs. 3 S. 1 Nr. 2 BGB an die Kaufsache beruhen nicht auf einer beurkundungs- und auslegungsbedürftigen Vereinbarung zwischen Käufer und Verkäufer, sondern auf dem Gesetz. Es besteht also ein wesentlicher Unterschied zur Annahme eines Mangels gemäß § 434 Abs. 2 S. 1 Nr. 1 BGB. So bedarf nämlich etwa beim Grundstückskauf auch die Beschaffenheitsvereinbarung der notariellen Beurkundung (§ 311 b Abs. 1 S. 1 BGB).[45]

3. Probe oder Muster vor Vertragsschluss

Gemäß **§ 434 Abs. 3 S. 1 Nr. 3 BGB** gehört zu den objektiven Anforderungen ferner, dass die Kaufsache der Beschaffenheit einer Probe oder eines Musters entspricht, die oder das der Verkäufer dem Käufer vor Vertragsschluss zur Verfügung gestellt hat. Das entspricht den Vorgaben aus Art. 7 Abs. 1 b) WKRL. Der Regelungsgehalt ist neu, obgleich er den Vorgaben aus Art. 2 Abs. 2 a) der Verbrauchsgüterkaufrichtlinie entspricht, die der deutsche Gesetzgeber damals aber nicht umgesetzt hatte.[46]

4. Zubehör einschließlich Verpackung, Montage- und Installationsanleitungen

Schließlich muss die Kaufsache gemäß **§ 434 Abs. 3 S. 1 Nr. 4 BGB**, der den Vorgaben des Art. 7 Abs. 1 c) WKRL entspricht, mit dem Zubehör einschließlich Verpackung, Montage- und Installationsanleitungen sowie **anderen Anleitungen** (etwa Bedienungsanleitungen oder Gebrauchsanweisungen) übergeben werden, deren Erhalt der Käufer vernünftigerweise erwarten kann.

Mit dieser Regelung haben sich die **Meinungsstreitigkeiten**, ob § 434 Abs. 2 S. 2 BGB **a.F.** (sog. IKEA-Klausel) auch auf das gänzliche Fehlen einer Montageanleitung anwendbar war, und die Frage, ob auch Bedienungsanleitungen erfasst werden, nunmehr **erledigt**.[47]

---

45 Vgl. BGH RÜ 2018, 449, 451.

46 Vgl. Kirchfelder-Lauber JuS 2021, 918, 919.

47 Kirchfelder-Lauber JuS 2021, 918, 919.

III. Montageanforderungen

Soweit eine Montage durchzuführen ist, entspricht die Kaufsache nach **§ 434 Abs. 4 BGB** den Montageanforderungen, wenn die Montage

- sachgemäß durchgeführt worden ist (§ 434 Abs. 4 Nr. 1 BGB) oder

- die unsachgemäße Montage weder durch den Verkäufer erfolgte noch auf einem Mangel der vom Verkäufer übergebenen Montageanleitung beruht (§ 434 Abs. 4 Nr. 2 BGB).

Während die bisherige Regelung zur Montage in § 434 Abs. 2 BGB **a.F.** formulierte, wann ein Sachmangel bei Montage vorliegt, bestimmt die Neuregelung in **§ 434 Abs. 4 BGB**, wann bei einer Montage kein Mangel vorliegt. Sachliche Änderungen dieser in Umsetzung von **Art. 8 WKRL** geschaffenen Regelung im Vergleich zum bisherigen § 434 Abs. 2 BGB **a.F.** sind indes nicht beabsichtigt.[48]

1. Unsachgemäße Montage

Voraussetzung des **§ 434 Abs. 4 Nr. 1 BGB** ist zunächst, dass der Kaufvertrag eine **Montageverpflichtung des Verkäufers** vorsieht, die aber nicht den Schwerpunkt des Vertrages ausmachen darf, da sonst ein Werkvertrag vorliegt.

> **Beispiel**
>
> K kauft bei Möbelhändler V Badezimmerschränke, die dieser im Bad des K auch anbringen soll.

Der Begriff Montage erfasst nicht nur den Zusammenbau der Kaufsache, sondern auch das **Anbringen, Anschließen** und **Verbinden** der Kaufsache mit Gegenständen des Käufers.

Obwohl § 434 Abs. 2 BGB **a.F.** („Verkäufer oder dessen Erfüllungsgehilfen") und die Richtlinienvorgabe in Art. 8 a) WKRL („Verkäufer oder unter seiner Verantwortung") beide ausdrücklich bestimmen, dass der **Verkäufer** auch für einen Mangel **verantwortlich** ist, wenn er die Montage nicht höchstpersönlich vorgenommen hat, verzichtet § 434 Abs. 4 Nr. 1 BGB auf eine entsprechende Regelung.[49]

Eine **inhaltliche Änderung** ist damit aber ausweislich der Gesetzesbegründung **nicht bezweckt**. Es entspreche nämlich einem allgemeinen Rechtsprinzip, dass Leistungen grundsätzlich delegiert werden können, sodass der delegierende Schuldner auch ohne ausdrückliche gesetzliche Anordnung für die vertragsgemäße Erfüllung der Leistung verantwortlich bleibe. Mithin ergibt sich die Verantwortung des Verkäufers für von ihm eingesetzte **Erfüllungsgehilfen** bereits aus allgemeinen Grundsätzen.[50]

---

48 Wilke VuR 2021, 283, 284.

49 Zustimmend Wilke VuR 2021, 283, 284, der es indes seltsam findet, dass der Gesetzgeber ausgerechnet an dieser eher untergeordneten Stelle dem wortreichen Vorbild der Richtlinie die Gefolgschaft versagt.

50 Vgl. Begr. z. RegE, S. 25.

2. Mangelhafte Montageanleitung

Aus **§ 434 Abs. 4 Nr. 2 BGB** ergibt sich das ein Sachmangel auch dann vorliegt, wenn eine Montage durchzuführen ist und die Montageanleitung mangelhaft ist.

Eine **Montage** ist **durchzuführen**, wenn für den bestimmungsgemäßen Gebrauch der Zusammenbau der Einzelteile oder der Anschluss, die Aufstellung oder ein Einbau notwendig ist.

Die Montageanleitung muss den Käufer in die Lage versetzen, die Kaufsache **ohne größere Schwierigkeiten** zusammenzubauen. Dabei ist auf die berechtigten Erwartungen eines durchschnittlichen Käufers abzustellen.

> **Beispiele**
>
> Die Montageanleitung kann in der Sprache, die im Vertrag vorausgesetzt wird, verlangt werden; zudem muss die Anleitung vollständig und unmissverständlich sein.

Gemäß § 434 Abs. 4 Nr. 2 BGB liegt indes **kein Sachmangel** vor, **wenn** die Kaufsache **trotz mangelhafter Montageanleitung fehlerfrei montiert** worden ist, die Montage also sachgemäß durchgeführt worden ist.

> **Beispiel**
>
> Der Käufer konnte aufgrund eigener Sachkenntnisse die Sache fehlerfrei montieren, wobei es keinen Unterschied macht, ob die fehlerfreie Montage durch den Käufer selbst oder einen Dritten (etwa einen Nachbarn) erfolgt.

IV. Aliud-Lieferung und Lieferung einer zu geringen Menge

Einem Mangel der Kaufsache steht es gemäß **§ 434 Abs. 5 BGB** gleich, wenn der Verkäufer eine andere Sache (aliud) als die vertraglich geschuldete Sache liefert. Das setzt voraus, dass die andere Sache **in Erfüllung des Kaufvertrags** geliefert wird.

Dazu muss eine entsprechende **Tilgungsbestimmung** des Verkäufers vorliegen, die nach dem objektiven Empfängerhorizont des Käufers zu beurteilen ist. Der Käufer muss davon ausgehen können, dass der Verkäufer mit dieser Leistung den Kaufvertrag erfüllen will. Liegt dagegen aus der Sicht des Käufers erkennbar eine Verwechslung vor, so kann man die erbrachte Leistung nicht einer mangelhaften Leistung gleichstellen.

Abweichend von der § 434 Abs. 5 BGB entsprechenden Regelung in § 434 Abs. 3 BGB **a.F.** ist nicht mehr geregelt, dass auch die Lieferung einer **zu geringen Menge** einem Sachmangel gleichsteht. Die Lieferung einer zu geringen Menge ist nun vielmehr – in Umsetzung des Art. 6 a) WKRL – in **§ 434 Abs. 2 S. 2** und **§ 434 Abs. 3 S. 2 BGB** ausdrücklich als Anwendungsfall der subjektiven Anforderungen an die Kaufsache genannt. Die Lieferung einer zu geringen Menge ist daher als Sachmangel anzusehen und steht **nicht mehr nur** einem **Sachmangel gleich**. Diese Wertung soll ausweislich der Gesetzesbegründung mit der Gesetzesänderung nachvollzogen, der Umfang der Mängelverantwortung des Verkäufers dadurch aber nicht geändert werden.[51]

Eine ausdrücklich Differenzierung zwischen **offener und verdeckter Mankolieferung** findet sich (weiterhin) weder im Gesetz noch in der Gesetzesbegründung. Es sprechen indes gute Gründe dafür, eine solche Differenzierung weiter vorzunehmen, da es wertungswidersprüchlich wäre, dem Käufer bei einer offenen und nach § 266 BGB grundsätzlich unzulässigen Teilleistung nicht mehr den Anspruch aus § 433 Abs. 1 BGB, sondern nur noch den, einer kürzeren Verjährung unterliegenden Anspruch aus § 439 Abs. 1 BGB zu gewähren.[52] Außerdem verlangt auch die Warenkaufrichtlinie keine Gleichstellung der offenen Mankolieferung mit einem Sachmangel. Würde die Richtlinie nämlich eine solche Gleichstellung gebieten, würde dies nicht nur die Käuferrechte bei einem Mangel der Kaufsache, sondern auch das Recht der Erfüllung (§§ 362 ff. BGB) betreffen. Das Recht der Erfüllung ist indes als Teil des allgemeinen Vertragsrechts nicht Gegenstand der Warenkaufrichtlinie.[53]

Es muss also eine entsprechende Tilgungsbestimmung vorliegen, die aus der Sicht des Käufers auszulegen ist. Liegt für den Käufer erkennbar nur eine Teilleistung vor, greift der § 434 BGB nicht ein. In diesem Fall sind dann die **allgemeinen Regeln** über die Nichterfüllung einschlägig.

B. Ergänzungen des Nacherfüllungsanspruchs

Der Bereich der Käuferrechte gemäß den §§ 437 ff. BGB ist von der Schuldrechtsreform 2022 in Bezug auf das allgemeine Kaufrecht nur wenig betroffen. Es bleibt insbesondere beim bisherigen **Kanon der fünf Käuferrechte**.

Rechte des Käufers bei einem Mangel		
§ 437 Nr. 1 BGB	**§ 437 Nr. 2 BGB**	**§ 437 Nr. 3 BGB**
Anspruch auf **Nacherfüllung**	**Rücktritt** oder **Minderung**	**Schadensersatz** oder Ersatz der **vergeblichen Aufwendungen**

Nur im Bereich des Anspruchs auf Nacherfüllung (§ 439 BGB) hat die Reform für das allgemeine Kaufrecht zu drei Ergänzungen geführt. Dagegen enthält § 475 d BGB für den Bereich des Verbrauchsgüterkaufs Sonderbestimmungen für Rücktritt, Minderung und Schadensersatz.

---

51 Vgl. Begr. z. RegE, S. 25.

52 So auch Weiß ZVertriebsR 2021, 208, 214.

53 Kupfer/Weiß ZVertriebsR 2021, 21, 22.

§ 439 BGB (neue Fassung)

(1) Der Käufer kann als Nacherfüllung nach seiner Wahl die Beseitigung des Mangels oder die Lieferung einer mangelfreien Sache verlangen.

(2) Der Verkäufer hat die zum Zwecke der Nacherfüllung erforderlichen Aufwendungen, insbesondere Transport-, Wege-, Arbeits- und Materialkosten zu tragen.

(3) Hat der Käufer die mangelhafte Sache gemäß ihrer Art und ihrem Verwendungszweck in eine andere Sache eingebaut oder an eine andere Sache angebracht, bevor der Mangel offenbar wurde, ist der Verkäufer im Rahmen der Nacherfüllung verpflichtet, dem Käufer die erforderlichen Aufwendungen für das Entfernen der mangelhaften und den Einbau oder das Anbringen der nachgebesserten oder gelieferten mangelfreien Sache zu ersetzen.

(4) [1]Der Verkäufer kann die vom Käufer gewählte Art der Nacherfüllung unbeschadet des § 275 Abs. 2 und 3 verweigern, wenn sie nur mit unverhältnismäßigen Kosten möglich ist. [2]Dabei sind insbesondere der Wert der Sache in mangelfreiem Zustand, die Bedeutung des Mangels und die Frage zu berücksichtigen, ob auf die andere Art der Nacherfüllung ohne erhebliche Nachteile für den Käufer zurückgegriffen werden könnte. [3]Der Anspruch des Käufers beschränkt sich in diesem Fall auf die andere Art der Nacherfüllung; das Recht des Verkäufers, auch diese unter den Voraussetzungen des Satzes 1 zu verweigern, bleibt unberührt.

(5) Der Käufer hat dem Verkäufer die Sache zum Zweck der Nacherfüllung zur Verfügung zu stellen.

(6) [1]Liefert der Verkäufer zum Zwecke der Nacherfüllung eine mangelfreie Sache, so kann er vom Käufer Rückgewähr der mangelhaften Sache nach Maßgabe der §§ 346 bis 348 verlangen. [2]Der Verkäufer hat die ersetzte Sache auf seine Kosten zurückzunehmen.

I. Beschränkung des Ersatzes der Aus- und Einbaukosten bei Kenntnis des Käufers vom Mangel

Die neue Fassung des **§ 439 Abs. 3 BGB** macht nunmehr den Anspruch des Käufers auf Ersatz der Aus- und Einbaukosten davon abhängig, dass der Käufer die mangelhafte Sache in eine andere Sache eingebaut oder an eine andere Sache angebracht hat, „**bevor der Mangel offenbar wurde**".

*Hintergrund: Um zu vermeiden, dass der Käufer auch dann Ersatz der Aus- und Wiedereinbaukosten verlangen konnte, wenn er den (Erst-)Einbau in Kenntnis des Mangels vorgenommen hatte, verwies § 439 Abs. 3 S. 2 BGB **a.F.** auf eine entsprechende Anwendung des § 442 Abs. 2 BGB. Allerdings setzt die Richtlinienvorgabe gemäß **Art. 14 Abs. 3 WKRL** für den Ersatz der Aus- und Wiedereinbaukosten voraus, dass die Kaufsache montiert oder installiert wurde, „bevor die Vertragswidrigkeit offenbar wurde", weshalb dieses Erfordernis nunmehr unter Streichung des Verweises auf § 442 BGB in § 439 Abs. 3 BGB aufgenommen wurde.*[54]

Die Formulierung „offenbar werden" geht zwar auf die **Warenkaufrichtlinie** zurück, ist jedoch weder dort noch im BGB gesetzlich definiert. Der Begriff war bereits in der **Verbrauchsgüterkaufrichtlinie** verankert und ist in § 477 BGB (sowie bereits in der alten Fassung der Vorschrift) mit den Worten „zeigt sich" umgesetzt. Deshalb kann für die

---

54 Vgl. Begr. z. RegE, S. 26.

Auslegung des Begriffs „offenbar werden" in § 439 Abs. 3 BGB auf die Rechtsprechung zu § 477 BGB rekurriert werden, obgleich zu beachten ist, dass der **unterschiedliche Kontext** dazu führt, dass eine am Ziel der Stärkung des Verbraucherschutzes orientierte Auslegung in beiden Fällen für gegenläufige Ergebnisse spricht, da die Offenbarkeit des Mangels einmal zugunsten (bei § 477 BGB) und einmal zulasten (bei § 439 Abs. 3 BGB) des Verbrauchers wirkt.[55]

Der Begriff „offenbar" setzt – obwohl die Gesetzesbegründung ihn mit positiver Kenntnis gleichsetzen will – eine **objektivierte Sichtweise** voraus, da er nicht mit Bezugnahme auf die Person des Käufers verwendet wird. Bei dieser Sichtweise ist dann – vergleichbar mit § 377 HGB – auf die **Erkenntnismöglichkeit eines Durchschnittskäufers** abzustellen und dabei wiederum maßgeblich zu beachten, ob sich die Vertragswidrigkeit einem Durchschnittskäufer gerade aufdrängen musste.[56] Auch die Rechtsprechung des BGH zu § 477 BGB spricht für ein derartiges Verständnis, da sie keinen subjektiven Einschlag erkennen lässt. Erforderlich ist daher, dass der Mangel sich körperlich an der Sachsubstanz des Kaufgegenstands manifestiert und zum relevanten Zeitpunkt (bzgl. § 439 Abs. 3 BGB also der Einbau) objektiv erkennbar ist, wobei auf die Erkenntnismöglichkeiten eines Durchschnittskunden abzustellen ist.[57]

Hatte der Käufer vor dem Einbau der Sache im Einzelfall **positive Kenntnis** eines nicht in diesem Sinne offenbar gewordenen Mangels, scheitert der Ersatz von Aus- und Wiedereinbaukosten an § 242 BGB oder an einer analogen Anwendung des § 254 Abs. 1 BGB.[58] Eine **treuwidrige Berufung** auf die fehlende objektive Erkennbarkeit als rechtsmissbräuchlich zu verweigern ist notwendig, weil der objektive Maßstab dazu führt, dass im Einzelfall selbst positive Kenntnis unschädlich sein kann, wenn diese beispielsweise auf Expertenwissen des Käufers beruht und der Einbau der als mangelhaft erkannten Ware nicht zulasten des Verkäufers gehen soll.[59]Gleiches gilt für den Fall, dass der Verkäufer vor Einbau auf einen möglichen Mangel hingewiesen und eine eigene Prüfung angeboten hat. Mithin gilt ein objektiver Maßstab, obgleich die subjektive Kenntnis zusätzlich im Rahmen des Einwands des Rechtsmissbrauchs zu berücksichtigen ist.[60]

II. Zurverfügungstellung zum Zweck der Nacherfüllung

Der bisherige § 439 Abs. 5 BGB **a.F.** ist nach der Schuldrechtsreform 2022 in Absatz 6 der Vorschrift zu finden. Indes enthält **§ 439 Abs. 5 BGB** nunmehr – in Umsetzung der Vorgabe aus Art. 14 Abs. 2 S. 1 WKRL – eine Neuregelung, derzufolge der Käufer dem Verkäufer die Kaufsache zum Zweck der Nacherfüllung zur Verfügung zu stellen hat. Dadurch soll der **Verkäufer in die Lage versetzt** werden, die **Kaufsache** daraufhin **zu prü-**

---

55 Dazu eingehend Hoffmann NJW 2021, 2839, 2843.

56 Vgl. Lorenz NJW 2021, 2065, 2067.

57 Zum Ganzen ausführlich Hoffmann NJW 2021, 2839, 2843 ff.

58 Lorenz NJW 2021, 2065, 2067.

59 Hoffmann NJW 2021, 2839, 2844.

60 Hoffmann NJW 2021, 2839, 2844.

fen, ob diese tatsächlich mangelhaft ist und ggf. die vom Käufer gewählte Nachbesserung vornehmen zu können.[61]

Der BGH hatte bereits nach der bisherigen Rechtslage eine **Obliegenheit** des Käufers bejaht, dem Verkäufer die mangelhafte Sache am Erfüllungsort der Nacherfüllungsverpflichtung zur Untersuchung zur Verfügung zu stellen.[62] Das kann weiterhin als Obliegenheit des Käufers qualifiziert werden.[63]

Hingegen geht die **Gesetzesbegründung** davon aus, dass § 439 Abs. 5 BGB nicht bloß eine Obliegenheit, sondern sogar eine **erzwingbare Pflicht** des Käufers statuiert. Darauf deuteten Systematik und Wortlaut der unionsrechtlichen Vorgabe hin.[64]

Jedenfalls **fehlt** es an einem **ordnungsgemäßen Nacherfüllungsverlangen**, wenn der Käufer dem Verkäufer entgegen der Anordnung in § 439 Abs. 5 BGB die Kaufsache nicht zur Verfügung stellt. Dadurch sind dann die Käuferrechte, also Rücktritt, Schadensersatz statt der Leistung und auch Schadensersatz wegen Verspätung der Nacherfüllung regelmäßig ausgeschlossen.[65] Bejaht man eine Käuferpflicht, so kann der Verkäufer überdies die Nachlieferung **einredeweise** von der Rückgabe der mangelhaften Kaufsache abhängig machen.[66]

Die **Kosten der Zurverfügungstellung** der Kaufsache hat der Verkäufer gemäß § 439 Abs. 2 BGB zu tragen, (lediglich) im Bereich des Verbrauchsgüterkaufrechts kann der Käufer dafür vom Verkäufer einen **Vorschuss** verlangen, vgl. **§ 475 Abs. 4 BGB**.

III. Pflicht zur Rücknahme der ersetzten mangelhaften Kaufsache

Die neue Fassung des **§ 439 Abs. 6 S. 1 BGB** entspricht wortgleich der Vorgängerregelung in § 439 Abs. 5 BGB **a.F.**

Außerdem enthält **§ 439 Abs. 6 S. 2 BGB** nunmehr eine Neuregelung, derzufolge der Verkäufer die ersetzte Sache auf seine Kosten zurückzunehmen hat. Mit dieser Verpflichtung wird die Vorgabe aus Art. 14 Abs. 2 S. 2 WKRL umgesetzt.

Durch die Rechtsprechung war **bereits nach bisheriger Rechtslage anerkannt**, dass mit dem Recht des Verkäufers, im Rahmen der Nacherfüllung durch Neulieferung Zug um Zug die mangelhafte Kaufsache zurückzuverlangen, zumindest dann eine Pflicht des Verkäufers zur Rücknahme auf eigene Kosten korrespondiert, wenn der Käufer daran ein berechtigtes Interesse hat.[67] Diese Pflicht ergab sich aus dem allgemeinen Grundsatz von Treu und Glauben.[68]

---

61 Vgl. Begr. z. RegE, S. 27.

62 BGH RÜ 2010, 350, 353.

63 So auch Lorenz NJW 2021, 2065, 2067.

64 Vgl. Begr. z. RegE, S. 26; unsicher Wilke VuR 2021, 283, 288.

65 Lorenz NJW 2021, 2065, 2067.

66 Wilke VuR 2021, 283, 288.

67 Vgl. Wilke VuR 2021, 283, 289.

68 Schörnig MDR 2021, 1097, 1900.

IV. Erfüllungsort der Nacherfüllung

An welchem Ort die Nacherfüllung zu erfolgen hat, also ob der Käufer dem Verkäufer die Sache bringen muss oder ob der Verkäufer sie am Wohnsitz des Käufers austauschen und reparieren muss, wurde vor dem Hintergrund der bis zum 31.12.2021 geltenden Rechtslage nicht einheitlich beurteilt. Nach in der Literatur vertretener Ansicht[69] ist bei fehlender Vereinbarung Leistungsort der Nacherfüllung der Ort, an dem sich die Sache vertragsgemäß befindet, also der **Belegenheitsort**. Hierfür spreche, dass es sich bei dem Nacherfüllungsanspruch gerade nicht um den ursprünglichen Erfüllungsanspruch, sondern um einen **modifizierten Erfüllungsanspruch** handele. Außerdem wurde Art. 3 Abs. 4 der Verbrauchsgüterkaufrichtlinie angeführt. Danach gebiete es nämlich die Interessenlage, dem Verkäufer einer mangelhaften Sache die Beförderung zum Zwecke der Nachbesserung aufzubürden, zumal er gemäß § 439 Abs. 2 BGB ohnehin die erforderlichen Transportkosten zu tragen habe.[70]

Nach anderer Ansicht, insbesondere auch des BGH,[71] gilt für die Frage, wo der Nacherfüllungsort ist, die **allgemeine Vorschrift des § 269 Abs. 1 BGB**. Der Gesetzgeber hat im Kaufrecht keine Regelung über den Nacherfüllungsort getroffen, sodass auf die allgemeine Vorschrift zurückgegriffen werden kann. Danach sind in erster Linie die von den Parteien getroffenen Vereinbarungen entscheidend. Fehlen vertragliche Vereinbarungen, ist auf die **jeweiligen Umstände, insbesondere die Natur des Schuldverhältnisses**, abzustellen.

Zwar regelt auch das neue Kaufrecht nicht ausdrücklich, an welchem Ort die Nacherfüllung zu erfolgen hat, jedoch wird der **Meinungsverschiedenheit** durch die Umsetzung der Warenkaufrichtlinie die **europarechtliche Ebene genommen**. Nach ihrem Erwägungsgrund 56 regelt die Warenkaufrichtlinie nämlich nicht, wo die Pflichten des Schuldners zu erfüllen sind. Mithin legt die Richtlinie weder den Ort der Lieferung fest noch wird vorgeschrieben, wo die Nachbesserung oder die Ersatzlieferung stattfinden hat. Vielmehr bleiben diese Fragen ausdrücklich dem nationalen Recht überlassen. Deshalb sprechen nunmehr (noch) mehr Gründe dafür dem BGH darin zu folgen, in Ermangelung einer besonderen Regel auf die Bestimmung des § 269 BGB zu rekurrieren.[72]

C. Regress des Verkäufers

In den **§ 445 a BGB** und **§ 445 b BGB** ist weiterhin der Rückgriff des Verkäufers in der Lieferkette geregelt. Außerdem enthält **§ 478 BGB** wie bisher ergänzende Sonderbestimmungen für den Rückgriff in der Lieferkette für den Fall, dass der letzte Kaufvertrag in der Kette ein Verbrauchsgüterkaufvertrag war.

---

69 BeckOK-BGB/Faust § 439 Rn. 13a; Staudinger/Matusche-Beckmann § 439 Rn. 23.

70 Veltmann RÜ 2011, 414, 415.

71 BGH RÜ 2011, 414, 416 f.; Staudinger/Artz NJW 2011, 3121; Jaentsch NJW 2012, 1025, 1030.

72 Zum Ganzen Weiß ZVertriebsR 2021, 208, 215.

> ### § 445 a BGB (neue Fassung)
>
> (1) Der Verkäufer kann beim Verkauf einer neu hergestellten Sache von dem Verkäufer, der ihm die Sache verkauft hatte (Lieferant), Ersatz der Aufwendungen verlangen, die er im Verhältnis zum Käufer nach § 439 Absatz 2, 3 und 6 Satz 2 sowie nach § 475 Absatz 4 zu tragen hatte, wenn der vom Käufer geltend gemachte Mangel bereits beim Übergang der Gefahr auf den Verkäufer vorhanden war oder auf einer Verletzung der Aktualisierungspflicht gemäß § 475 b Absatz 4 beruht.
>
> (2) Für die in § 437 bezeichneten Rechte des Verkäufers gegen seinen Lieferanten bedarf es wegen des vom Käufer geltend gemachten Mangels der sonst erforderlichen Fristsetzung nicht, wenn der Verkäufer die verkaufte neu hergestellte Sache als Folge ihrer Mangelhaftigkeit zurücknehmen musste oder der Käufer den Kaufpreis gemindert hat.
>
> (3) Die Absätze 1 und 2 finden auf die Ansprüche des Lieferanten und der übrigen Käufer in der Lieferkette gegen die jeweiligen Verkäufer entsprechende Anwendung, wenn die Schuldner Unternehmer sind.
>
> (4) § 377 des Handelsgesetzbuchs bleibt unberührt.

Es kommt also weiterhin sowohl beim selbstständigen (§ 445 a Abs. 1 BGB) als auch beim unselbstständigen (§ 445 a Abs. 2 BGB) Regress des Verkäufers nicht auf die **Unternehmereigenschaft des Lieferanten** an. Nur bei der Erstreckung auf die Lieferkette gemäß § 445 a Abs. 3 BGB müssen sowohl der Lieferant als auch wiederum dessen Lieferanten Unternehmer sein.

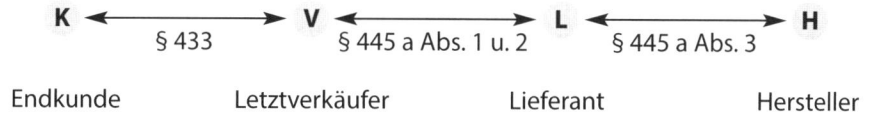

Ist der letzte Vertrag in der Lieferkette ein **Verbrauchervertrag** über die Bereitstellung **digitaler Produkte** nach den §§ 327 und 327 a BGB, so bestimmt **§ 445 c S. 1 BGB**, dass die §§ 445 a, 445 b und 478 BGB nicht anzuwenden sind.

An die Stelle dieser nicht anzuwendenden Regelungen treten dann gemäß dem Verweis in **§ 445 c S. 2 BGB** die Vorschriften des Abschnitts 3 Titel 2a Untertitel 2, also die mit der Schuldrechtsreform 2022 neu eingeführten §§ 327 ff. BGB, in denen der Vertrag über digitale Produkte geregelt ist.

> ### § 445 c BGB (neu)
>
> [1]Ist der letzte Vertrag in der Lieferkette ein Verbrauchervertrag über die Bereitstellung digitaler Produkte nach den §§ 327 und 327a, so sind die §§ 445 a, 445 b und 478 nicht anzuwenden. [2]An die Stelle der nach Satz 1 nicht anzuwendenden Vorschriften treten die Vorschriften des Abschnitts 3 Titel 2 a Untertitel 2.

Hintergrund: Die Warenkaufrichtlinie macht – wie bereits die Verbrauchsgüterkaufrichtlinie – kaum Vorgaben für den Regress des Verkäufers gegenüber seinem Lieferanten. So sieht *Art. 18 S. 1 WKRL* zwar vor, dass der Verkäufer berechtigt sein muss, bei den oder dem in der Vertragskette Haftenden Rückgriff zu nehmen, wenn er selbst dem Verbraucher aufgrund einer Vertragswidrigkeit haftet, die auf ein Handeln oder Unterlassen einer Person in vorhergehenden Gliedern der Vertragskette zurückgeht. Jedoch überlässt es Art. 18 S. 2 WKRL der nationalen Umsetzung bei welcher Person, unter welchen Bedingungen und in welcher Form dieser Rückgriff zu erfolgen hat.[73]

I. Selbstständiger Regress

Die Regelung des **§ 445 a Abs. 1 BGB** statuiert eine eigene verschuldensunabhängige Anspruchsgrundlage für Aufwendungen des (Letzt-) Verkäufers (sog. selbstständiger Regress). Danach kann der Letztverkäufer beim Verkauf einer neu hergestellten Sache von seinem Lieferanten Ersatz der Aufwendungen verlangen, die er im Verhältnis zum (Letzt-)Käufer, also dem Endkunden, zu tragen hatte.

In der neuen Fassung des § 445 a Abs. 1 BGB wurde die **Aufzählung der** vom Lieferanten **zu ersetzenden Aufwendungen angepasst**. Dazu wurde die Aufzählung um den neu geregelten Anspruch des Käufers gegen den Verkäufer auf Rücknahme der ersetzten Sache gemäß **§ 439 Abs. 6 BGB** ergänzt.

Die Beschränkung des Aufwendungsersatzes auf **§ 475 b Abs. 4 BGB** liegt darin begründet, dass dem Lieferanten ein vertragliches Versprechen über die Länge der Aktualisierungsverpflichtung durch den Verkäufer nicht zugerechnet werden kann.[74]

Außerdem enthält die Aufzählung in § 445 a Abs. 1 BGB **keinen Verweis auf § 475 Abs. 6 BGB** mehr, da diese Vorschrift im Zuge der Schuldrechtsreform 2022 gestrichen worden ist. **Inhaltlich ändert sich** die **Rechtslage** dadurch allerdings **nicht**, denn der Anspruch auf Vorschuss gemäß § 475 Abs. 6 BGB a.F. ist nunmehr wortgleich in der neuen Fassung des § 475 Abs. 4 BGB zu finden und darauf verweist die Aufzählung in § 445 a Abs. 1 BGB weiterhin.

II. Verjährung des Regressanspruchs

In **§ 445 b Abs. 1 BGB** wird (weiterhin) eine **spezielle Verjährungsregelung** für den Regressanspruch nach § 445 a Abs. 1 BGB getroffen. Der gemäß § 445 a Abs. 1 BGB gewährte Aufwendungsersatzanspruch ist nämlich kein Gewährleistungsrecht i.S.v. § 437 BGB, sodass § 438 BGB keine Anwendung findet und es für den Anspruch aus § 445 a Abs. 1 BGB einer eigenständigen Regelung bedarf. In Anlehnung an § 438 Abs. 1 Nr. 3 BGB gilt dafür eine pauschale Verjährung **von zwei Jahren**.

Mit der Regelung des **§ 445 b Abs. 2 BGB** werden sowohl die Verjährung der Gewährleistungsansprüche des Letztverkäufers aus § 437 BGB als auch die Verjährung des Anspruchs aus § 445 a Abs. 1 BGB durch eine **Ablaufhemmung** modifiziert. Danach tritt

---

73 Vgl. Lorenz NJW 2021, 2065, 2067.

74 Ring ZAP 2021, 907, 912.

die Verjährung **frühestens zwei Monate** nach dem Zeitpunkt ein, in dem der Letztverkäufer die Ansprüche des Käufers erfüllt hat.

---

§ 445 b BGB (neue Fassung)

(1) Die in § 445 a Absatz 1 bestimmten Aufwendungsersatzansprüche verjähren in zwei Jahren ab Ablieferung der Sache.

(2) Die Verjährung der in den §§ 437 und 445 a Absatz 1 bestimmten Ansprüche des Verkäufers gegen seinen Lieferanten wegen des Mangels einer verkauften neu hergestellten Sache tritt frühestens zwei Monate nach dem Zeitpunkt ein, in dem der Verkäufer die Ansprüche des Käufers erfüllt hat.

(3) Die Absätze 1 und 2 finden auf die Ansprüche des Lieferanten und der übrigen Käufer in der Lieferkette gegen die jeweiligen Verkäufer entsprechende Anwendung, wenn die Schuldner Unternehmer sind.

Nach § 445 b Abs. 1 S. 2 BGB **a.F.** endete diese Ablaufhemmung spätestens fünf Jahre nach dem Zeitpunkt, in dem der Lieferant die Sache dem Letztverkäufer abgeliefert hat. Mit der Schuldrechtsreform 2022 wurde Satz 2 der Vorschrift und damit auch die **Obergrenze von fünf Jahren ersatzlos gestrichen.**

Hintergrund: Die Begrenzung auf fünf Jahre konnte schon bisher bei Sachen mit einer über die zweijährige Verjährungsfrist hinausgehenden Verjährungsfrist, vor allem bei Baustoffen, dazu führen, dass der Verkäufer die Rückgriffsansprüche des § 445 a BGB nicht geltend machen konnte, da sie unter Umständen bereits verjährt waren, bevor der Verkäufer davon erfuhr, dass der Käufer gegen ihn Ansprüche geltend macht.

*Durch die **Aktualisierungsverpflichtung** und die Vereinbarungen über die Bereitstellung digitaler Elemente über einen dauerhaften Zeitraum wird diese Situation verschärft, weil auch bei diesen Pflichten eine über den Zeitraum von fünf Jahren hinausgehende Haftung des Verkäufers denkbar ist. Gerade bei der Aktualisierungsverpflichtung ist aber eine Haftung der Lieferanten und vor allem des Herstellers wichtig, um **im Interesse sicherer vernetzter Geräte** den Hersteller zur Bereitstellung von Aktualisierungen zu motivieren. Deshalb wurde die Begrenzung der Verjährungshemmung auf fünf Jahre gestrichen.[75]*

III. Sonderbestimmungen für den Regress des Unternehmers

Für den Fall, dass ein **Verbrauchsgüterkauf** (dazu sogleich unten Seite 28 ff.) zwischen dem Letztverkäufer (Unternehmer) und dem Letztkäufer (Verbraucher) vorliegt, enthält **§ 478 BGB** Regelungen, welche die **Vorschriften** in den **§§ 445 a, 445 b BGB ergänzen**. Die Absätze 1 und 3 des § 478 BGB sind durch die Schuldrechtsreform 2022 unverändert geblieben.

---

75 Vgl. Begr. z. RegE, S. 28.

> ### § 478 BGB (neue Fassung)
>
> (1) Ist der letzte Vertrag in der Lieferkette ein Verbrauchsgüterkauf (§ 474), findet § 477 in den Fällen des § 445 a Absatz 1 und 2 mit der Maßgabe Anwendung, dass die Frist mit dem Übergang der Gefahr auf den Verbraucher beginnt.
>
> (2) [1]Auf eine vor Mitteilung eines Mangels an den Lieferanten getroffene Vereinbarung, die zum Nachteil des Unternehmers von Absatz 1 sowie von den §§ 433 bis 435, 437, 439 bis 443, 445 a Absatz 1 und 2 sowie den §§ 445 b, 475 b und 475 c abweicht, kann sich der Lieferant nicht berufen, wenn dem Rückgriffsgläubiger kein gleichwertiger Ausgleich eingeräumt wird. [2]Satz 1 gilt unbeschadet des § 307 nicht für den Ausschluss oder die Beschränkung des Anspruchs auf Schadensersatz. [3]Die in Satz 1 bezeichneten Vorschriften finden auch Anwendung, wenn sie durch anderweitige Gestaltungen umgangen werden.
>
> (3) Die Absätze 1 und 2 finden auf die Ansprüche des Lieferanten und der übrigen Käufer in der Lieferkette gegen die jeweiligen Verkäufer entsprechende Anwendung, wenn die Schuldner Unternehmer sind.

In **§ 478 Abs. 2 BGB** finden sich (weiterhin) Einschränkungen der Dispositivität der allgemeinen Mängelrechte des Unternehmers sowie der Regressregelungen der §§ 445 a Abs. 1 und 2, 445 b und 478 Abs. 1 BGB, wenn es sich bei dem letzten Kaufvertrag in der Lieferkette um einen Verbrauchsgüterkauf handelt.

Ein **Ausschluss** der Gewährleistung **durch Vereinbarungen**, die vor der Mitteilung des Mangels an den Lieferanten getroffen wurden, ist danach weitgehend nicht möglich. Ausgeschlossen werden können aber, wie beim Verbrauchsgüterkauf (§ 476 BGB), **Ansprüche auf Schadensersatz**. Bei einem Ausschluss oder einer Beschränkung der Schadensersatzansprüche durch AGB ist § 307 BGB (die §§ 308, 309 BGB gelten gemäß § 310 Abs. 1 BGB nicht unmittelbar) zu berücksichtigen. Die **anderen Gewährleistungsrechte** (Nacherfüllung, Rücktritt oder Minderung) können nur ausgeschlossen werden, wenn dem Rückgriffsgläubiger, also dem Letztverkäufer, **ein gleichwertiger Ausgleich** eingeräumt wird, § 478 Abs. 2 S. 1 BGB.

Die **neue Fassung** des **§ 478 Abs. 2 S. 1 BGB** erstreckt diese Einschränkung der Dispositivität auf Vereinbarungen, die von den Neuregelungen in **§ 475 b BGB** (Sachmangel einer Ware mit digitalen Elementen) oder **§ 475 c BGB** (Sachmangel einer Ware mit digitalen Elementen bei dauerhafter Bereitstellung digitaler Elemente) abweichen.[76]

2. Abschnitt: Änderungen beim Verbrauchsgüterkauf

Die **größte und einschneidendste Wirkung** entfalten die Gesetzesänderungen zum 01.01.2022 beim Verbrauchsgüterkauf, also im Bereich Business-to-Consumer (B2C). Hier liegt der Schwerpunkt der Schuldrechtsreform 2022 in kaufrechtlicher Hinsicht. Das

---

76 Kritisch dazu Lorenz NJW 2021, 2065, 2067, für den die Einschränkungen in Bezug auf die § 475 b und § 475 c BGB „schwer nachvollziehbar" sind.

Verbraucherschutzniveau wird dadurch weiter angehoben. Die bisherige Struktur, nach der die Verbraucherschutzvorschriften breit über das BGB verteilt sind, bleibt dabei erhalten (Übersicht).

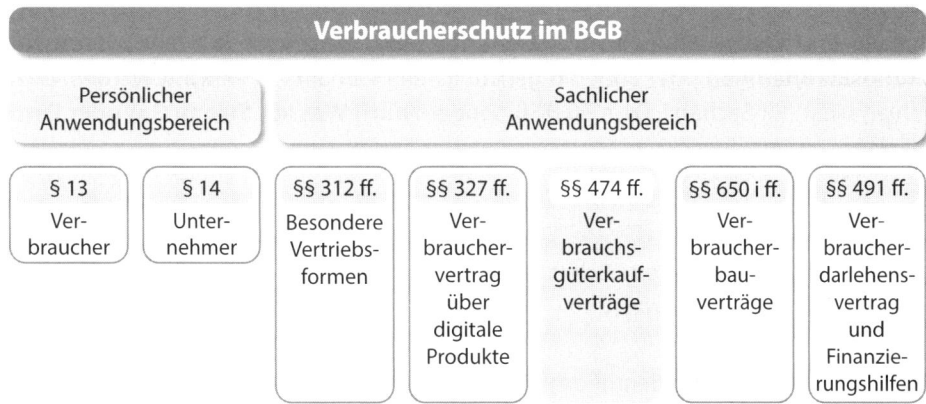

A. Anpassungen der Legaldefinition und des Anwendungsbereichs

---

§ 474 BGB (neue Fassung)

(1) [1]Verbrauchsgüterkäufe sind Verträge, durch die ein Verbraucher von einem Unternehmer eine Ware (§ 241a Absatz 1) kauft. [2]Um einen Verbrauchsgüterkauf handelt es sich auch bei einem Vertrag, der neben dem Verkauf einer Ware die Erbringung einer Dienstleistung durch den Unternehmer zum Gegenstand hat.

(2) [1]Für den Verbrauchsgüterkauf gelten ergänzend die folgenden Vorschriften dieses Untertitels. [2]Für gebrauchte Waren, die in einer öffentlich zugänglichen Versteigerung (§ 312 g Absatz 2 Nummer 10) verkauft werden, gilt dies nicht, wenn dem Verbraucher klare und umfassende Informationen darüber, dass die Vorschriften dieses Untertitels nicht gelten, leicht verfügbar gemacht wurden.

I. Änderung der Legaldefinition

Die modifizierte Fassung des **§ 474 Abs. 1 S. 1 BGB** enthält eine **neue Legaldefinition** des Verbrauchsgüterkaufs. Ein Verbrauchsgüterkauf liegt danach (unverändert) vor, wenn ein Verbraucher als Käufer mit einem Unternehmer als Verkäufer einen Kaufvertrag abschließt.

Die §§ 474 ff. BGB finden demnach (weiterhin) **keine Anwendung** bei Kaufverträgen

- zwischen **Verbrauchern untereinander**,

- zwischen **Unternehmern untereinander**

- und wenn ein **Verbraucher auf Verkäuferseite** mit einem Unternehmer kontrahiert.

Im Gegensatz zur alten Fassung des § 474 Abs. 1 S. 1 BGB ist der **maßgebende Kaufgegenstand**, den der Verbraucher vom Unternehmer kaufen muss, nunmehr keine „bewegliche Sache" mehr, sondern eine „**Ware**", die (weiterhin) in **§ 241 a Abs. 1 BGB** legal definiert ist.

Danach sind Waren **bewegliche Sachen**, die **nicht aufgrund von Zwangsvollstreckungsmaßnahmen** oder anderen gerichtlichen Maßnahmen verkauft werden. Dazu zählen nicht nur Sachen i.S.d. § 90 BGB, sondern **auch Wasser, Strom, Gas oder Fernwärme**.

> **Beispiel**
>
> Eine gerichtlich versteigerte Schiffsladung Baumwolle wird nicht vom Warenbegriff des § 241 a Abs. 1 BGB erfasst.

Auch Tiere werden vom Begriff der Ware grundsätzlich erfasst, was durch § 477 Abs. 1 S. 2 BGB verdeutlicht wird.[77]

II. Änderung des Anwendungsbereichs

Die **Anwendbarkeit** der Sonderbestimmungen für Verbrauchsgüterkäufe (§§ 474 ff. BGB) ist gemäß § 474 Abs. 2 S. 2 BGB **ausgeschlossen**, wenn es sich

- um **gebrauchte Sachen** handelt, die in

- einer **öffentlich zugänglichen Versteigerung** verkauft werden und dem

- Verbraucher **klare und umfassende Informationen** darüber, dass die Vorschriften dieses Untertitels nicht gelten, **leicht verfügbar**

gemacht wurden.

Ob eine **Sache gebraucht** ist, bestimmt sich nach **objektiven Kriterien** und nicht nach einer Beschaffenheitsvereinbarung gemäß § 434 BGB. Als gebraucht gelten dabei Sachen, die vom Verkäufer oder einem Dritten bereits benutzt worden sind.[78]

> **Beispiel**
>
> Eine längere Lagerung („Ladenhüter") macht die Sache nicht zur gebrauchten (aber zur nicht „neu hergestellten" i.S.v. § 309 Nr. 8b); gebraucht ist auch ein Vorführwagen.

Im Gegensatz zur Vorgängerregelung wird nun für den Begriff der „**öffentlich zugänglichen Versteigerung**" auf die Legaldefinition in **§ 312 g Abs. 2 Nr. 10 BGB** verwiesen. Nach dieser Vorschrift ist eine öffentlich zugängliche Versteigerung eine Vermarktungsform, bei welcher der Verkäufer Verbrauchern, die persönlich anwesend sind oder de-

---

[77] Wilke VuR 2021, 283, 286.

[78] Vgl. BGH RÜ 2020, 142, 143; OLG Schleswig RÜ 2018, 685, 687.

nen diese Möglichkeit gewährt wird, Waren oder Dienstleistungen anbietet, und zwar in einem vom Versteigerer durchgeführten, auf konkurrierenden Geboten basierenden transparenten Verfahren, bei dem der Bieter, der den Zuschlag erhalten hat, zum Erwerb der Waren oder Dienstleistungen verpflichtet ist.

Es kommt nicht darauf an, ob ein oder mehrere Verbraucher tatsächlich an der Versteigerung teilgenommen haben, da allein die **Möglichkeit der persönlichen Anwesenheit** für die Ausnahme gemäß § 474 Abs. 2 S. 2 BGB ausreicht. Deshalb kann **auch** die **Versteigerung über** eine **Online-Plattform** als eine öffentlich zugängliche Versteigerung anzusehen sein, wenn dabei die Möglichkeit der persönlichen Anwesenheit der Verbraucher gewährleistet wird.[79]

Voraussetzungen eines Verbrauchsgüterkaufs, § 474 BGB			
Käufer ist Verbraucher, § 13 BGB	Verkäufer ist Unternehmer, § 14 BGB	Kaufgegenstand ist eine Ware i.S.d. § 241 a Abs. 1 BGB	Keine öffentliche Versteigerung einer gebrauchten Sache

In Umsetzung des **Art. 3 Abs. 5 S. 2 WKRL** musste der deutsche Gesetzgeber eine Rückausnahme von der in § 474 Abs. 2 S. 2 BGB vorgesehenen Ausnahme für die öffentlich zugängliche Versteigerung von gebrauchten Sachen vorsehen. Die Warenkaufrichtlinie erlaubt in ihrem Art. 3 Abs. 5 S. 2 WKRL eine solche Ausnahme für öffentlich zugängliche Versteigerungen allerdings nur unter der weiteren Voraussetzung, dass klare und umfassende Informationen darüber, dass die aus der Richtlinie herrührenden Rechte nicht gelten, für Verbraucher leicht verfügbar gemacht werden.[80]

Deshalb gelten gemäß **§ 474 Abs. 2 S. 2 BGB** die Sonderbestimmungen für Verbrauchsgüterkäufe nicht für gebrauchte Waren, die in einer öffentlich zugänglichen Versteigerung verkauft werden, wenn dem Verbraucher

- **klare und umfassende Informationen** darüber, dass die Sondervorschriften für Verbrauchsgüterkäufe nicht gelten,

- **leicht verfügbar** gemacht wurden.

Was eine **umfassende** Information erforderlich macht, wird – auch mangels näherer Vorgaben der Warenkaufrichtlinie – noch zu klären sein. Jedenfalls wird die bloße Angabe, dass die besonderen Vorschriften des Verbrauchsgüterkaufs nicht gelten, kaum genügen. Fraglich bleibt jedoch, ob der Verbraucher im Einzelnen darüber zu informieren ist, was alles nicht gilt oder sogar gerade darüber, was stattdessen gilt, also über die allgemeinen Regeln des Kaufrechts.[81]

---

79 Vgl. Begr. z. RegE, S. 27.

80 Vgl. Begr. z. RegE, S. 28.

81 So Wilke VuR 2021, 283, 289.

B. Abweichende Regelungen und Vereinbarungen

Weiterhin enthält **§ 475 BGB** besondere Bestimmungen für den Bereich des Verbrauchsgüterkaufs, die von der Ausgestaltung der Gewährleistung im allgemeinen Kaufrecht abweichen. Außerdem regelt **§ 476 BGB** weiterhin, inwieweit abweichende Vereinbarungen zulässig sind. Inhaltlich hat die Schuldrechtsreform 2022 jedoch zu einigen Änderungen geführt.

§ 475 BGB (neue Fassung)

(1) [1]Ist eine Zeit für die nach § 433 zu erbringenden Leistungen weder bestimmt noch aus den Umständen zu entnehmen, so kann der Gläubiger diese Leistungen abweichend von § 271 Absatz 1 nur unverzüglich verlangen. [2]Der Unternehmer muss die Ware in diesem Fall spätestens 30 Tage nach Vertragsschluss übergeben. [3]Die Vertragsparteien können die Leistungen sofort bewirken.

(2) § 447 Absatz 1 gilt mit der Maßgabe, dass die Gefahr des zufälligen Untergangs und der zufälligen Verschlechterung nur dann auf den Käufer übergeht, wenn der Käufer den Spediteur, den Frachtführer oder die sonst zur Ausführung der Versendung bestimmte Person oder Anstalt mit der Ausführung beauftragt hat und der Unternehmer dem Käufer diese Person oder Anstalt nicht zuvor benannt hat.

(3) [1]§ 439 Absatz 6 ist mit der Maßgabe anzuwenden, dass Nutzungen nicht herauszugeben oder durch ihren Wert zu ersetzen sind. [2]Die §§ 442, 445 und 447 Absatz 2 sind nicht anzuwenden.

(4) Der Verbraucher kann von dem Unternehmer für Aufwendungen, die ihm im Rahmen der Nacherfüllung gemäß § 439 Absatz 2 und 3 entstehen und die vom Unternehmer zu tragen sind, Vorschuss verlangen.

(5) Der Unternehmer hat die Nacherfüllung innerhalb einer angemessenen Frist ab dem Zeitpunkt, zu dem der Verbraucher ihn über den Mangel unterrichtet hat, und ohne erhebliche Unannehmlichkeiten für den Verbraucher durchzuführen, wobei die Art der Ware sowie der Zweck, für den der Verbraucher die Ware benötigt, zu berücksichtigen sind.

(6) [1]Im Fall des Rücktritts oder des Schadensersatzes statt der ganzen Leistung wegen eines Mangels der Ware ist § 346 mit der Maßgabe anzuwenden, dass der Unternehmer die Kosten der Rückgabe der Ware trägt. [2]§ 348 ist mit der Maßgabe anzuwenden, dass der Nachweis des Verbrauchers über die Rücksendung der Rückgewähr der Ware gleichsteht.

I. Ausschluss der Wertersatzpflicht und Unanwendbarkeit der §§ 442, 445 und 447 Abs. 2 BGB

Gemäß der neuen Fassung des **§ 475 Abs. 3 S. 1 BGB** ist § 439 Abs. 6 BGB mit der Maßgabe anzuwenden, dass Nutzungen nicht herauszugeben oder durch ihren Wert zu ersetzen sind. Die Vorschrift vollzieht damit lediglich eine **Folgeänderung**, da der Inhalt des § 439 Abs. 5 BGB **a.F.** nunmehr in § 439 Abs. 6 S. 1 BGB zu finden ist.

Es bleibt damit beim Ausschluss der Wertersatzpflicht im Bereich des Verbrauchsgüterkaufs. Liefert der Verkäufer im Rahmen der Nacherfüllung eine neue Sache, müsste der Käufer nämlich gemäß **§ 439 Abs. 6 i.V.m. §§ 346 ff. BGB** die mangelhafte Sache dem

Verkäufer zurückgewähren und gemäß § 346 Abs. 2 S. 1 Nr. 1 BGB grundsätzlich auch Wertersatz für die zwischenzeitliche Nutzung der Sache leisten. Das gilt aber (weiterhin) nur im Bereich des allgemeinen Kaufrechts.

Außerdem bestimmt **§ 475 Abs. 3 S. 1 BGB**, dass die §§ 442, 445 und 447 Abs. 2 BGB bei Verbrauchsgüterkaufverträgen nicht anzuwenden sind. Dabei wurde im Zuge der Schuldrechtsreform die Aufzählung um **§ 442 BGB ergänzt**.

*Hintergrund: Nach § 442 BGB bestehen keine Mängelrechte, wenn der Käufer bei Vertrags-schluss den Mangel kennt. Die Warenkaufrichtlinie sieht allerdings einen solchen Ausschluss nicht vor. Vielmehr bestimmt die Richtlinienvorgabe, dass nur unter den strengeren Voraus-setzungen des **Art. 7 Abs. 5 WKRL** kein Mangel gegeben ist. Danach sind ein Hinweis des Verkäufers sowie eine ausdrückliche und gesonderte Zustimmung des Käufers erforder-lich.*[82]

*Deshalb ist nun in Fällen eines Verbrauchsgüterkaufs selbst bei einer ausdrücklichen Verein-barung einer von den objektiven Anforderungen an die Mangelfreiheit abweichenden Be-schaffenheit der Sache kein Ausschluss der Mängelrechte im Hinblick auf diese Abweichung gegeben, wenn die Vereinbarung nicht den Anforderungen des **§ 476 Abs. 1 S. 2 BGB** ent-spricht. Wenn damit nun selbst eine ausdrückliche Vereinbarung nicht ausreicht, so kann erst recht die bloße Kenntnis die Mängelrechte nicht ausschließen.*[83]

*Im Bereich des allgemeinen Kaufrechts bleibt **§ 442 BGB** indes (weiterhin unverändert) an-wendbar und ist nunmehr nur **für den Verbrauchsgüterkauf ausgeschlossen**. Denn bei den besonderen Anforderungen des Art. 7 Abs. 5 WKRL handelt es sich um spezifische Ver-braucherschutzregelungen.*[84]

Der in Art. 7 Abs. 5 WKRL vorgesehene **Haftungsausschluss** durch besondere Vereinba-rung wird entsprechend nur für den Verbrauchsgüterkauf in **§ 476 Abs. 1 BGB** umge-setzt.

II. Kein Ausschluss der Totalverweigerung

Die bisherigen Sonderbestimmungen in **§ 475 Abs. 4 und 5 BGB a.F.** wurden ersatzlos **gestrichen**. Damit ist das in § 439 Abs. 4 BGB statuierte sog. Totalverweigerungsrecht, also die Möglichkeit des Verkäufers, auch die Erfüllung der einzig möglichen oder einzig verbliebenen Nacherfüllungsvariante zu verweigern, nicht mehr für den Bereich der Verbrauchsgüterkaufverträge ausgeschlossen.[85] Nunmehr ist auch dort – in Überein-stimmung mit Art. 13 Abs. 3 WKRL – ein Totalverweigerungsrecht des Verkäufers gege-ben.[86]

---

82 Vgl. Begr. z. RegE, S. 28.

83 Weiß ZVertriebsR 2021, 208, 216.

84 Vgl. Begr. z. RegE, S. 28.

85 Die alte Rechtslage diente der Umsetzung der Weber/Putz-Entscheidung des EuGH (Urt. v. 16.06.2011, Rechtssachen C-65/09 und C-87/09).

86 Zustimmend Lorenz NJW 2021, 2065, 2069, nach dem nun „vernünftigerweise" ein Totalverweigerungs-recht des Verkäufers besteht.

*Hintergrund: In § 475 Abs. 4 S. 1 BGB **a.F.** war (nur) für den Verbrauchsgüterkauf normiert, dass der Verkäufer sich nicht gemäß § 439 Abs. 4 auf die absolute Unverhältnismäßigkeit der einzig möglichen Nacherfüllungsvariante berufen kann. Dabei wurden auch die Fälle erfasst, in denen beide Alternativen der Nacherfüllung nach § 439 Abs. 1 BGB zwar möglich sind, aber jeweils für sich genommen zu unverhältnismäßigen Kosten führen. Allerdings konnte der Verkäufer nach § 475 Abs. 4 S. 2 BGB **a.F.** den Aufwendungsersatz auf einen angemessenen Betrag beschränken, wenn die verbleibende Art der Nacherfüllung wegen der Höhe der Aufwendungen nach § 439 Abs. 2 oder Abs. 3 S. 1 BGB „unverhältnismäßig" ist.*

*Durch § 475 Abs. 5 BGB **a.F.** wurde das beschränkte Leistungsverweigerungsrecht des Unternehmers nach § 475 Abs. 4 S. 2 BGB mit in die Fallgruppen aufgenommen, bei deren Vorliegen eine **Nachfristsetzung** gemäß **§ 440 S. 1 BGB entbehrlich** ist. Der Käufer (Verbraucher) konnte mithin sogleich – statt zunächst eine angemessene Frist zur Nacherfüllung setzen zu müssen – sein Rücktritts- oder Minderungsrecht ausüben bzw. Schadensersatz statt der Leistung verlangen, wenn seine Ansprüche auf Aufwendungsersatz gemäß § 439 Abs. 2 oder § 439 Abs. 3 S. 1 BGB aufgrund einer Einrede des Unternehmers (Verkäufers) nach § 475 Abs. 4 S. 2 BGB auf einen angemessenen Betrag beschränkt sind.*

Im Gegensatz zu den meisten Änderungen der Schuldrechtsreform 2022 führt die Streichung des Anspruchs aus § 475 Abs. 4 S. 2 BGB **a.F.** auf einen angemessenen Betrag als Beteiligung des Verkäufers an den Ein- und Ausbaukosten zu einer **Verkürzung der Verbraucherrechte**. Der Verbrauchsgüterkäufer kann nämlich nunmehr bei Unverhältnismäßigkeit – wie schon bisher der Käufer im unternehmerischen Geschäftsverkehr – keine Kostenbeteiligung an den Ein- und Ausbaukosten mehr verlangen, er ist vielmehr auf Minderung und Rücktritt beschränkt.

> **Beispiele**
>
> Will ein Käufer an der Ware trotz des Mangels festhalten, weil nur eine hinnehmbare optische Beeinträchtigung besteht, wird er die Minderung als ausreichenden Rechtsbehelf ansehen können. Einem Käufer der wegen des Mangels kein Interesse mehr an der Ware hat, verbleibt lediglich die Möglichkeit, Aus- und Neueinbau auf eigene Kosten vorzunehmen, wenn trotz der Berücksichtigung der „Bedeutung des Mangels" in § 439 Abs. 4 BGB absolute Unverhältnismäßigkeit vorliegt.[87]

Allerdings kann im Fall des Rücktritts die Rechtsposition des Verbrauchers durch eine **verbraucherfreundliche Auslegung** des Rückabwicklungsrechts gestärkt werden.[88] Demnach hat der Verbraucher bei absoluter Unverhältnismäßigkeit und Erklärung des Rücktritts die Wahl. Zum einen kann er den Ausbau auf Kosten des Verkäufers (§ 475 Abs. 6 S. 1 BGB) durchführen und die Ware an diesen herausgeben, wobei er für eine dabei eintretende Verschlechterung oder Zerstörung gemäß § 346 Abs. 3 Nr. 3 BGB nicht haftet, wenn er die Sorgfalt in eigenen Angelegenheiten gewahrt hat. Zum anderen be-

---

87 Hoffmann NJW 2839, 2844.

88 Zum Ganzen eingehend Hoffmann NJW 2839, 2844.

steht für den Verbraucher die Möglichkeit, den Ausbau unter Berufung auf § 346 Abs. 2 Nr. 2 BGB zu verweigern. Dadurch bleibt der Verbrauchsgüterkäufer gegenüber dem Käufer im unternehmerischen Verkehr ein Stück weit privilegiert.

III. Frist und Art der Nacherfüllung

Nach der **Neuregelung** in **§ 475 Abs. 5 Hs. 1 BGB** hat der Unternehmer

- die Nacherfüllung **innerhalb angemessener Frist** ab dem Zeitpunkt, zu dem der Verbraucher ihn über den Mangel unterrichtet hat, und

- **ohne erhebliche Unannehmlichkeiten** für den Verbraucher

durchzuführen. Dafür sind gemäß **§ 475 Abs. 5 Hs. 2 BGB** die Art der Ware sowie der Zweck zu berücksichtigen, für den der Verbraucher die Ware benötigt. Damit hat der deutsche Gesetzgeber die Richtlinienvorgabe aus Art. 14 Abs. 1 c) WKRL umgesetzt.

Zur Konkretisierung der angemessenen Frist gemäß § 475 Abs. 5 Hs. 1 BGB kann auf die bisherige **Judikatur und Literatur** zur Dauer der in **§ 323 Abs. 1 BGB** geregelten Frist rekurriert werden.[89]

Hat der Unternehmer zwar rechtzeitig, aber **mit erheblichen Unannehmlichkeiten** für den Verbraucher nacherfüllt, begründet das weder ein Rücktritts- noch ein Minderungsrecht des Verbrauchers, möglich ist dann allerdings ein **Schadensersatzanspruch** gemäß **§ 280 Abs. 1 BGB**, weil der Verkäufer seine Pflicht aus § 475 Abs. 5 Hs. 1 BGB verletzt hat.[90]

Ein **Umkehrschluss** aus § 475 Abs. 5 BGB **für** das **allgemeine Kaufrecht** dahingehend, dass die Nacherfüllung außerhalb von Verbrauchsgüterkaufverträgen nicht innerhalb angemessener Frist durchgeführt werden muss oder mit erheblichen Unannehmlichkeiten für den Käufer verbunden sein darf, ist **nicht zulässig**. Im Bereich des allgemeinen Kaufrechts ergeben sich die Grenzen der Nacherfüllung insoweit aus den §§ 323, 440 BGB. Denn der Käufer kann zurücktreten, wenn er gemäß § 323 Abs. 1 BGB dem Verkäufer erfolglos eine angemessene Frist zur Nacherfüllung gesetzt hat oder nach § 440 BGB ohne Fristsetzung zurücktreten, wenn ihm die Nacherfüllung unzumutbar ist.[91]

IV. Sonderregelungen für Rückgabe und Rückgewähr

Mit den Neuregelungen des § 475 Abs. 6 BGB werden die Vorgaben aus **Art. 16 Abs. 3 b WKRL** umgesetzt.

Nach **§ 475 Abs. 6 S. 1 BGB** ist nun für den Rücktritt und den Schadensersatz statt der ganzen Leistung wegen eines Mangels der Ware die Vorschrift des § 346 BGB mit der Maßgabe anzuwenden, dass der **Unternehmer** die **Kosten der Rückgabe der Ware zu tragen** hat.

---

89 Vgl. Begr. z. RegE, S. 36.

90 Lorenz, NJW 2021, 2065, 2069.

91 Vgl. Begr. z. RegE, S. 29.

Außerdem ist in **§ 475 Abs. 6 S. 2 BGB** bestimmt, die Regelung des § 348 BGB mit der Maßgabe anzuwenden, dass der **Nachweis** des Verbrauchers **über die Rücksendung** der **Rückgewähr** der Ware **gleichsteht**.

> **Beispiel**
>
> Ein solcher Nachweis wird in der Praxis regelmäßig durch Vorlage eines Einlieferungsbelegs der Post oder eines anderen Transportunternehmens erbracht werden können.[92]

Die Modifikation des § 348 BGB für den Bereich des Verbrauchsgüterkaufs führt dazu, dass das **Zurückbehaltungsrecht des Verkäufers** (§§ 348, 320 BGB) hinsichtlich der Rückzahlung des Kaufpreises bereits endet, sobald der Verbraucher die Rücksendung nachweist und es insofern nicht auf die Rückgabe der Kaufsache ankommt.[93]

V. Abweichende Vereinbarungen zum Nachteil des Verbrauchers

1. Verbot haftungsbeschränkender Vereinbarungen

Gemäß **§ 476 Abs. 1 S. 1 BGB** besteht – wie bisher – ein grundsätzliches Verbot haftungsbeschränkender Vereinbarungen zulasten des Verbrauchers. In der Vorschrift wurde nur eine Folgeänderungen vorgenommen, weil § 442 BGB auf den Verbrauchsgüterkauf nicht mehr anwendbar ist (dazu oben Seite 33).

> **§ 476 BGB** (neue Fassung)
>
> (1) [1]Auf eine vor Mitteilung eines Mangels an den Unternehmer getroffene Vereinbarung, die zum Nachteil des Verbrauchers von den §§ 433 bis 435, 437, 439 bis 441 und 443 sowie von den Vorschriften dieses Untertitels abweicht, kann der Unternehmer sich nicht berufen. [2]Von den Anforderungen nach § 434 Absatz 3 oder § 475 b Absatz 4 kann vor Mitteilung eines Mangels an den Unternehmer durch Vertrag abgewichen werden, wenn
>
> 1. der Verbraucher vor der Abgabe seiner Vertragserklärung eigens davon in Kenntnis gesetzt wurde, dass ein bestimmtes Merkmal der Ware von den objektiven Anforderungen abweicht, und
>
> 2. die Abweichung im Sinne der Nummer 1 im Vertrag ausdrücklich und gesondert vereinbart wurde.
>
> (2) [1]Die Verjährung der in § 437 bezeichneten Ansprüche kann vor Mitteilung eines Mangels an den Unternehmer nicht durch Rechtsgeschäft erleichtert werden, wenn die Vereinbarung zu einer Verjährungsfrist ab dem gesetzlichen Verjährungsbeginn von weniger als zwei Jahren, bei gebrauchten Waren von weniger als einem Jahr führt. [2]Die Vereinbarung ist nur wirksam, wenn
>
> 1. der Verbraucher vor der Abgabe seiner Vertragserklärung von der Verkürzung der Verjährungsfrist eigens in Kenntnis gesetzt wurde und

---

92 Kirchfelder-Lauber JuS 2021, 918, 921.

93 Vgl. Begr. z. RegE, S. 29.

2. die Verkürzung der Verjährungsfrist im Vertrag ausdrücklich und gesondert vereinbart wurde.

(3) Die Absätze 1 und 2 gelten unbeschadet der §§ 307 bis 309 nicht für den Ausschluss oder die Beschränkung des Anspruchs auf Schadensersatz.

(4) Die Regelungen der Absätze 1 und 2 sind auch anzuwenden, wenn sie durch anderweitige Gestaltungen umgangen werden.

Die Vorschrift des § 476 Abs. 1 S. 1 BGB verbietet eine vor Mitteilung des Mangels getroffene **Vereinbarung, die** zum Nachteil des Verbrauchers **von** den

- **§§ 433 bis 435 BGB**,

- **§§ 437, 439 bis 441** und **443 BGB**

- sowie von den **Vorschriften des** Untertitels „**Verbrauchsgüterkauf"**

abweicht. Das hat zur Folge, dass ein Ausschluss oder die Modifikation der Gewährleistung selbst durch Individualvereinbarung beim Verbrauchsgüterkauf weitgehend nicht möglich ist. Die Vorschrift des § 476 Abs. 1 BGB hat (weiterhin) eine **erhebliche praktische Relevanz**, da sie auch auf gebrauchte Sachen Anwendung findet. Somit ist ein vollständiger Gewährleistungsausschluss beispielsweise im Gebrauchtwagenhandel nicht möglich.[94]

Hinweis: Der ausgeklammerte § 436 BGB betrifft nur Grundstücke, auf welche die Vorschriften des Verbrauchsgüterkaufs ohnehin nicht anwendbar sind. Die Regelung der Verjährung in § 438 BGB ist nicht aufgeführt worden, da § 476 Abs. 2 BGB eine spezielle Regelung enthält.

Unzulässig sind nur Abweichungen **zum Nachteil des Verbrauchers**. Ein solcher liegt beispielsweise vor, wenn die Gewährleistungsrechte von einer **Mängelanzeige** abhängig gemacht werden, die **Beweislastverteilung** geändert wird oder das dem Käufer nach § 439 Abs. 1 BGB zustehende **Wahlrecht** dem Verkäufer zustehen soll.[95]

Zu beachten ist, dass die Verbote des § 476 BGB nur für Vereinbarungen gelten, die **vor Mitteilung** des Mangels zwischen Verbraucher und Unternehmer getroffen wurden. Bei der Mitteilung handelt es sich um eine **geschäftsähnliche Handlung**, sodass die Vorschriften über Willenserklärungen auf sie anwendbar sind. Die Mitteilung wird mit Zugang beim Verkäufer wirksam.

Nach Mitteilung des Mangels sind abweichende Vereinbarungen, wie etwa ein Vergleich – in den Grenzen der §§ 134, 138 BGB und gemäß der §§ 305 ff. BGB – erlaubt. Die Formulierung der Ausnahme ist allerdings (weiterhin) nicht sonderlich geglückt: Entscheidend ist nicht, dass dem Unternehmer der Mangel mitgeteilt wird, sondern dass der Verbraucher Kenntnis vom Mangel erlangt hat. Nur dann ist nämlich sichergestellt, dass er den gewährleistungsbeschränkenden Charakter der Vereinbarung auch erkannt hat. Ausgehen muss die Mitteilung daher vom Verbraucher; eine Mitteilung durch einen

---

94 Dazu ausführlich Tiedtke/Burgmann NJW 2005, 1153 ff.

95 Arnold ZGS 2004, 64, 65.

Dritten reicht nicht aus. Außerdem muss sich die Vereinbarung auf den mitgeteilten Mangel beziehen. **Nur** bzgl. des **mitgeteilten Mangels**, nicht aber wegen anderer (noch verdeckter) Mängel, ist die abweichende Vereinbarung nämlich wirksam.

Geht man vom Wortlaut des Gesetzes aus, so ist eine abweichende Vereinbarung nicht etwa unwirksam, der Unternehmer kann sich auf sie nur nicht „**berufen**". Unabhängig davon, ob man die verbotswidrige Vereinbarung tatsächlich für wirksam oder unwirksam hält, wird durch die Formulierung jedenfalls klargestellt, dass eine solche Vereinbarung nicht zur Gesamtnichtigkeit des Kaufvertrags gemäß § 139 BGB führt.

Hinweis: Die Unterscheidung ist allerdings insoweit relevant, als dass sich u.U. ein Verbraucher auf die Vereinbarung berufen möchte, was nur möglich wäre, wenn sie nicht unwirksam ist. In aller Regel wird sie für ihn dann allerdings nicht nachteilig sein, sodass § 476 BGB gar nicht eingreift.

Wird der **Gewährleistungsausschluss** in Allgemeinen Geschäftsbedingungen (**AGB**) vereinbart, ist er ebenfalls gemäß § 476 BGB unwirksam. Die strikten Verbote des § 476 BGB gehen nämlich sogar den Klauselverboten ohne Wertungsmöglichkeit in § 309 BGB vor, wie sich aus dem einleitenden Satz dieser Vorschrift ergibt: „Auch soweit eine Abweichung von den gesetzlichen Vorschriften zulässig ist, ist sie in Allgemeinen Geschäftsbedingungen unwirksam".

2. Anforderungen an negative Beschaffenheitsvereinbarungen

Die Regelung in **§ 476 Abs. 1 S. 2 BGB** ist ohne Entsprechung im bisherigen Recht und dient der Umsetzung der Richtlinienvorgabe aus **Art. 7 Abs. 5 WKRL**.

Hinweis: Nach der bis zum 31.12.2021 geltenden Rechtslage war die Zulässigkeit von negativen Beschaffenheitsvereinbarungen, also Vereinbarungen über eine Beschaffenheit, die unterhalb der Anforderungen des objektiven Fehlerbegriffs liegt, aber auch im Bereich des Verbrauchsgüterkaufrechts grundsätzlich anerkannt.[96]

Neu ist mithin nicht, dass der Verbraucher mit dem Unternehmer eine, den objektiven Anforderungen vorgehende, negative Beschaffenheitsvereinbarung, also eine Erklärung, dass die Sache nicht die gewöhnliche oder nach objektiven Kriterien erwartbare Beschaffenheit aufweist, treffen kann, sondern das diese Möglichkeit und ihre Voraussetzungen **nunmehr ausdrücklich geregelt** sind.

Ziel der **Neuregelung** in **§ 476 Abs. 1 S. 2 BGB** ist es, einerseits für ausreichende Flexibilität zu sorgen und den Parteien insbesondere auch bei dem Verkauf von gebrauchten Sachen die Möglichkeit zu geben, eine **Abweichung von den objektiven Anforderungen** an die Vertragsmäßigkeit zu vereinbaren, andererseits aber auch Rechtssicherheit zu schaffen.[97] Dabei wird die Neuregelung dahingehend interpretiert, dass der letztendlich verfügbare Freiraum für negative Beschaffenheitsvereinbarungen derselbe

---

96 Vgl. Lorenz, NJW 2021, 2065, 2072.

97 Vgl. Begr. z. RegE, S. 42.

bleibt, allerdings der Weg dorthin in theoretischer und systematischer Weise deutlich komplizierter geworden ist.[98]

Die Vereinbarung einer Abweichung von den objektiven Anforderungen an die Vertragsgemäßheit der Kaufsache gemäß § 434 Abs. 3 BGB oder gemäß § 475 b Abs. 4 BGB bedarf nämlich beim Verbrauchsgüterkauf der **besonderen Form des § 476 Abs. 1 S. 2 BGB**.

Danach ist eine Abweichung vor Mitteilung eines Mangels an den Unternehmer nur möglich, wenn

- der Verbraucher vor der Abgabe seiner Vertragserklärung **eigens** davon **in Kenntnis gesetzt** wurde, dass ein **bestimmtes Merkmal der Ware** von den objektiven Anforderungen abweicht (§ 476 Abs. 1 S. 2 **Nr. 1** BGB), und

- die Abweichung i.S.d. § 476 Abs. 1 S. 2 Nr. 1 BGB im Vertrag **ausdrücklich und gesondert vereinbart** wurde (§ 476 Abs. 1 S. 2 **Nr. 2** BGB).

Zunächst ist zu beachten, dass die Information gemäß § 476 Abs. 1 S. 2 Nr. 1 BGB **„vor der Abgabe"** der Vertragserklärung erfolgen muss. Der deutsche Gesetzgeber hat ausweislich der Gesetzesbegründung nämlich von einer wörtlichen Übernahme des in Art. 7 Abs. 5 WKRL für die Information genannten Zeitpunkts („zum Zeitpunkt des Abschlusses des Kaufvertrags") abgesehen, da dies für eine **wohlüberlegte Entscheidung des Verbrauchers** in Kenntnis der Abweichung zu spät sein kann. Es solle der Eindruck vermieden werden, der Unternehmer könne zunächst das Angebot des Verbrauchers abwarten und erst im Zeitpunkt seiner Annahme auf die Abweichung hinweisen.[99]

Aufgrund der Anforderung, dass die Information des Käufers **„eigens"** erfolgen muss, wird vom Verkäufer in diesem Zusammenhang ein „Mehr" im Vergleich zu der Übermittlung der anderen vorvertraglichen Informationen verlangt. Insbesondere genügt es **nicht**, die Abweichung **nur als eine von mehreren Eigenschaften** der Kaufsache **in** der **Produktbeschreibung** anzuführen.[100]

Da die Abweichung im Vertrag ausdrücklich und gesondert vereinbart werden muss, **reicht** eine **konkludente Vereinbarung** – im Gegensatz zur bis zum 31.12.2021 geltenden Rechtslage – **nicht** (mehr) aus.[101] Das Erfordernis der ausdrücklichen Vereinbarung verlangt allerdings keine Schriftform.[102]

Außerdem erfordert das Merkmal „gesondert", dass die **Abweichung hervorgehoben** wird, damit der Verbraucher sie in seine Kaufentscheidung einbeziehen kann. Um eine Abweichung von der objektiven Beschaffenheit zu vereinbaren, genügt es deshalb **nicht**, diese neben zahlreichen anderen Vereinbarungen in einen **Formularvertrag oder** in separaten Allgemeinen Geschäftsbedingungen (**AGB**) einzustellen.[103]

---

98 Meller-Hannich DAR 2021, 493, 495.

99 Begr. z. RegE, S. 42.

100 Vgl. Begr. z. RegE, S. 44.

101 Kirchfelder-Lauber JuS 2021, 918.

102 Ring ZAP 2021, 907, 922.

103 Vgl. Kirchfelder-Lauber JuS 2021, 918.

Die Vertragsunterlagen müssen nämlich so gestaltet sein, dass dem **Verbraucher bei Abgabe** seiner Vertragserklärung **bewusst wird**, dass er eine Kaufsache erwirbt, die von den objektiven Anforderungen abweicht oder abweichen kann. Deshalb sind konkludente Erklärungen ausgeschlossen und regelmäßig wird weniger als **Textform** nicht genügen.[104]

Im **Bereich des Onlinehandels** genügt es nicht, ein schon vorangekreuztes Kästchen vorzusehen, das der Verbraucher deaktivieren kann. Dort muss der Unternehmer vielmehr eine ausdrückliche und gesonderte Erklärung des Verbrauchers etwa dadurch herbeiführen, dass er auf seiner Webseite ein **Kästchen oder** eine **Schaltfläche** vorsieht, das der Verbraucher anklicken oder auf andere Weise **aktiv** betätigen kann.[105]

Die im Einzelfall schwierige Abgrenzung zwischen (zulässiger) negativer Beschaffenheitsvereinbarung und (unzulässiger) Beschränkung der Käuferrechte muss sich an der Frage orientieren, ob die jeweilige Vertragsgestaltung dazu führen soll, dass der Käufer das Risiko des Bestehens eines **verborgenen Mangels** trägt. Jede Vereinbarung, die unmittelbar oder mittelbar bewirkt, dass der Käufer das Risiko des Vorhandenseins eines verborgenen Mangels trägt, ist unabhängig von ihrer Transparenz unwirksam. Das gilt insbesondere für die Vereinbarungen des Inhalts, dass die verkaufte Sache möglicherweise mangelhaft ist.

> **Beispiel**
>
> Die Vereinbarung „Nachlackierung möglich" bei einem Gebrauchtwagenkauf ist keine zulässige negative Beschaffenheitsvereinbarung, sondern eine unzulässige Beschränkung der Käuferrechte.[106]

Außerdem wird die Formvorschrift des § 476 Abs. 1 S. 2 BGB für die **Praxis und Prüfung** nicht nur die Beurteilung erleichtern, ob überhaupt eine Beschaffenheitsvereinbarung vorliegt, sondern vor allem auch die Abgrenzung zwischen zulässiger Beschaffenheitsvereinbarung und unzulässiger Beschränkung der Käuferrechte. Die Prüfung der gesonderten Information des Verbrauchers kann nämlich besser darüber Aufschluss geben, ob punktuell von objektiv erwartbaren Merkmalen abgewichen oder ob das Risiko eines verborgenen Mangels unzulässig auf den Käufer abgewälzt wird.[107]

Schließlich ist zu beachten, dass § 476 Abs. 1 S. 2 Nr. 1 BGB auch **nicht** durch eine **zu detaillierte Bestimmung des Vertragsgegenstandes** umgangen werden darf. Maßgeblich für die objektiven Anforderungen an den Kaufgegenstand, von denen durch die negative Beschaffenheitsvereinbarung abgewichen werden soll, sind deshalb nicht die Anforderungen, die an die konkrete Kaufsache, sondern die, die an die Art der Kaufsache gestellt werden. Bei Gattungsschulden führt dies zu keinen größeren Problemen, weil

---

104 Wilke VuR 2021, 283, 285.

105 Vgl. Begr. z. RegE, S. 42.

106 OLG Rostock RÜ 2020, 488, 489.

107 Kirchfelder-Lauber JuS 2021, 918, 919.

insoweit auf die Anforderungen, die an die Gattung gestellt werden, abgestellt werden kann. Demgegenüber wird sich die Bestimmung der **objektiven Anforderungen bei Stückschulden** und die Frage, ob eine negative Beschaffenheitsvereinbarung in Übereinstimmung mit § 476 Abs. 2 S. 2 Nr. 1 BGB erforderlich ist, in einigen Fällen als durchaus schwierig erweisen.[108]

3. Vereinbarungen über die Verjährung

Die Vorschrift des **§ 476 Abs. 2 BGB** regelt weiterhin die Voraussetzungen an eine Vereinbarung über die Verkürzung von Verjährungsfristen. Die Regelung verbietet vor Mitteilung des Mangels vereinbarte vertragliche Erleichterungen der Verjährung, wenn die Vereinbarung zu einer Verjährungsfrist ab dem gesetzlichen Verjährungsbeginn von **weniger als zwei Jahren** führt.

Hinweis: Rücktritt und Minderung sind keine Ansprüche, sodass sie nicht der Verjährung unterliegen (vgl. § 194 Abs. 1 BGB), doch gilt für sie die Verjährung des Nacherfüllungsanspruchs entsprechend (§ 438 Abs. 4, 5 i.V.m. § 218 BGB). Dementsprechend kann auch die **Quasi-Verjährung** *von Rücktritt oder Minderung nur in den Grenzen des § 476 Abs. 2 BGB erleichtert werden.*

Bei **neu hergestellten Sachen** verbleibt es den Richtlinienvorgaben entsprechend dabei, dass eine Verkürzung auf eine Verjährungsfrist von **weniger als zwei** Jahren **nicht möglich** ist. Eine Verkürzung der Verjährungsfrist kann also nur dort vereinbart werden, wo das deutsche Recht über die in der Warenkaufrichtlinie vorgeschriebenen zwei Jahre hinausgeht.

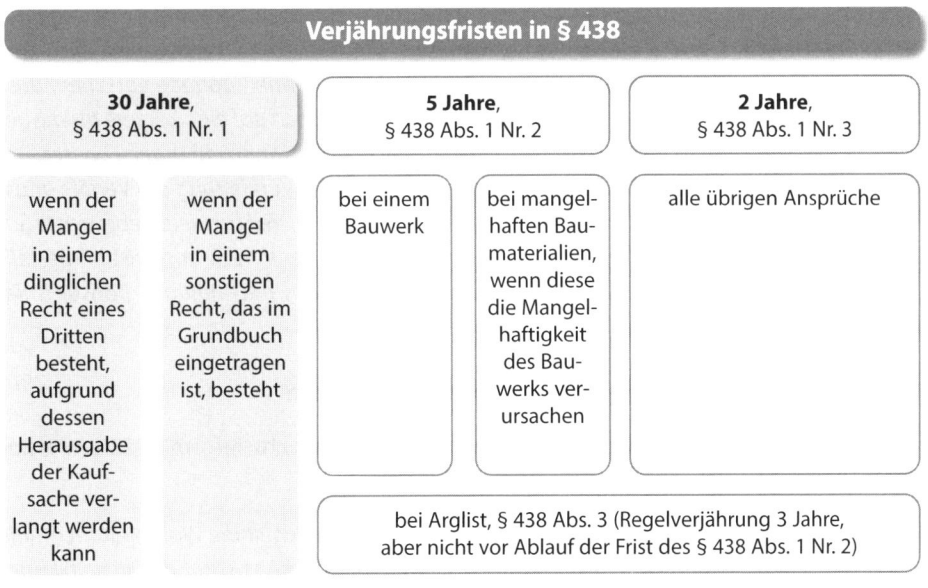

Verjährungsfristen in § 438		
30 Jahre, § 438 Abs. 1 Nr. 1	**5 Jahre,** § 438 Abs. 1 Nr. 2	**2 Jahre,** § 438 Abs. 1 Nr. 3
wenn der Mangel in einem dinglichen Recht eines Dritten besteht, aufgrund dessen Herausgabe der Kaufsache verlangt werden kann / wenn der Mangel in einem sonstigen Recht, das im Grundbuch eingetragen ist, besteht	bei einem Bauwerk / bei mangelhaften Baumaterialien, wenn diese die Mangelhaftigkeit des Bauwerks verursachen	alle übrigen Ansprüche

bei Arglist, § 438 Abs. 3 (Regelverjährung 3 Jahre, aber nicht vor Ablauf der Frist des § 438 Abs. 1 Nr. 2)

---

108 Zum Ganzen Kupfer/Weiß ZVertriebsR 2021, 21, 24.

Für neue Sachen gilt gemäß § 438 Abs. 1 Nr. 3 BGB eine gewöhnliche Verjährung von zwei Jahren. Verkürzt werden kann daher allenfalls die 30-jährige Verjährung z.B. bei **dinglichen Rechtsmängeln** gemäß § 438 Abs. 1 Nr. 1 a BGB und die 5-jährige Verjährung für **Baumaterialien**, vgl. § 438 Abs. 1 Nr. 2 b BGB.

Die gewöhnliche Verjährung für gebrauchte Sachen beträgt grundsätzlich zwei Jahre, vgl. § 438 Abs. 1 Nr. 3 BGB. Ob eine Sache gebraucht oder neu ist, ist der Disposition der Parteien entzogen. Bei **gebrauchten Waren** ist eine vertragliche Verkürzung der Verjährung auf **ein Jahr** möglich, wenn

- der Verbraucher **vor** der Abgabe seiner **Vertragserklärung** von der Verkürzung der Verjährungsfrist **eigens in Kenntnis gesetzt** worden ist (§ 476 Abs. 2 S. 2 **Nr. 1** BGB)

- und die Verkürzung im Vertrag **„ausdrücklich und gesondert" vereinbart** wurde (§ 476 Abs. 2 S. 2 **Nr. 2** BGB).

Damit ist eine Verkürzung der Verjährung bei gebrauchten Sachen nur unter denselben Bedingungen wie eine negative Beschaffenheitsvereinbarung möglich.

Die anlässlich der alten Fassung des § 476 BGB diskutierte **Frage, ob** die Regelung **für gebrauchte Sachen** aufgrund der Ferenschild-Entscheidung des EuGH[109] **europarechtswidrig** ist, **stellt sich** mit der Schuldrechtsreform 2022 und der neuen Fassung des § 476 BGB **nicht mehr**.[110]

*Hintergrund: Mit der Ferenschild-Entscheidung hatte der EuGH entschieden, dass die Verbrauchsgüterkaufrichtlinie bei gebrauchten Sachen nur die Verkürzung der Gewährleistungsfrist, nicht aber die Verkürzung einer Verjährungsfrist für die Geltendmachung von Mängeln zulasse. Diese Unterscheidung hat der europäische Gesetzgeber mit den Regelungen in **Art. 10 Abs. 5 und 6 WKRL** aufgegeben. Die Mitgliedstaaten, die ausschließlich eine Verjährungsfrist und keine Gewährleistungsfrist vorsehen, können danach vorsehen, dass sich Verkäufer und Verbraucher im Fall von gebrauchten Sachen auf eine kürzere als die gesetzliche Verjährungsfrist einigen können, sofern diese Frist ein Jahr nicht unterschreitet. Der deutsche Gesetzgeber hat sich dafür entschieden, eine solche Verkürzung der Verjährungsfrist durch Vereinbarung bei gebrauchten Sachen zuzulassen, weil für viele gebrauchte Sachen die Marktfähigkeit häufig erst durch eine Verkürzung der Verjährungsfrist hergestellt wird und dies auch im Interesse der Marktteilnehmer und des nachhaltigen Konsums liege.[111]*

4. Gestaltungsspielraum bei Schadensersatzansprüchen

Die Regelung des **§ 476 Abs. 3 BGB** ist durch die Schuldrechtsreform 2022 **unverändert** geblieben.

Hintergrund: Ebenso wie die Verbrauchsgüterkaufrichtlinie regelt die Warenkaufrichtlinie nicht das Recht des Verbrauchers auf Schadensersatz, vgl. Art. 3 Abs. 6 WKRL. Deshalb konn-

---

109 Urt. v. 13.07. 2017, Rechtssache C-133/16.

110 Vgl. auch BGH RÜ 2020, 142.

111 Vgl. Begr. z. RegE, S. 45.

te der deutsche Gesetzgeber die Regelung in § 476 Abs. 3 BGB aufrechterhalten, derzufolge die Beschränkungen der Vertragsfreiheit nicht für den Ausschluss oder die (auch nur zeitliche) Beschränkung des Anspruchs auf Schadensersatz gelten.[112]

Nach § 476 Abs. 3 BGB ist auch beim Verbrauchsgüterkauf ein **Ausschluss** oder die **Beschränkung des Anspruchs auf Schadensersatz** möglich. Obwohl § 476 Abs. 3 BGB vom Wortlaut her nur Schadensersatzansprüche erfasst, gilt er **auch für Aufwendungsersatzansprüche** i.S.d. § 284 BGB, da die Voraussetzungen für Schadensersatz und Aufwendungsersatz identisch sind und nach dem Gesetz nur Schadensersatz oder Aufwendungsersatz verlangt werden kann.

Soweit eine Beschränkung oder der Ausschluss von Schadensersatzansprüchen durch AGB erfolgt, sind insbesondere die strikten Klauselverbote des **§ 309 Nr. 7 BGB** für Schäden aus der Verletzung des Lebens, des Körpers oder der Gesundheit oder für sonstige Schäden, die auf einer grob fahrlässigen Pflichtverletzung beruhen, zu beachten.

Werden unter Verstoß gegen § 476 Abs. 1 BGB Gewährleistungsansprüche **individualvertraglich** ausgeschlossen, stellt sich die Frage, ob eine derartige Vereinbarung jedenfalls als nach § 476 Abs. 3 BGB zulässiger Ausschluss der Schadensersatzansprüche auszulegen ist. Überträgt man auf diese Frage die für AGB geltenden Grundsätze, so bleibt der Ausschluss des Schadensersatzanspruchs jedenfalls dann wirksam, wenn die Gewährleistungsrechte **inhaltlich getrennt voneinander ausgeschlossen** werden.

> **Beispiel**
>
> „Rücktritt, Minderung, Nacherfüllung und Schadensersatz sind ausgeschlossen."

Umstritten ist indes, ob das Verbot der **geltungserhaltenden Reduktion** eingreift, wenn die Vereinbarung der Kaufvertragspartner auf den Ausschluss „jeglicher Gewährleistungsrechte" abzielt.[113]

5. Verbot der Umgehungsgestaltung

Das bislang in § 476 Abs. 1 S. 2 BGB **a.F.** geregelte, verbraucherschutztypische Umgehungsverbot steht nunmehr unverändert im neuen Absatz 4 des § 476 BGB. Durch **§ 476 Abs. 4 BGB** soll sichergestellt werden, dass die Vorschriften über den Verbrauchsgüterkauf nicht durch anderweitige Gestaltungen umgangen werden. Unter einer derartigen anderweitigen Gestaltung ist eine **rechtsgeschäftliche Vereinbarung** zu verstehen, welche die Wirkungen der Vorschrift auf anderem Wege als durch Ausschluss oder Beschränkung der Gewährleistung beseitigt. Eine entsprechende **Umgehungsabsicht** der Parteien ist **nicht erforderlich**.

Ein Umgehungsgeschäft liegt etwa dann vor, wenn ein Unternehmer zum Verkauf einer Sache einen Verbraucher als „**Strohmann**", z.B. als mittelbaren Stellvertreter, einschaltet.[114]

---

112 Lorenz, NJW 2021, 2065, 2073.

113 Dazu Augenhofer JZ 2007, 792, 793 ff.

114 BGH RÜ 2007, 124, 126.

Beispiel

Ein Umgehungsgeschäft liegt im Gebrauchtwagenhandel vor, wenn in den Geschäftsräumen eines Händlers ein von ihm beworbenes Fahrzeug verkauft wird, dessen angeblicher (privater) Verkäufer weder im Kfz-Brief eingetragen noch Versicherungsnehmer der Kfz-Versicherung ist.[115]

Keine Umgehungsgestaltung liegt vor, wenn der Verbraucher ein Fahrzeug nicht unmittelbar vom Händler erwirbt, sondern der Kaufvertrag unter Ausschluss der Gewährleistung zwischen dem Händler und einer Leasinggesellschaft abgeschlossen wird und diese das Fahrzeug leasingtypisch unter Ausschluss der (mietrechtlichen) Gewährleistung und unter Abtretung der Gewährleistungsrechte gegen den Händler an den Verbraucher verleast, sog. **Finanzierungsleasing**.[116] Der Abschluss eines Leasingvertrags stellt keine „Umgehung eines Kaufvertrags" dar, da der Leasingvertrag eine **andere wirtschaftliche Bedeutung** hat. Der Verbraucher hat selbst entschieden, einen Wagen nicht zu kaufen, sondern zu leasen.[117]

Allerdings ist der Ausschluss der beim Leasingvertrag bestehenden mietrechtlichen Gewährleistung unwirksam, wenn die Abtretung der kaufrechtlichen Gewährleistungsansprüche gegen den Händler wegen des **im unternehmerischen Verkehr** möglichen Gewährleistungsausschlusses zwischen Leasinggeber und Verkäufer ins Leere geht. Dem Leasingnehmer stehen in diesem Fall die mietrechtlichen Gewährleistungsansprüche zu – auch wenn sie über die kaufrechtlichen weit hinausgehen (nicht nur Mangelfreiheit im Zeitpunkt des Gefahrübergangs, sondern Erhaltung der Sache in mangelfreiem Zustand, § 535 Abs. 1 S. 2 Alt. 2 BGB).

C. Verbrauchsgüterkauf einer Ware mit digitalen Elementen

Die **umfangreichsten** und auch **kompliziertesten Neuerungen** im Verbrauchsgüterkaufrecht ergeben sich durch die Einführung der Regelungen in den **§§ 475 b ff. BGB**. Dabei ist der Kauf von Waren mit digitalen Elementen und der Kauf digitaler Inhalte zu unterscheiden. Warenkäufe unterliegen lediglich der Warenkaufrichtlinie und damit der Umsetzung in den §§ 475 b bis 475 e BGB, wenn die Waren im Sinne körperlicher Gegenstände innerhalb eines Verbrauchsgüterkaufvertrags digitale Elemente enthalten, während die Umsetzung der Digitale-Inhalte-Richtlinie in den §§ 327 ff. BGB bei Warenkäufen nicht eingreift.

Die **§§ 475 b** und **475 c BGB** enthalten **Sonderbestimmungen** für Sachen mit digitalen Elementen, was dazu führt, dass das BGB erstmals hinsichtlich des Sachmangelbegriffs zwischen verschiedenen Arten von Kaufgegenständen differenziert. Während § 475 b

---

115 OLG Celle RÜ 2007, 11, 12.

116 Zu Einzelheiten des Finanzierungsleasings s. AS-Skript Schuldrecht AT 2 (2022).

117 BGH NJW 2006, 1066; vgl. auch die vorinstanzliche Entscheidung des OLG Naumburg RÜ 2005, 353; zustimmend Moseschus EWiR 2006, 299 bis 300.

BGB dabei für alle Sachen mit digitalen Elementen gilt, betrifft § 475 c BGB nur Sachen mit digitalen Elementen, bei denen die digitalen Elemente nach der vertraglichen Vereinbarung nicht einmalig, etwa mit der Lieferung der Sache, sondern dauerhaft über einen Zeitraum bereitgestellt werden.

Unbedingt zu beachten ist, dass diese Neuregelungen ihrer systematischen Stellung (§§ 474 ff. BGB) nach **nur auf Verbrauchsgüterkaufverträge** und nicht auf sämtliche Kaufverträge Anwendung finden. Im unternehmerischen Rechtsverkehr, also Business-to-Business (B2B) und Consumer-to-Business (C2B) sowie im rein privaten Rechtsverkehr (Consumer-to-Consumer – C2C) gibt es demnach weiterhin keine speziellen Regelungen über den Kauf von Waren mit digitalen Elementen.

Diese Uneinheitlichkeit stößt mit Hinweis darauf, dass **Geschäfte zwischen zwei Unternehmern** über Waren mit digitalen Inhalten wirtschaftlich eine bedeutsame Rolle spielen, auf deutliche Kritik[118] und es wurde bereits die Frage aufgeworfen, ob beim unternehmerischen Erwerb von Waren mit digitalen Elementen nicht doch die Regelungen der §§ 475 b und 475 c BGB zumindest von ihrem Grundgedanken her (Sicherheitsupdates, sonstige Aktualisierungen) angewandt werden müssen.[119] Gegen eine analoge Anwendung spricht jedenfalls eindeutig, dass der deutsche Gesetzgeber sich bewusst für diese Regelungslücke im Bereich des B2B entschieden hat.

*Hintergrund: Da **auch das allgemeine Kaufrecht** bisher keine besonderen Regelungen für den Verkauf von Sachen mit digitalen Elementen enthielt, wäre es **möglich gewesen**, die Vorschriften der Warenkaufrichtlinie über deren Anwendungsbereich hinaus ganz oder teilweise auch in das allgemeine Kaufrecht zu übernehmen. Der Gesetzgeber hat davon aber ausdrücklich mit Blick auf den im Koalitionsvertrag von CDU, CSU und SPD für die 19. Legislaturperiode vereinbarten Grundsatz der 1:1-Umsetzung von EU-Vorhaben abgesehen.[120]*

§ 475 b BGB (neu)

(1) [1]Für den Kauf einer Ware mit digitalen Elementen (§ 327 a Absatz 3 Satz 1), bei dem sich der Unternehmer verpflichtet, dass er oder ein Dritter die digitalen Elemente bereitstellt, gelten ergänzend die Regelungen dieser Vorschrift. [2]Hinsichtlich der Frage, ob die Verpflichtung des Unternehmers die Bereitstellung der digitalen Inhalte oder digitalen Dienstleistungen umfasst, gilt § 327 a Absatz 3 Satz 2.

(2) Eine Ware mit digitalen Elementen ist frei von Sachmängeln, wenn sie bei Gefahrübergang und in Bezug auf eine Aktualisierungspflicht auch während des Zeitraums nach Absatz 3 Nummer 2 und Absatz 4 Nummer 2 den subjektiven Anforderungen, den objektiven Anforderungen, den Montageanforderungen und den Installationsanforderungen entspricht.

(3) Eine Ware mit digitalen Elementen entspricht den subjektiven Anforderungen, wenn

1. sie den Anforderungen des § 434 Absatz 2 entspricht und

2. für die digitalen Elemente die im Kaufvertrag vereinbarten Aktualisierungen während des nach dem Vertrag maßgeblichen Zeitraums bereitgestellt werden.

---

118 Weiß ZVertriebsR 2021, 208, 216.

119 Meller-Hannich DAR 2021, 493, 496 f.

120 Vgl. Begr. z. RegE, S. 30.

(4) Eine Ware mit digitalen Elementen entspricht den objektiven Anforderungen, wenn

1. sie den Anforderungen des § 434 Absatz 3 entspricht und

2. dem Verbraucher während des Zeitraums, den er aufgrund der Art und des Zwecks der Ware und ihrer digitalen Elemente sowie unter Berücksichtigung der Umstände und der Art des Vertrags erwarten kann, Aktualisierungen bereitgestellt werden, die für den Erhalt der Vertragsmäßigkeit der Ware erforderlich sind, und der Verbraucher über diese Aktualisierungen informiert wird.

(5) Unterlässt es der Verbraucher, eine Aktualisierung, die ihm gemäß Absatz 4 bereitgestellt worden ist, innerhalb einer angemessenen Frist zu installieren, so haftet der Unternehmer nicht für einen Sachmangel, der allein auf das Fehlen dieser Aktualisierung zurückzuführen ist, wenn

1. der Unternehmer den Verbraucher über die Verfügbarkeit der Aktualisierung und die Folgen einer unterlassenen Installation informiert hat und

2. die Tatsache, dass der Verbraucher die Aktualisierung nicht oder unsachgemäß installiert hat, nicht auf eine dem Verbraucher bereitgestellte mangelhafte Installationsanleitung zurückzuführen ist.(6) Soweit eine Montage oder eine Installation durchzuführen ist, entspricht eine Ware mit digitalen Elementen

1. den Montageanforderungen, wenn sie den Anforderungen des § 434 Absatz 4 entspricht, und

2. den Installationsanforderungen, wenn die Installation

a) der digitalen Elemente sachgemäß durchgeführt worden ist oder

b) zwar unsachgemäß durchgeführt worden ist, dies jedoch weder auf einer unsachgemäßen Installation durch den Unternehmer noch auf einem Mangel der Anleitung beruht, die der Unternehmer oder derjenige übergeben hat, der die digitalen Elemente bereitgestellt hat.

Die §§ 475 b und 475 c BGB **ergänzen § 434 BGB** in Bezug auf einen Sachmangel bei Sachen mit digitalen Inhalten, d.h. auf Sachen mit digitalen Inhalten sind sowohl § 434 BGB als auch § 475 b BGB anwendbar; auf Sachen mit digitalen Elementen, bei denen die digitalen Elemente dauerhaft über einen Zeitraum bereitgestellt werden, sind § 434 BGB, § 475 b BGB und § 475 c BGB anwendbar.

I. Sachmangel einer Ware mit digitalen Elementen

In Umsetzung des **Art. 3 Abs. 3 S. 2** i.V.m. **Art. 12 Abs. 5 b WKRL** enthält § 475 b BGB den Sachmangelbegriff des allgemeinen Kaufrechts (§ 434 BGB) ergänzende Regelungen für den Verbrauchsgüterkauf einer Ware mit digitalen Elementen.

1. Ware mit digitalen Elementen

Die Regelung des **§ 475 b Abs. 1 BGB** schafft mit der „Ware mit digitalen Elementen" eine neue Sachkategorie. Nach der **Legaldefinition** in **§ 327 a Abs. 3 S. 1 BGB** ist eine Ware mit digitalen Elementen eine Sache, die in einer solchen Weise digitale Produkte enthält oder mit ihnen verbunden ist, dass sie **ihre Funktionen ohne diese digitalen Produkte nicht erfüllen** kann. Unter „digitalen Produkten" sind nach der Legaldefinition des § 327 Abs. 1 BGB digitale Inhalte oder digitale Dienstleistungen zu verstehen.

Beispiele

Waren mit digitalen Inhalten sind etwa eine Smartwatch, ein Smart-TV oder ein intelligenter Kühlschrank

Die Vorschrift des § 475 b BGB gilt **unabhängig** davon, ob die digitalen Elemente vom **Unternehmer selbst oder von** einem **Dritten bereitgestellt** werden, wobei das Bestehen einer solchen Verpflichtung nach § 476 b Abs. 1 S. 2 i.V.m. § 327 a Abs. 3 S. 2 BGB vermutet wird.

Ob die **Bereitstellung** digitaler Elemente vom Unternehmer **geschulde**t ist, hängt vom Inhalt des Kaufvertrags ab, der ggf. **durch Auslegung zu ermitteln** ist. Zu den Bestandteilen des Kaufvertrags zählen zunächst digitale Elemente, deren Bereitstellung im Vertrag ausdrücklich vorgesehen ist.

Ist die Bereitstellung der digitalen Elemente nicht bereits im Vertrag ausdrücklich vorgesehen, sollte in einer Falllösung **zuerst der Zweck der Sache**, also die ihr zugedachte Funktion genau bestimmt werden, weil der Begriff der Funktionalität sich unter den subjektiven Anforderungen an die Vertragsgemäßheit wiederfindet, sodass es darauf ankommt, welche Funktionen die Parteien vereinbart haben. In einem **zweiten Schritt** ist sodann zu prüfen, ob diese **konkreten Funktionen nur mit Hilfe digitaler Produkte** erreicht werden können. Kann diese Frage bejaht werden, gehören die digitalen Elemente zur Vertragsgemäßheit der Ware, ohne dass es darauf ankommt, ob und wie die digitalen Elemente im Einzelnen beschrieben sind.[121]

Beispiele

Ein Mähroboter, der nur mit einer herstellereigenen Smartphone-App steuerbar ist, oder ein sprachgesteuerter Lautsprecher mit cloudbasiertem Spracherkennungsdienst. Gleiches gilt für ein SmartTV oder eine SmartWatch, die nur mittels Anwendung auf dem Smartphone funktionieren.[122]

Es werden auch Verbrauchsgüterkaufverträge erfasst, die dahingehend auszulegen sind, dass sie die Bereitstellung spezifischer digitaler Elemente mit umfassen, weil diese bei Sachen der **gleichen Art üblich** sind und der Verbraucher sie erwarten kann. **Maßgebend** für diese Erwartung sind etwa die **Beschaffenheit der Sachen und öffentliche Erklärungen**, die im Vorfeld des Vertragsschlusses von dem Unternehmer, einem Gehilfen oder anderen Personen in vorhergehenden Gliedern der Vertragskette abgegeben wurden.[123]

Die Annahme einer geschuldeten Bereitstellung kann sich auch daraus ergeben, dass das **digitale Element für** die **nach** dem **Vertrag vorausgesetzte oder gewöhnliche Verwendung der Sache erforderlich** ist. Nicht erforderlich für die Annahme ist, dass

---

121 Kirchfelder-Lauber JuS 2021, 918, 921.

122 Kirchfelder-Lauber JuS 2021, 918, 922.

123 Begr. z. RegE, S. 30.

die Bereitstellung des digitalen Elements Teil der synallagmatischen Leistungsverpflichtung des Unternehmers ist.[124]

Beispiele

1. Wird in der Werbung angegeben, dass ein Smart-TV eine bestimmte Video-Anwendung enthält, so ist diese Video-Anwendung als Bestandteil des Kaufvertrags anzusehen. Das gilt unabhängig davon, ob die digitalen Elemente auf der Sache selbst vorinstalliert sind oder anschließend auf einem anderen Gerät heruntergeladen werden müssen und mit der Sache nur verbunden sind.

2. Auf einem Smartphone können vorinstallierte Anwendungen üblich sein, wie etwa ein Betriebssystem oder die für die Kamera erforderliche Software.

3. Bei einer Smartwatch gilt die Uhr als Sache mit digitalen Elementen, die ihre Funktionen nur mittels einer Anwendung erfüllen kann, die gemäß dem Kaufvertrag bereitgestellt wird, aber vom Verbraucher auf ein Smartphone heruntergeladen werden muss. Die Anwendung auf dem Smartphone ist dann das verbundene digitale Element zu der Uhr.

Hinsichtlich der Frage, ob die Verpflichtung des Unternehmers die Bereitstellung der digitalen Elemente umfasst, verweist § 476 b Abs. 1 S. 2 BGB auf die **Zweifelsregel** in § 327 a Abs. 3 S. 2 BGB. Danach ist beim Kauf einer Sache mit digitalen Elementen im Zweifel anzunehmen, dass die Verpflichtung des Unternehmers auch die Bereitstellung digitaler Inhalte oder digitaler Dienstleistungen umfasst.

Hintergrund: Mit der Auslegungsregel des § 327 a Abs. 3 S. 2 BGB will der deutsche Gesetzgeber der Bedeutung und Funktion von digitalen Elementen für vernetzte Sachen gerecht werden, bei denen das Eigentum ohne funktionierende Software oder sonstige digitale Elemente vollständig entwertet wäre. Auf diese Weise sollten **künstliche Vertragsaufspaltungen,** *Umgehungen und Unsicherheiten über den Umfang der vertraglichen Verpflichtungen sowohl bei den Unternehmern als auch bei den Verbrauchern vermieden werden.* [125]

Die Auslegungsregel des § 327 a Abs. 3 S. 2 BGB darf nicht allein dadurch in Frage gestellt werden, dass der Verbraucher einer **Lizenzvereinbarung mit einem Dritten** zustimmen muss, um die digitalen Elemente nutzen zu können. Kann die Sache hingegen ihre Funktionen auch ohne digitale Elemente erfüllen oder schließt der Verbraucher einen Vertrag über die Bereitstellung digitaler Elemente ab, die nicht Bestandteil des Kaufvertrags sind, so ist dieser Vertrag als eigenständiger Vertrag anzusehen. Das gilt auch dann wenn der Unternehmer diesen **zweiten Vertrag mit dem Drittanbieter vermittelt** hat.[126]

---

124 Vgl. Begr. z. RegE, S. 30.

125 Vgl. Begr. z. RegE, S. 31.

126 Vgl. Mayer/Möllnitz RDi 2021, 333, 339.

Beispiele

1. Lädt der Verbraucher eine Spielanwendung aus einem App-Store auf ein Smartphone herunter, so ist der Vertrag über die Bereitstellung der Spielanwendung nicht Bestandteil des Kaufvertrags über das Smartphone.

2. Bei einer Vereinbarung, derzufolge der Verbraucher ein Smartphone ausdrücklich ohne Betriebssystem kauft, und der Verbraucher anschließend einen Vertrag für die Bereitstellung eines Betriebssystems durch einen Dritten abschließt, greift die Zweifelsregel nicht ein, denn die Bereitstellung des getrennt erworbenen Betriebssystems ist nicht Bestandteil des Kaufvertrags über das Smartphone.

Das bedeutet jedoch nicht, dass in **Vermittlungsfällen** grundsätzlich keine Bereitstellungspflicht anzunehmen ist. Sprechen die Gesamtumstände für eine Bereitstellungspflicht des Unternehmers, so kann dieser **Anschein** auch nicht durch eine Vertragsklausel, vor allem nicht durch Allgemeine Geschäftsbedingungen (AGB) ausgeräumt werden, zumal Unklarheiten zulasten des Unternehmers gehen.[127] In Betracht kommt dabei die Anwendung des Rechtsgedankens in **§ 651 a Abs. 2 BGB**.[128] Nach dieser Abgrenzungsnorm für Vermittlungsfälle im Reiserecht ist letztlich auch bei einer **vermeintlichen Vermittlung** der Anschein der eigenverantwortlichen Leistungserbringung maßgebend.

2. Modifizierter Sachmangelbegriff

Nach **§ 475 b Abs. 2 BGB** ist eine Ware mit digitalen Elementen frei von Sachmängeln, wenn sie

- **bei Gefahrübergang** und in

- Bezug auf eine **Aktualisierungspflicht** auch während des Zeitraums nach § 475 b Abs. 3 Nr. 2 und Abs. 4 Nr. 2 BGB

- den **subjektiven Anforderungen**,

- den **objektiven Anforderungen**,

- den **Montageanforderungen** und

- den **Installationsanforderungen**

entspricht. Damit fasst die Vorschrift die Voraussetzungen für die Mangelfreiheit einer Sache mit digitalen Elementen zusammen. Der Inhalt dieser Anforderungen wird sodann in den Absätzen 3 bis 5 des § 475 b BGB konkretisiert.

---

127 Begr. z. RegE, S. 31.
128 So Mayer/Möllnitz RDi 2021, 333, 339.

a) Modifizierter subjektiver Fehlerbegriff

Gemäß der Regelung in **§ 475 b Abs. 3 BGB** entspricht eine Ware mit digitalen Elementen den subjektiven Anforderungen, wenn

- sie den **Anforderungen des § 434 Abs. 2 BGB** entspricht (§ 475 b Abs. 3 **Nr. 1** BGB) und für

- die digitalen Elemente die im Kaufvertrag **vereinbarten Aktualisierungen** während des nach dem Vertrag maßgeblichen Zeitraums **bereitgestellt** (§ 475 b Abs. 3 **Nr. 2** BGB) werden.

Damit verweist die Vorschrift für den subjektiven Fehlerbegriff auf die entsprechende allgemeine Regelung in § 434 Abs. 2 BGB und ordnet ferner an, dass die für die digitalen Elemente der Ware vereinbarten Aktualisierungen im vereinbarten Zeitraum **bereitgestellt** werden **und funktionsfähig** sein müssen.

Die Vereinbarung ist dabei auch für die **Dauer und** den **Umfang der Aktualisierungspflicht** maßgeblich. Die Parteien können nämlich vereinbaren, für welchen Zeitraum Aktualisierungen bereitgestellt werden müssen und welchen Umfang sie haben sollen. Die im Kaufvertrag vereinbarten Aktualisierungen können die digitalen Elemente der Sache verbessern, ihre Funktionen erweitern, sie an die technischen Entwicklungen anpassen, sie gegen neue Sicherheitsbedrohungen schützen oder auch anderen Zwecken dienen.[129]

> **Beispiel**
>
> **1.** Bei einer vereinbarten Aktualisierungsverpflichtung können die Parteien bestimmen, dass lediglich Sicherheitsupdates bereitgestellt werden.
>
> **2.** Die Parteien können vereinbaren, dass die digitalen Elemente durch Upgrades verbessert und im Leistungsumfang ausgeweitet werden, etwa indem vereinbart wird, dass ein bestimmtes Gerät immer die aktuellste Betriebssoftware erhalten soll.[130]

Der deutsche Gesetzgeber hat sich dafür entschieden den in der Richtlinienvorgabe verwendeten Begriff der Aktualisierung zu übernehmen und nicht durch den geläufigen Begriff „**Update**" zu ersetzen. Dadurch soll klargestellt werden, dass der Unternehmer seiner Verpflichtung ggf. auch dadurch nachkommen kann, dass er die Aktualisierung im Rahmen eines Versionswechsels („**Upgrades**") vornimmt.[131]

Eine Aktualisierung ist **bereitgestellt**, sobald der digitale Inhalt oder die geeigneten Mittel für den Zugang zu diesem oder das Herunterladen des digitalen Inhalts dem **Verbraucher** unmittelbar oder mittels einer von ihm hierzu bestimmten Einrichtung **zur Verfügung gestellt oder zugänglich gemacht** worden ist, vgl. **§ 327 b Abs. 3 BGB**. Die Aktualisierung ist dem Verbraucher „zur Verfügung gestellt", wenn ihm eine eigenstän-

---

129 Vgl. Begr. z. RegE, S. 31 f.

130 Begr. z. RegE, S. 32.

131 Vgl. Begr. z. RegE, S. 31 f.

dige Zugriffsmöglichkeit verschafft wurde. Demgegenüber bedeutet „zugänglich machen" das Schaffen einer entsprechenden Möglichkeit zur Nutzung der Aktualisierung durch den Verbraucher unter fremder Kontrolle.[132]

Die unterbliebene Bereitstellung von im Kaufvertrag vereinbarten Aktualisierungen begründet einen **Sachmangel der Sache mit digitalen Elementen**. Außerdem stellen auch fehlerhafte oder unvollständige Aktualisierungen einen Mangel der Sache dar, weil das bedeutet, dass solche Aktualisierungen nicht so ausgeführt werden, wie es im Kaufvertrag vereinbart wurde.[133]

*Hintergrund: Nach dem bis zum 31.12.2021 geltenden Kaufrecht begründet das Unterlassen von Aktualisierungen keinen Mangel, weil der Zeitpunkt, zu dem eine Aktualisierung erforderlich wird, in der Regel erst nach dem Zeitpunkt des Gefahrübergangs liegt und damit die Sache zum Zeitpunkt des Gefahrübergangs mangelfrei war. Auch nach der Schuldrechtsreform 2022 bleibt es bei dem Grundsatz, dass der **Gefahrübergang** der für die Bestimmung der Mangelfreiheit maßgebliche Zeitpunkt ist (§§ 434 Abs. 1, 475 b Abs. 2 BGB), allerdings sieht § 475 b Abs. 2 BGB mit dem Aktualisierungserfordernis eine Ausnahme von diesem Grundsatz vor. Denn es ist zu berücksichtigen, dass sich das digitale Umfeld derartiger Sachen fortlaufend ändert und Aktualisierungen ein notwendiges Instrument sind, das sicherstellt, dass die Sache genauso funktioniert wie zum Zeitpunkt der Lieferung. Außerdem sind Sachen mit digitalen Elementen im Gegensatz zu herkömmlichen Sachen auch nach Lieferung **nicht vollständig außerhalb der Sphäre des Unternehmers**, da in der Regel der Unternehmer oder der Hersteller Fernzugriffsmöglichkeiten auf die Sache haben und so aus der Entfernung das digitale Element ändern oder aktualisieren können.[134]*

In Abweichung vom Gefahrübergang als maßgeblichem Zeitpunkt kann eine Ware mit digitalen Elementen also im Bereich des Verbrauchsgüterkaufrechts einen **Sachmangel** haben, **selbst wenn** sie **zum Zeitpunkt** des **Gefahrübergangs mangelfrei** war.[135]

b) Modifizierter objektiver Fehlerbegriff

Die Regelung des **§ 475 b Abs. 4 BGB** bestimmt, dass eine Ware mit digitalen Elementen den objektiven Anforderungen entspricht, wenn

- sie den **Anforderungen des § 434 Abs. 3 BGB** entspricht (§ 475 b Abs. 4 **Nr. 1** BGB)

- und dem Verbraucher **während des Zeitraums**, den er aufgrund der Art und des Zwecks der Ware und ihrer digitalen Elemente sowie unter Berücksichtigung der Umstände und der Art des Vertrags erwarten kann, **Aktualisierungen bereitgestellt** werden, die für den Erhalt der Vertragsmäßigkeit der Ware erforderlich sind, und der Verbraucher über diese **Aktualisierungen informiert** (§ 475 b Abs. 4 Nr. 2 BGB)

wird. Hinsichtlich des objektiven Fehlerbegriffs verweist die Vorschrift damit zunächst auf die allgemeine Regelung in § 434 Abs. 3 BGB. Zusätzlich muss die Ware mit digitalen

---

132 Vgl. Begr. z. RegE, S. 32.
133 Vgl. Begr. z. RegE, S. 32
134 Begr. z. RegE, S. 31.
135 Vgl. Kirchfelder-Lauber JuS 2021, 918, 922.

Elementen aber auch den Anforderungen der Aktualisierungsverpflichtung aus § 475 Abs. 4 Nr. 2 BGB genügen. Damit hat der deutsche Gesetzgeber die Richtlinienvorgaben aus **Art. 7 Abs. 3 WKRL** umgesetzt.

Dabei muss der Unternehmer weder die **Aktualisierung** noch die **Information** darüber in Person leisten, sondern kann diese Verpflichtungen gemäß § 267 BGB **auch** an **Dritte**, wie etwa den Hersteller, delegieren.[136]

aa) Bereitstellung der Aktualisierung

[handschriftlich am Rand: für Fall anzuwenden, da keine vertragl. Vereinbarung]

Im Unterschied zu der in § 475 b Abs. 3 BGB statuierten Verpflichtung lässt sich bei § 475 b Abs. 4 BGB die **Dauer** und der **Umfang der Aktualisierungsverpflichtung** nicht nach der vertraglichen Vereinbarung der Parteien bestimmen. Die Frage, über welche Dauer und in welchem Umfang der Verbraucher legitimierweise Aktualisierungen erwarten kann, muss vielmehr objektiv nach dem **Erwartungshorizont eines Durchschnittskäufers** bestimmt werden, wofür nach den Umständen des Einzelfalls verschiedene Aspekte maßgeblich sind.[137]

*Hintergrund: Der Gesetzgeber hat sich ausweislich der Gesetzesbegründung bewusst dagegen entschieden, die in Art. 7 Abs. 3 WKRL verwendete Beschreibung des Aktualisierungszeitraums als den, den der Verbraucher **„vernünftigerweise" erwarten** kann, zu übernehmen. Das erscheine nicht erforderlich, weil der dem BGB fremde Begriff „vernünftigerweise" nur umschreibe, was ohnehin zu prüfen ist, nämlich, in welchem Zeitraum ein durchschnittlicher „vernünftiger" Käufer Aktualisierungen erwarten darf.[138]*

Zu den **Auslegungskriterien** zählen **Werbeaussagen**, die zur Herstellung der Ware verwendeten Materialien sowie der **Kaufpreis**. Je höherwertig die Ware ist, desto länger darf der Verbraucher mit Aktualisierungen rechnen. Maßgebend kann auch die übliche **Nutzungs- und Verwendungsdauer** von Waren der gleichen Art („life-cycle") sein. Außerdem ist bei der Bestimmung der berechtigten Verbrauchererwartung zu berücksichtigen, inwiefern die Sache weiterhin vertrieben wird und der Umfang des **ohne** die **Aktualisierung drohenden Risikos**.[139]

Beispiele

1. Bei Sicherheitsupdates wird sich die Erwartung des Verbrauchers regelmäßig auf einen Zeitraum erstrecken, der über den Zeitraum hinausgeht, in dem der Unternehmer für Vertragswidrigkeiten haftet.

2. Bei Sachen mit digitalen Elementen, deren Zweck zeitlich befristet ist, dürfte dagegen die Pflicht des Unternehmers, Aktualisierungen bereitzustellen, regelmäßig auf diesen Zeitraum beschränkt sein.[140]

---

136 Vgl. Begr. z. RegE, S. 32.
137 Vgl. Lorenz, NJW 2021, 2065, 2070.
138 Vgl. Begr. z. RegE, S. 33.
139 Begr. z. RegE, S. 33.
140 Vgl. Begr. z. RegE, S. 33.

Der **Umfang der Aktualisierungspflicht** erfasst sowohl funktionserhaltende Aktualisierungen als auch Sicherheitsupdates, die vor dem Zugriff Dritter auf Daten des Käufers schützen. Demnach ist der Unternehmer verpflichtet, vor allem die Schutzmaßnahmen zu treffen oder treffen zu lassen, die nach dem **Stand der Technik** geeignet und erforderlich sind, um die digitalen Elemente vor einem unberechtigten Zugriff Dritter auf Daten oder Funktionen zu schützen. Auch wenn **Sicherheitsmängel** oder sicherheitsrelevante Softwarefehler auftreten, die keine Auswirkungen auf die Funktionsfähigkeit der Sache haben, besteht eine Aktualisierungsverpflichtung zur Behebung des Sicherheitsmangels.[141]

Demgegenüber ist der Unternehmer **nicht zu funktionserweiternden Updates verpflichtet**, weil sich die Aktualisierungsverpflichtung auf den Erhalt der Vertragsmäßigkeit der Sache beschränkt. Sofern die Parteien also vertraglich nichts anderes vereinbart haben, ist der Unternehmer weder verpflichtet, verbesserte Versionen der digitalen Elemente bereitzustellen, noch die Funktionen der Sache zu verbessern oder auszuweiten.[142]

Die Aktualisierungsverpflichtung bezieht sich auf alle Sachen mit digitalen Elementen, **unabhängig davon, ob** diese vernetzt sind, mit dem Internet verbunden sind oder auf anderem technischen Wege ein **Fernzugriff** erfolgen kann. Dadurch sollen die Regelungen technikneutral und zukunftssicher ausgestaltet werden.[143]

> **Beispiel**
>
> Sind für eine Kaufsache, die nicht mit dem Internet verbunden ist, die Voraussetzungen der Aktualisierungsverpflichtung gegeben, ist auch für eine solche Sache dem Verbraucher eine Aktualisierung bereitzustellen.

Zu beachten ist außerdem, dass sich der Umfang der **Aktualisierungsverpflichtung auf** die Aktualisierung der **digitalen Elemente beschränkt**, obgleich eine Verletzung der Aktualisierungsverpflichtung zu einem Sachmangel der gesamten Sache führt.

Die Aktualisierungsverpflichtung des **§ 475 b Abs. 4 Nr. 2 BGB** ist grundsätzlich **abdingbar**. Im Bereich von Verbrauchsgüterkaufverträgen muss die Abweichung allerdings wegen der besonderen Bedeutung der Aktualisierungsverpflichtung für die Aufrechterhaltung der Funktionsfähigkeit der Sache die besondere Form des § 476 Abs. 1 S. 2 BGB einhalten.[144] Danach ist die Aktualisierungsverpflichtung aus § 475 b Abs. 4 Nr. 2 BGB bei Verbrauchsgüterkäufen abdingbar, wenn

- der Verbraucher vor der Abgabe seiner Vertragserklärung **eigens** davon **in Kenntnis gesetzt** wurde, dass ein **bestimmtes Merkmal der Ware** von den objektiven Anforderungen abweicht, und

---

141 Begr. z. RegE, S. 34.

142 Vgl. Begr. z. RegE, S. 33.

143 Begr. z. RegE, S. 33.

144 Begr. z. RegE, S. 34.

- die Abweichung i.S.d. § 476 Abs. 1 S. 2 Nr. 2 BGB im Vertrag **ausdrücklich und gesondert vereinbart** wurde.

bb) Information über Aktualisierung

Den Unternehmer trifft gemäß **§ 475 b Abs. 4 BGB Nr. 2 BGB** nicht nur die Pflicht, die für den Erhalt der Vertragsmäßigkeit der Ware erforderlichen Aktualisierungen bereitzustellen, vielmehr muss der Verbraucher vom Unternehmer über diese Aktualisierungen auch informiert werden.

Zu welchem **Zeitpunkt** und in welcher **Form** der Verbraucher über eine neu erschienene Aktualisierung zu informieren ist, bestimmt sich nach den Umständen des Einzelfalls und ist anhand eines **objektiven Maßstabs** zu beurteilen. Damit die praktische Wirksamkeit der Aktualisierungspflicht gewährleistet ist, muss der Unternehmer in einem angemessenen Zeitrahmen nach Auftreten der Vertragswidrigkeit die Aktualisierung bereitstellen und diese auch für einen Zeitraum, der sich an der Dauer der angemessenen Frist nach § 475 b Abs. 4 BGB orientiert, bereitgestellt lassen. Gleiches gilt für die Verpflichtung des Unternehmers zur Information des Verbrauchers über die Bereitstellung der Aktualisierung.[145]

Die **Bereitstellung und** die **Information** des Verbrauchers darüber setzt § 475 b Abs. 4 BGB kumulativ für die Mangelfreiheit voraus, sodass **bereits die unterbliebene Mitteilung** über eine Aktualisierung einen **Sachmangel begründet**. Fraglich ist indes was für den Fall gilt, dass der Verbraucher dann anderweitig Kenntnis von einer erforderlichen und an sich auch bereitgestellten Aktualisierung erlangt. Gegen die Annahme der Mangelfreiheit aufgrund der anderweitigen, insofern **zufälligen Informationserlangung** spricht, dass Art. 7 Abs. 3 WKRL ausdrücklich den Verkäufer als Verantwortlichen für die Informationserteilung benennt (die Umsetzung in § 475 b Abs. 4 Nr. 2 BGB ist deutlich passiver „Verbraucher ... informiert wird"). Es ist dann aber jedenfalls von einer Zweckerreichung gemäß § 275 Abs. 1 BGB auszugehen und Sekundäransprüche, namentlich Rücktritt und Schadensersatz statt der ganzen Leistung sind deshalb wegen §§ 326 Abs. 5, 323 Abs. 5 S. 2 BGB und §§ 283 S. 2, 281 Abs. 1 S. 3 BGB zu verneinen.[146]

3. Verantwortlichkeit des Verbrauchers

Unterlässt der Verbraucher, eine Aktualisierung, die ihm nach § 475 b Abs. 4 BGB bereitgestellt worden ist, innerhalb einer angemessenen Frist zu installieren, so haftet der Unternehmer gemäß **§ 475 b Abs. 5 BGB** nicht für einen Sachmangel, der allein auf das Fehlen dieser Aktualisierung zurückzuführen ist, wenn

- der Unternehmer den **Verbraucher** über die Verfügbarkeit der Aktualisierung und die Folgen einer unterlassenen Installation **informiert** hat (§ 475 b Abs. 5 **Nr. 1** BGB)

- und die Tatsache, dass der Verbraucher die Aktualisierung nicht oder unsachgemäß installiert hat, **nicht auf** eine dem Verbraucher bereitgestellte **mangelhafte Installationsanleitung zurückzuführen** (§ 475 b Abs. 5 **Nr. 2** BGB) ist.

---

145 Begr. z. RegE, S. 33.

146 Wilke VuR 2021, 283, 287.

Demnach steht es dem Verbraucher frei, die bereitgestellten Aktualisierungen zu installieren oder darauf zu verzichten. Entscheidet er sich dafür, die ihm bereitgestellte Aktualisierungen nicht zu installieren, kann er jedoch nicht erwarten, dass die Sache mangelfrei bleibt. Der Unternehmer hat den Verbraucher allerdings **vorher darüber zu informieren**, dass sich die Entscheidung des Verbrauchers, solche Aktualisierungen nicht zu installieren, auf die Haftung des Unternehmers für die Mangelfreiheit der Sachen mit digitalen Elementen auswirkt.[147] Dabei wird der Unternehmer den Verbraucher wohl **bei jeder Aktualisierung (erneut)**, über die Folgen einer unterlassenen Aktualisierung informieren müssen.[148]

Die i.S.d. § 475 b Abs. 5 BGB **„angemessene" Installationsfrist** ist umso kürzer zu bemessen, je stärker die Sicherheit der Ware oder der Nutzerdaten ohne Aktualisierung bedroht ist. Ferner ist zu beachten, dass sich **§ 475 b Abs. 5 BGB** – ebenso wie die Richtlinienvorgabe des Art. 7 Abs. 4 WKRL – lediglich auf die **objektiv gebotenen Aktualisierungen** bezieht. Für vereinbarte Aktualisierungen, über die der Verkäufer entsprechend informiert hat, kommt aber eine analoge Anwendung der Vorschrift in Betracht.[149]

Unter den in § 475 b Abs. 5 BGB geregelten Voraussetzungen **haftet** der **Unternehmer** also **nicht für einen Mangel**, der darauf beruht, dass der Verbraucher eine ihm bereitgestellte Aktualisierung nicht oder nur unsachgemäß installiert. Die Installation von Aktualisierungen ist also als **Obliegenheit** des Verbrauchers ausgestaltet.[150]

4. Modifizierte Montage- und Installationsanforderungen

Soweit eine Montage oder eine Installation durchzuführen ist, entspricht eine Ware mit digitalen Elementen gemäß **§ 475 b Abs. 6 BGB** den Montageanforderungen, wenn sie den Anforderungen des § 434 Abs. 4 BGB entspricht, und den **Installationsanforderungen**, wenn

- die Installation der digitalen Elemente **sachgemäß** durchgeführt worden ist (§ 475 b Abs. 6 BGB **Nr. 2 a)** BGB) **oder**

- die Installation zwar **unsachgemäß** durchgeführt worden ist, dies jedoch weder auf einer unsachgemäßen Installation durch den Unternehmer noch auf einem Mangel der Anleitung beruht, die der Unternehmer oder derjenige übergeben hat, der die digitalen Elemente bereitgestellt hat (§ 475 b Abs. 6 **Nr. 2 b)** BGB.

Die Vorschrift, die auf den Richtlinienvorgaben aus **Art. 8 WKRL** beruht, erweitert die in § 434 Abs. 4 BGB geregelten Montageanforderungen, indem sie zwischen Montageanforderungen und Installationsanforderungen differenziert.

Hintergrund: *Die Regelung in § 475 b Abs. 6 BGB trägt dem Umstand Rechnung, dass bei Sachen mit digitalen Elementen oft eine Installation der digitalen Elemente erforderlich ist, die*

---

147 Vgl. Begr. z. RegE, S. 34.

148 Weiß ZVertriebsR 2021, 208, 214.

149 Wilke VuR 2021, 283, 287.

150 Wilke VuR 2021, 283, 287.

Installation oft vom Unternehmer oder von einem Dritten mittels Fernzugriff vorgenommen wird und die zugehörige Installationsanleitung oft nicht vom Unternehmer, sondern vom Anbieter der digitalen Elemente bereitgestellt wird, insbesondere über das Internet.[151]

Aufgrund der Bezugnahme des § 475 b Abs. 6 Nr. 1 BGB auf die Montageanforderungen des § 434 Abs. 4 BGB, entspricht **auch eine Sache mit digitalen Elementen** nur dann den Montageanforderungen, wenn die Anforderungen aus der allgemeinen Vorschrift des **§ 434 Abs. 4 BGB** erfüllt sind.

II. Sachmangel einer Ware mit digitalen Elementen bei dauerhafter Bereitstellung der digitalen Elemente

Beim Kauf einer Ware mit digitalen Elementen **ergänzt § 475 c BGB** die Regelungen gemäß den **§§ 475 b, 434 BGB** für den Fall, dass eine dauerhafte Bereitstellung der digitalen Elemente über einen bestimmten oder unbestimmten Zeitraum vereinbart ist.

---

§ 475 c BGB (neu)

(1) [1]Ist beim Kauf einer Ware mit digitalen Elementen eine dauerhafte Bereitstellung für die digitalen Elemente vereinbart, so gelten ergänzend die Regelungen dieser Vorschrift. [2]Haben die Parteien nicht bestimmt, wie lange die Bereitstellung andauern soll, so ist § 475 b Absatz 4 Nummer 2 entsprechend anzuwenden.

(2) Der Unternehmer haftet über die §§ 434 und 475 b hinaus auch dafür, dass die digitalen Elemente während des Bereitstellungszeitraums, mindestens aber für einen Zeitraum von zwei Jahren ab der Ablieferung der Ware, den Anforderungen des § 475 b Absatz 2 entsprechen.

Hintergrund: Für den Kaufvertrag, der grundsätzlich auf den einmaligen Austausch von Leistung und Gegenleistung gerichtet ist, ist eine dauerhafte Bereitstellung untypisch. Ausweislich der Bestimmungen in ihren Art. 7 Abs. 3 b, Art. 10 Abs. 2 und Art. 11 Abs. 3 sieht die Warenkaufrichtlinie solche Verträge dennoch als Kaufverträge an. Dieser Wertung soll die Vorschrift des § 475 c Abs. 1 BGB Rechnung tragen.[152]

Zentraler Begriff des § 475 c Abs. 1 BGB ist die „dauerhafte Bereitstellung" der digitalen Elemente. Ausweislich der **Legaldefinition** in **§ 327 e Abs. 1 S. 3 BGB** ist darunter eine **fortlaufende Bereitstellung** über einen Zeitraum zu verstehen.

Beispiele

Digitale Elemente, die dauerhaft bereitzustellen sind, können Verkehrsdaten in einem Navigationssystem, die Cloud-Anbindung bei einer Spiele-Konsole oder eine Smartphone-App zur Nutzung verschiedener Funktionen in Verbindung mit einer Smartwatch sein.[153]

---

151 Vgl. Begr. z. RegE, S. 35.

152 Vgl. Begr. z. RegE, S. 34.

153 Kirchfelder-Lauber JuS 2021, 918, 922.

Die dauerhafte Bereitstellung eines digitalen Elements kann zwischen Unternehmer und Verbraucher **auch konkludent vereinbart** werden.

> **Beispiel**
>
> Beim Kauf einer Smart-Watch, die zu ihrer Funktionsfähigkeit eine Cloud-Anbindung benötigt, dürfen die Parteien voraussetzen, dass die Cloud über einen angemessenen Zeitraum zur Verfügung steht und die Cloud von ihrem Betreiber nicht nach dem Kauf der Smart-Watch eingestellt wird.[154]

Für den Fall, dass die Parteien zwar eine dauerhafte Bereitstellung digitaler Elemente ausdrücklich oder konkludent vereinbaren, aber die **konkrete Dauer der Bereitstellung offenlassen**, ordnet § 475 c Abs. 1 S. 2 BGB die entsprechende Anwendung des § 475 b Abs. 4 Nr. 2 BGB über die Dauer der Aktualisierungspflicht an.

Maßgeblich ist dann also der **Zeitraum, den der Verbraucher** aufgrund der Art und des Zwecks der Sache und ihrer digitalen Elemente sowie unter Berücksichtigung der Umstände und der Art des Vertrags **erwarten kann**.

Liegen die Voraussetzungen des § 475 c Abs. 1 BGB vor, so haftet der Unternehmer nach **§ 475 c Abs. 2 BGB** während des Bereitstellungszeitraums, mindestens aber für zwei Jahre nach Ablieferung der Ware dafür, dass diese den **Anforderungen des § 475 b Abs. 2 BGB** an die Sachmangelfreiheit entspricht. Mit diesem Mindestzeitraum, innerhalb dessen der Unternehmer für die Mangelfreiheit einzustehen hat, soll eine Umgehung des Gewährleistungsrechts durch kurze Bereitstellungszeiträume vermieden werden, faktisch wird hiermit allerdings eine **Mindestbereitstellungsdauer von zwei Jahren** festgeschrieben.[155]

Unter **Bereitstellungszeitraum** ist gemäß der **Legaldefinition** in **§ 327e Abs. 1 S. 3 BGB** „der gesamte vereinbarte Zeitraum der Bereitstellung" zu verstehen. Insoweit weicht § 475c Abs. 2 BGB von den §§ 434 Abs. 1, 475 b Abs. 2 BGB ab.

Hintergrund: Nach den §§ 434 Abs. 1 und 475 b Abs. 2 BGB ist der Zeitpunkt des Gefahrübergangs maßgeblich für die Beurteilung der Mangelfreiheit einer Kaufsache. Das gilt, abgesehen von der Aktualisierungsverpflichtung, auch für Sachen mit digitalen Elementen, bei denen die digitalen Elemente durch eine einmalige Bereitstellung verfügbar gemacht werden. In Fällen, in denen die digitalen Elemente jedoch dauerhaft über einen Zeitraum bereitgestellt werden, ist der Unternehmer während des Bereitstellungszeitraums verpflichtet, diese in einem vertragsgemäßen Zustand zu erhalten.

Die Verpflichtung des Unternehmers erstreckt sich **auch** auf die **Information des Verbrauchers** über das Vorhandensein einer im Rahmen der Aktualisierungsverpflichtung bereitgestellten Aktualisierung, vgl. § 475 b Abs. 4 Nr. 2 BGB.

---

154 Begr. z. RegE, S. 35.

155 Kupfer/Weiß ZVertriebsR 2021, 21, 23.

Die Regelung des **§ 475 c Abs. 2 BGB** ist **abdingbar**. Bei der Abweichung ist indes die besondere Form des § 476 Abs. 1 S. 2 BGB für Verbrauchsgüterkaufverträge einzuhalten. Danach ist die Haftung des Unternehmers aus § 475 c Abs. 2 BGB abdingbar, wenn

- der Verbraucher vor der Abgabe seiner Vertragserklärung **eigens** davon **in Kenntnis gesetzt** wurde, dass ein **bestimmtes Merkmal der Ware** von den objektiven Anforderungen abweicht, und

- die Abweichung i.S.d. § 476 Abs. 1 S. 2 Nr. 2 BGB im Vertrag **ausdrücklich** und **gesondert vereinbart** wurde.

D. Sonderbestimmungen für Rücktritt, Minderung und Schadensersatz

Die Voraussetzungen der Vertragsbeendigung wegen einer Vertragswidrigkeit der Kaufsache bei Verbrauchsgüterkäufen regelt die Warenkaufrichtlinie (vgl. Art. 13 WKRL) vollharmonisiert und abschließend. Im deutschen Recht sind die Voraussetzungen des Rücktritts im allgemeinen Schuldrecht (§§ 323 ff. BGB) geregelt und durch § 440 BGB **punktuell modifiziert**. Da die Vorgaben der Warenkaufrichtlinie von der Regelung des § 323 Abs. 1 und 2 BGB abweicht, bedurfte die Vorschrift für Verbrauchsgüterkaufverträge einer weitergehenden Modifizierung, die der deutsche Gesetzgeber in **§ 475 d BGB** umgesetzt hat.

Wegen der Verknüpfung zwischen der **Minderung und** dem **Rücktritt** (vgl. § 441 Abs. 1 S. 1 BGB) wirken sich die Regelungen in § 475 d Abs. 1 BGB auch auf das Minderungsrecht aus. Außerdem ordnet § 475 d Abs. 2 BGB die entsprechende Anwendung auf **Schadensersatzansprüche** an.[156]

§ 475 d BGB (neu)

(1) Für einen Rücktritt wegen eines Mangels der Ware bedarf es der in § 323 Absatz 1 bestimmten Fristsetzung zur Nacherfüllung abweichend von § 323 Absatz 2 und § 440 nicht, wenn

1. der Unternehmer die Nacherfüllung trotz Ablaufs einer angemessenen Frist ab dem Zeitpunkt, zu dem der Verbraucher ihn über den Mangel unterrichtet hat, nicht vorgenommen hat,

2. sich trotz der vom Unternehmer versuchten Nacherfüllung ein Mangel zeigt,

3. der Mangel derart schwerwiegend ist, dass der sofortige Rücktritt gerechtfertigt ist,

4. der Unternehmer die gemäß § 439 Absatz 1 oder 2 oder § 475 Absatz 5 ordnungsgemäße Nacherfüllung verweigert hat oder

5. es nach den Umständen offensichtlich ist, dass der Unternehmer nicht gemäß § 439 Absatz 1 oder 2 oder § 475 Absatz 5 ordnungsgemäß nacherfüllen wird.

(2) [1]Für einen Anspruch auf Schadensersatz wegen eines Mangels der Ware bedarf es der in § 281 Absatz 1 bestimmten Fristsetzung in den in Absatz 1 bestimmten Fällen nicht. [2]§ 281 Absatz 2 und § 440 sind nicht anzuwenden.

156　Vgl. Lorenz, NJW 2021, 2065, 2071.

Durch die Regelungen in **§ 475 d Abs. 1 BGB** werden lediglich die Absätze 1 und 2 des **§ 323 BGB modifiziert**. Die weiteren Absätze des § 323 BGB sind demgegenüber als Regelung des allgemeinen Schuldrechts auch auf die Mängelgewährleistung bei Verbrauchsgüterkäufen anzuwenden. Das gilt insbesondere auch für die Absätze 5 und 6 des § 323 BGB, da diese Vorschriften den Vorgaben aus der Warenkaufrichtlinie entsprechen, vgl. dazu Art. 16 Abs. 2 WKRL sowie Art. 13 Abs. 5 und 7 WKRL.[157]

Die Regelungen in § 475 d Abs. 1 Nr. 1 bis 5 BGB bestimmen, unter welchen Voraussetzungen der Verbraucher im zweistufigen System der Gewährleistungsrechte **von der ersten auf die zweite Stufe** wechseln kann, also wann er dem Unternehmer keine Gelegenheit zur Nacherfüllung mehr geben muss, sondern vom Vertrag zurücktreten oder den Kaufpreis mindern kann.[158]

Die **Gewährleistungsrechtsrechte** aus § 437 BGB lassen sich nämlich vor dem Hintergrund ihrer Voraussetzungen in **drei Stufen** unterteilen, die Grundvoraussetzungen aller Rechte sind ein wirksamer Kaufvertrag und das Vorliegen eines Sach- oder Rechtsmangels zum relevanten Zeitpunkt.

1 **Nacherfüllung** (nur **Grundvoraussetzungen** erforderlich)

2 **Rücktritt** und **Minderung** (Grundvoraussetzungen sowie **Fristsetzung** oder Entbehrlichkeit)

3 **Schadensersatz** und **Aufwendungsersatz** (Grundvoraussetzungen, Fristsetzung oder Entbehrlichkeit sowie **Vertretenmüssen** oder Kenntnis)

Während § 475 d Abs. 1 Nr. 1 BGB lediglich die **Entbehrlichkeit einer Fristsetzung** betrifft, sind in § 475 d Abs. 1 Nr. 2 bis 5 BGB Fälle geregelt, in denen auch der **Ablauf der Frist nicht erforderlich** ist. Deshalb sind die Ausnahmen der Nummern 2 bis 5 grundsätzlich vor dem Grundsatz der Nummer 1 des § 475 d Abs. 1 BGB zu prüfen, was entsprechend gemäß § 475 d Abs. 2 BGB für einen Anspruch auf Schadensersatz statt der Leistung gilt.[159]

Nicht unter die Ausnahmeregelungen gemäß § 475 d Abs. 1 BGB fallen Konstellationen, in denen zwar die Nacherfüllung erfolgreich vorgenommen wurde, dies aber **entgegen der Postulate aus § 475 Abs. 5 BGB** nicht unentgeltlich, nicht innerhalb einer angemessenen Frist oder nicht ohne unerhebliche Unannehmlichkeiten für den Verbraucher erfolgt ist. Der Verbraucher kann in diesen Fällen die unzulässige Nacherfüllung ablehnen oder Schadensersatz vom Unternehmer gemäß § 280 Abs. 1 BGB verlangen. Diese

---

157 Vgl. Begr. z. RegE, S. 36.

158 Begr. z. RegE, S. 36.

159 Kupfer/Weiß ZVertriebsR 2021, 21, 25.

Fallgestaltungen werden von den in § 475 d BGB geregelten Ausnahmetatbeständen nicht erfasst und damit ein Rücktritt vom Vertrag ausgeschlossen, weil das eigentliche Leistungsinteresse des Käufers befriedigt wurde.[160]

I. Nichtvornahme der Nacherfüllung in angemessener Frist

Für den Rücktritt wegen eines Mangels der Ware bedarf es gemäß **§ 475 d Abs. 1 Nr. 1 BGB** der in § 323 Abs. 1 BGB bestimmten Fristsetzung zur Nacherfüllung abweichend von § 323 Abs. 2 und § 440 BGB nicht, wenn der Unternehmer die **Nacherfüllung trotz Ablaufs einer angemessenen Frist** ab dem Zeitpunkt, zu dem der Verbraucher ihn über den Mangel unterrichtet hat, **nicht vorgenommen** hat.

Mit der Vorschrift setzt der deutsche Gesetzgeber die Vorgaben aus **Art. 13 Abs. 4 a) WKRL** um. Sie betrifft den Fall, dass der Verbraucher dem Unternehmer Gelegenheit zur Nacherfüllung gegeben hat, der Unternehmer aber trotz Ablaufs einer angemessenen Frist nicht nacherfüllt hat. Anders als nach bisherigem Recht ist ein **ausdrückliches Nacherfüllungsverlangen des Verbrauchers nicht erforderlich**, um die Nacherfüllungsfrist in Gang zu setzen.

*Hintergrund: In § 323 Abs. 1 BGB ist bestimmt, dass der Gläubiger dem Schuldner grundsätzlich eine angemessene **Frist zu setzen hat**, bevor er vom Vertrag zurücktreten kann. Hingegen sieht Art. 13 Abs. 4 a) WKRL lediglich den **Ablauf einer angemessenen Frist vor**, nicht aber, dass der Verbraucher diese dem Unternehmer gesetzt haben muss. An dem Erfordernis einer Fristsetzung durch den Verbraucher konnte daher nicht festgehalten werden.[161]*

Die **Frist beginnt** ab dem Zeitpunkt, zu dem der Verbraucher den Unternehmer über den **Mangel unterrichtet** hat. Diese Frist ist die gleiche Frist, wie die in **§ 475 Abs. 5 BGB** bestimmte. Danach beurteilt sich die Angemessenheit der Frist nach den Umständen des Einzelfalls. Dabei kann zur Konkretisierung auf die bisherige Judikatur und Literatur zur Dauer der in § 323 Abs. 1 BGB geregelten Frist rekurriert werden.[162]

Danach ist eine Frist angemessen, wenn sie dem Schuldner eine **letzte Möglichkeit zur Vertragserfüllung** eröffnet. Sie braucht aber nicht so bemessen zu sein, dass der Schuldner die noch gar nicht begonnene Leistung erst anfangen und fertigstellen kann, wobei die Angemessenheit der Frist objektiv zu bestimmen ist.[163]

Außerdem sind zur **Bestimmung der Angemessenheit** die in **Erwägungsgrund 55** der Warenkaufrichtlinie genannten Kriterien heranzuziehen, wonach die als angemessen erachtete Frist die kürzeste Frist für die Vornahme der Nacherfüllung ist.[164] Ferner ist die Frist danach objektiv unter Berücksichtigung der Art und Komplexität der Waren, der Art und Schwere der Vertragswidrigkeit sowie des für eine Nachbesserung oder Ersatzlieferung erforderlichen Aufwands zu bestimmen.

---

160 Kupfer/Weiß ZVertriebsR 2021, 21, 24.

161 Vgl. Begr. z. RegE, S. 36.

162 Begr. z. RegE, S. 36.

163 AS-Skript Schuldrecht AT 1 (2021), Rn. 182.

164 Kupfer/Weiß ZVertriebsR 2021, 21, 25.

Ferner bleibt es – trotz der Entbehrlichkeit gemäß § 475 d Abs. 1 Nr. 1 BGB – auch weiterhin möglich, dass der **Verbraucher** dem Unternehmer eine angemessene **Frist zur Nacherfüllung setzt** und nach Ablauf der Frist vom Vertrag zurücktritt oder die Minderung erklärt. Diese Möglichkeit steht, obwohl sie in der Warenkaufrichtlinie nicht ausdrücklich vorgesehen ist, im Einklang mit den vollharmonisierten Vorgaben der Richtlinie. Denn in jedem Fall, in dem der Verbraucher dem Unternehmer eine angemessene Frist setzt und diese abläuft, ist denknotwendig (als **wesensgleiches Minus**) auch die Voraussetzung des Art. 13 Abs. 4 a) WKRL, der Ablauf einer angemessenen Frist, erfüllt.[165]

Schließlich ist zu beachten, dass der Verbraucher zwar gemäß § 475 d Abs. 1 Nr. 1 BGB dem Unternehmer nicht mehr ausdrücklich eine Frist setzen muss, das Rücktrittsrecht gleichwohl eine **Wahl des Verbrauchers** voraussetzt, wenn eine Wahl des Verbrauchers zwischen zwei Nacherfüllungsalternativen besteht. Denn erst so kann die nach § 323 Abs. 1 BGB **erforderliche Fälligkeit** des (vorher verhaltenen) Nacherfüllungsanspruchs bewirkt werden.[166]

Nach § 439 Abs. 1 BGB kann der Käufer nämlich nach seiner Wahl Nachbesserung oder Neulieferung verlangen und solange dieses Wahlrecht besteht, kann der Verkäufer nur nacherfüllen, wenn der Käufer seine **Wahl auch ausgeübt** hat. Der Verkäufer ist nicht befugt, eigenmächtig eine Wahl zu treffen und die Nacherfüllung nach der von ihm gewählten Möglichkeit durchzuführen.[167]

Zur **Auflösung der Friktion** zwischen der Abschaffung des Fristsetzungserfordernisses und der Wahrung des Wahlrechts könnte man annehmen, dass die Frist erst mit Ausübung des Wahlrechts durch den Käufer zu laufen beginnt, oder aber annehmen, dass sich der Käufer seines Wahlrechts durch die Mängelanzeige ohne Ausübung der Wahl begeben hat.[168] Solange das Wahlrecht des Käufers besteht, ist für den Beginn der angemessenen Frist erforderlich, dass der Käufer nicht nur den Mangel anzeigt, sondern den Verkäufer auch zur Nacherfüllung auffordert und dabei von seinem Wahlrecht Gebrauch macht. Nur mit diesem Verständnis kann nämlich auch der Ausnahmetatbestand des § 475 d Abs. 1 Nr. 2 BGB mit Leben gefüllt werden, demzufolge eine Fristsetzung entbehrlich ist, wenn sich trotz der vom Verkäufer versuchten Nacherfüllung ein Mangel zeigt. Dafür ist aber im Vorfeld zwingend die Ausübung des Wahlrechts durch den Käufer notwendig.[169]

Hinweis: Schon nach der bis zum 31.12.2021 geltenden Rechtslage war umstritten, ob der Käufer im Bereich des Verbrauchsgüterkaufs dem Verkäufer tatsächlich eine Frist setzen muss. Nach Art. 3 Abs. 5 Verbrauchsgüterkaufrichtlinie kann der Verbraucher zurücktreten, wenn der Verkäufer nicht innerhalb einer angemessenen Frist Abhilfe geschaffen hat. Dass der Verbraucher eine Frist setzt, ist danach nicht erforderlich. Der deutsche Gesetzgeber war jedoch der Auffassung, dass das Erfordernis der Fristsetzung mit der Richtlinie vereinbar sei,

---

165　Vgl. Begr. z. RegE, S. 36.

166　Vgl. Lorenz, NJW 2021, 2065, 2071.

167　Kupfer/Weiß ZVertriebsR 2021, 21, 25.

168　Weiß, ZVertriebsR 2021, 208, 215.

169　Kupfer/Weiß ZVertriebsR 2021, 21, 25.

da eine Schlechterstellung des Verbrauchers damit nicht verbunden sei.[170] Denn die Konkretisierung der Frist liege auch im Interesse des Verbrauchers. Das ist auf deutliche Kritik gestoßen und für den Fall des Verbrauchsgüterkaufs ist eine richtlinienkonforme Auslegung des Gesetzes dahin befürwortet worden, dass der Rücktritt nur den Ablauf einer angemessenen Frist, nicht aber die Fristsetzung selbst voraussetzt.[171] Der besonderen Schutzbedürftigkeit des Verbrauchers könne nur auf diesem Wege Rechnung getragen werden. Dieser **Meinungsstreit** *hat sich nunmehr mit der Neuregelung in § 475 d Abs. 1 S. 1 BGB* **erledigt**.

RÜ-Video 03/21

Die Regelung in **§ 475 d Abs. 1 Nr. 1 BGB** führt also dazu, dass im Bereich des Verbrauchsgüterkaufs **grundsätzlich** der **fruchtlose Ablauf** einer **angemessenen Frist** ausreicht **oder** sogar auch das nach § 475 Abs. 1 Nr. 2 bis 5 BGB **entbehrlich** ist.

II. Erfolglose Nacherfüllung

Nach **§ 475 d Abs. 1 Nr. 2 BGB**, der die Richtlinienvorgabe aus Art. 13 Abs. 4 b) WKRL umsetzt, ist beim Rücktritt wegen eines Mangels der Ware ein fruchtloser Fristablauf entbehrlich, wenn sich **trotz** der vom Unternehmer **versuchten Nacherfüllung** ein **Mangel zeigt**.

Die Vorschrift führt dazu das der Verbraucher, **abweichend von § 440 S. 2 BGB**, wonach die Nacherfüllung in der Regel nach zwei erfolglosen Nacherfüllungsversuchen als fehlgeschlagen anzusehen ist, **bereits nach** dem **ersten erfolglosen Nacherfüllungsversuch** zurücktreten **kann**. Die Vorschrift ist jedoch **nicht** so zu verstehen, dass ein erfolgloser erster Nacherfüllungsversuch immer und **ausnahmslos** ein Recht zum sofortigen Rücktritt begründet. Vielmehr gilt es die Umstände des Einzelfalls zu würdigen.[172] Es gibt aber jedenfalls keine festgesetzte Versuchsanzahl mehr, die dem Unternehmer für sein „Recht zur zweiten Andienung" zusteht.[173]

Außerdem greift im Unterschied zu § 440 BGB die Regelung nicht nur im Fall der **erfolglosen Nacherfüllung**, sondern auch dann ein, wenn im Rahmen der Nacherfüllung an der Kaufsache ein **neuer, ein anderer Mangel** verursacht wurde. Denn in beiden Fällen kann das Vertrauen des Verbrauchers dadurch so stark erschüttert sein, dass er dem Unternehmer keinen weiteren Nacherfüllungsversuch einräumen muss.[174]

III. Derart schwerwiegender Mangel

Gemäß **§ 475 d Abs. 1 Nr. 3 BGB** kann der Verbraucher ohne Ablauf einer angemessenen Frist vom Vertrag zurücktreten, wenn der Mangel derart schwerwiegend ist, dass der **sofortige Rücktritt gerechtfertigt** ist. Der deutsche Gesetzgeber setzt mit dieser Vorschrift die Richtlinienvorgaben aus Art. 13 Abs. 4 c) WKRL um.

---

170 Vgl. BT-Drs. 14/6040, S. 222.

171 Vgl. BeckOK-BGB/Faust § 437 Rn. 18; MünchKomm/Lorenz Vor § 474 f. Rn. 21 und BGH RÜ 2021, 137 mit RÜ-Video unter t1p.de/p07g.

172 Vgl. Wilke VuR 2021, 283, 290, der die Abhängigkeit von den Umständen des Einzelfalls gerne im Normtext verankert gesehen hätte.

173 Kirchfelder-Lauber JuS 2021, 918, 922.

174 Vgl. Begr. z. RegE, S. 36.

Die Beurteilung, ob ein Mangel derart schwerwiegend ist, dass der sofortige Rücktritt gerechtfertigt ist, erfordert eine **Abwägung der widerstreitenden Interessen** von Verbraucher und Unternehmer **im Einzelfall**. Wie diese Abwägung im Detail ausgestaltet ist, insbesondere ob alle Umstände des Einzelfalls zu berücksichtigen sind oder etwa nur solche, die einen unmittelbaren Bezug zum Mangel haben, bleibt – ausweislich der Gesetzesbegründung – der Rechtsprechung überlassen.[175]

Dabei dürften auch Fallgestaltungen, die unter die Regelung des **§ 440 S. 1 Alt. 3 BGB** fallen, ein **Judiz** liefern. Nach dieser Regelung aus dem allgemeinen Kaufrecht bedarf es nämlich einer Fristsetzung, nicht, wenn die Nacherfüllung für den Käufer unzumutbar ist. Diese Vorschrift hat die Funktion eines Auffangtatbestandes. Sie greift immer dann ein, wenn das Vertrauen des Käufers in eine sachgerechte Vertragserfüllung des Verkäufers nachhaltig gestört ist. Dabei kann sich die Unzumutbarkeit auch aus der **Art der Mangelhaftigkeit**, also der schwere des Mangels ergeben.

Beispiele

1. Ist dem Käufer gesundheitsgefährdendes Gammelfleisch geliefert worden, so kann es dem Käufer nicht zugemutet werden, sich noch einmal auf eine Nacherfüllung einzulassen.

2. Unzumutbarkeit liegt auch vor, wenn ein als verkehrssicher verkauftes Auto massive Mängel in Form von fortgeschrittener Korrosion aufweist, die bei einer einfachen Sichtprüfung durch den Verkäufer ohne Weiteres erkennbar gewesen wären. Wenn der Käufer dadurch jedes Vertrauen in die Zuverlässigkeit und Kompetenz des Verkäufers verliert, ist die Nacherfüllung unzumutbar.[176]

3. Gleiches kann für das Vertrauen des Käufers eines vom „Abgasskandal" betroffenen Fahrzeugs gelten.[177]

Außerdem sind die **Wertungen von Erwägungsgrund 52** der Warenkaufrichtlinie heranzuziehen.[178] Danach ist ein Mangel schwerwiegend, wenn der Verbraucher nicht mehr darauf vertrauen kann, dass der Verkäufer in der Lage ist, den vertragsgemäßen Zustand der Waren herzustellen, etwa wenn die Vertragswidrigkeit die Möglichkeit des Käufers zur normalen Verwendung der Waren ernsthaft beeinträchtigt und von ihm nicht erwartet werden kann, darauf zu vertrauen, dass eine Nachbesserung oder Ersatzlieferung durch den Unternehmer dem Problem abhelfen würde.

---

175 Vgl. Begr. z. RegE, S. 37.

176 BGH RÜ 2015, 481, 482.

177 Vgl. BeckOK-BGB/Faust § 440 Rn. 37a.

178 Kupfer/Weiß ZVertriebsR 2021, 21, 25.

IV. Verweigerung der ordnungsgemäßen Nacherfüllung

Nach **§ 475 d Abs. 1 Nr. 4 BGB** ist beim Rücktritt wegen eines Mangels der Ware ein fruchtloser Fristablauf entbehrlich, wenn der Unternehmer die

- gemäß **§ 439 Abs. 1 BGB** oder

- gemäß **§ 439 Abs. 2 BGB** oder

- gemäß **§ 475 Abs. 5 BGB**

ordnungsgemäße Nacherfüllung verweigert hat. Die Vorschrift nimmt mithin – im Gegensatz zu § 475 d Abs. 1 Nr. 1 BGB – auf die „gemäß § 439 Absatz 1 oder 2 oder § 475 Absatz 5 ordnungsgemäße" Nacherfüllung Bezug. Damit ist **nicht nur die Nacherfüllung als solche**, sondern **auch** die in §§ 439 Abs. 1 und 2, 475 Abs. 5 BGB geregelte **Art und Weise** der Nacherfüllung in Bezug genommen. Daher erfordert hier die Entbehrlichkeit, dass der Unternehmer entweder die Nacherfüllung als solche (§ 439 Abs. 1 BGB), die Kostentragung nach § 439 Abs. 2 BGB, eine fristgerechte Nacherfüllung oder eine Nacherfüllung ohne erhebliche Unannehmlichkeiten (§ 475 Abs. 5 BGB) verweigert hat.

Beispiel

Erklärt der Unternehmer, er würde die Nacherfüllung zwar vornehmen aber nicht unentgeltlich, nicht innerhalb einer angemessenen Frist oder nicht ohne erhebliche Unannehmlichkeiten, so muss der Verbraucher eine solche Nacherfüllung nicht akzeptieren. Er hat in solchen Fällen vielmehr die Wahl, ob er die ihm vom Unternehmer angebotene Form der Nacherfüllung akzeptieren möchte, ob er die Nacherfüllung in der ihm zustehenden Form erzwingen möchte oder ob er auf die zweite Stufe der Nacherfüllung wechseln und vom Vertrag zurücktreten oder den Kaufpreis mindern möchte.[179]

In § 475 d Abs. 1 Nr. 4 BGB wird **nicht zwischen** der **berechtigten und** der **unberechtigten Verweigerung differenziert**, sondern geregelt, dass der Verbraucher vom Vertrag zurücktreten kann, wenn der Unternehmer die ordnungsgemäße Nacherfüllung (berechtigt oder unberechtigt) verweigert. Bei der unberechtigten Verweigerung ist jedoch – abweichend von § 323 Abs. 2 Nr. 1 BGB – **nicht erforderlich**, dass der Unternehmer die ordnungsgemäße Nacherfüllung **ernsthaft** und **endgültig** verweigert hat.[180]

Hintergrund: Die Vorschrift setzt damit die in der Warenkaufrichtlinie in zwei verschiedenen Vorschriften geregelte berechtigte und unberechtigte Verweigerung des Unternehmers (Art. 13 Abs. 4 a) sowie Art. 13 Abs. 4 d) WKRL) in einer einheitlichen Vorschrift um. Der Unternehmer kann die Nacherfüllung zum einen berechtigt verweigern, wenn ihm gemäß § 439 Abs. 4 BGB ein Leistungsverweigerungsrecht zusteht. Zum anderen kann es auch sein, dass ein Unternehmer die Nacherfüllung verweigert, ohne dazu berechtigt zu sein. Diese Un-

---

179 Vgl. Begr. z. RegE, S. 38.

180 Lorenz NJW 2021, 2065, 2071.

terscheidung ist für die Frage, ob der Verbraucher eine Nacherfüllung erzwingen kann von entscheidender Bedeutung. Denn bei einer nach § 439 Abs. 4 BGB berechtigten Verweigerung geht der Nacherfüllungsanspruch des Verbrauchers unter und dem Verbraucher verbleiben allein die Gewährleistungsrechte der zweite Stufe, also Rücktritt oder Minderung. Dagegen muss der Verbraucher eine unberechtigte Verweigerung nicht hinnehmen. Bei einer solchen steht ihm nämlich materiell ein Nacherfüllungsanspruch zu und er kann nach seiner Wahl den Nacherfüllungsanspruch durchsetzen oder auf die zweite Stufe der Rechtsbehelfe wechseln.[181]

Für die in § 475 d BGB **allein relevante Frage**, ob der Verbraucher das Recht hat, vom Vertrag zurückzutreten anstatt vom Unternehmer Nacherfüllung zu verlangen, ist die Unterscheidung zwischen einer berechtigten und einer unberechtigten Verweigerung des Verkäufers hingegen unerheblich. Denn der Verbraucher kann in beiden Fällen vom Vertrag zurücktreten.

V. Offensichtlich keine ordnungsgemäße Nacherfüllung

In **§ 475 d Abs. 1 Nr. 5 BGB** ist bestimmt, dass der Ablauf einer angemessenen Frist entbehrlich ist, wenn nach den Umständen offensichtlich ist, dass der Unternehmer nicht

- gemäß **§ 439 Abs. 1 BGB** oder
- nach **§ 439 Abs. 2 BGB** oder
- gemäß **§ 475 Abs. 5 BGB**

ordnungsgemäß nacherfüllen wird.

Von **§ 475 d Abs. 1 Nr. 4 BGB unterscheidet** sich die Regelung in § 475 d Abs. 1 Nr. 5 BGB lediglich dadurch, dass es **keiner erklärten Verweigerung** der ordnungsgemäßen Nacherfüllung durch den Unternehmer bedarf. Es reicht vielmehr aus, dass aus den **Umständen** offensichtlich wird, dass der Unternehmer nicht ordnungsgemäß nacherfüllen wird. Ebenso wie in § 475 d Abs. 1 Nr. 4 BGB bezieht sich der Begriff der ordnungsgemäßen Nacherfüllung dabei auch auf die Vorgaben der in § 439 Abs. 1 und 2 sowie in § 475 Abs. 5 BGB geregelten Art und Weise der Nacherfüllung.[182]

Der Verbraucher kann mithin gemäß § 475 d Abs. 1 Nr. 4 BGB vom Vertrag zurücktreten, **wenn** es **offensichtlich** ist, dass der Unternehmer

- überhaupt **nicht**,
- **nicht unentgeltlich**,
- **nicht innerhalb** einer **angemessenen Frist** oder
- **nicht ohne erhebliche Unannehmlichkeiten**

nacherfüllen wird.

---

181 Vgl. Begr. z. RegE, S. 38.

182 Vgl. Begr. z. RegE, S. 38.

VI. Entsprechende Anwendbarkeit auf Schadensersatz statt der Leistung

Gemäß **§ 475 d Abs. 2 S. 1 BGB** gelten die nach § 475 d Abs. 1 BGB für den Rücktritt maßgeblichen Fälle der Entbehrlichkeit der Fristsetzung entsprechend für den Anspruch des Verbrauchers auf Schadensersatz statt der Leistung gemäß den §§ 437 Nr. 3, 280 Abs. 1 und 3, 281 BGB. Die Anwendbarkeit der Regelungen in § 281 Abs. 2 und § 440 BGB wird insoweit ausgeschlossen, vgl. § 475 d Abs. 2 S. 2 BGB.

Die Vorschrift stellt damit einen **Gleichlauf der Voraussetzungen** des Rücktritts wegen eines Mangels und des Schadensersatzes wegen eines Mangels her, der über § 441 Abs. 1 BGB mittelbar auch für die Minderung gilt.

Auf Vorgaben der Warenkaufrichtlinie beruht § 475 d Abs. 2 BGB nicht, weil Schadensersatzansprüche **nicht vom Anwendungsbereich der Richtlinie umfasst** sind. Ausweislich der Gesetzesbegründung befürchtet der deutsche Gesetzgeber indes, dass es ohne eine § 475 d Abs. 2 BGB entsprechende Regelung zu erheblicher Rechtsunsicherheit und Verwirrung führen würde, wenn für das Rücktrittsrecht und für einen Schadensersatzanspruch wegen eines Mangels unterschiedliche Anforderungen an das Setzen einer Nacherfüllungsfrist und deren Entbehrlichkeit bestünden.[183]

E. Sondervorschriften für die Verjährung

Die Verjährung der kaufrechtlichen Mängelansprüche ist grundsätzlich in § 438 BGB geregelt. Um den Besonderheiten der Verjährung beim Verbrauchsgüterkauf, insbesondere beim Kauf von Sachen mit digitalen Elementen Rechnung zu tragen, wird die allgemeine Vorschrift des **§ 438 BGB durch** die Regelungen in **§ 475 e BGB ergänzt**.

---

§ 475 e BGB (neu)

(1) [1]Im Fall der dauerhaften Bereitstellung digitaler Elemente nach § 475 c Absatz 1 Satz 1 verjähren Ansprüche wegen eines Mangels an den digitalen Elementen nicht vor dem Ablauf von zwölf Monaten nach dem Ende des Bereitstellungszeitraums.

(2) Ansprüche wegen einer Verletzung der Aktualisierungspflicht nach § 475 b Absatz 3 oder 4 verjähren nicht vor dem Ablauf von zwölf Monaten nach dem Ende des Zeitraums der Aktualisierungspflicht.

(3) Hat sich ein Mangel innerhalb der Verjährungsfrist gezeigt, so tritt die Verjährung nicht vor dem Ablauf von vier Monaten nach dem Zeitpunkt ein, in dem sich der Mangel erstmals gezeigt hat.

(4) Hat der Verbraucher zur Nacherfüllung oder zur Erfüllung von Ansprüchen aus einer Garantie die Ware dem Unternehmer oder auf Veranlassung des Unternehmers einem Dritten übergeben, so tritt die Verjährung von Ansprüchen wegen des geltend gemachten Mangels nicht vor dem Ablauf von zwei Monaten nach dem Zeitpunkt ein, in dem die nachgebesserte oder ersetzte Ware dem Verbraucher übergeben wurde.

183　Vgl. Begr. z. RegE, S. 39.

*Hintergrund: Die Warenkaufrichtlinie erlaubt in ihrem **Art. 10 Abs. 5 S. 1** den Mitgliedstaaten ausdrücklich, die Haftung des Verkäufers zeitlich allein durch eine Verjährungsfrist zu begrenzen, ohne zusätzlich oder allein eine Gewährleistungsfrist vorzusehen. In der deutschen Rechtsordnung hat sich ausweislich der Gesetzesbegründung ein Verzicht auf eine Gewährleistungsfrist bewährt. Zur **Wahrung der Rechtskontinuität** und einer einheitlichen Dogmatik der verschiedenen Vertragstypen werde deshalb an dem Verzicht auf eine Gewährleistungsfrist festgehalten und die Haftung des Unternehmers zeitlich allein durch Verjährungsregelungen begrenzt.*[184]

I. Ablaufhemmung bei dauerhafter Bereitstellung digitaler Elemente und Verletzung der Aktualisierungspflicht

Gemäß § 438 Abs. 1 Nr. 3, Abs. 2 BGB beginnt die grundsätzliche zweijährige Verjährungsfrist mit Ablieferung der Sache. Für die Verjährung von Gewährleistungsansprüchen wegen Mängeln digitaler Elemente, die dauerhaft bereitgestellt werden (§ 475 c Abs. 1 BGB), sieht **§ 475 e Abs. 1 BGB** eine besondere Ablaufhemmung vor. Danach endet beim Kauf von Waren mit digitalen Elementen für Mängel an dauerhaft bereitzustellenden digitalen Elementen abweichend von § 438 Abs. 2 BGB die **zweijährige Verjährungsfrist** des § 438 Abs. 1 Nr. 3 BGB **nicht vor Ablauf** von **zwölf Monaten** nach **Ende des Bereitstellungszeitraums**.

Auch **§ 475 e Abs. 2 BGB** statuiert eine Ablaufhemmung, die auf das Ende eines Dauertatbestandes abstellt. Demnach tritt bei Ansprüchen wegen einer Verletzung der Aktualisierungspflicht i.S.d. § 475 b Abs. 3 und 4 BGB die Verjährung nicht vor Ablauf von **zwölf Monaten nach** dem Ende des Zeitraums der **Aktualisierungspflicht** ein. Die Maximalverjährung beträgt nach § 199 Abs. 4 BGB zehn Jahre.

II. Allgemeine Ablaufhemmung

Die Ablaufhemmung in **§ 475 e Abs. 3 BGB** erhält dem Verbraucher die Möglichkeit einer **effektiven Geltendmachung** seiner Gewährleistungsrechte **auch kurz vor Ablauf** der Verjährungsfrist. Danach tritt die Verjährung für einen Mangel, der sich innerhalb der Verjährungsfrist gezeigt hat, nicht vor dem Ablauf von **vier Monaten** (der Regierungsentwurf sah ursprünglich nur 2 Monate vor) nach dem Zeitpunkt ein, in dem sich der Mangel erstmals gezeigt hat.[185]

*Hintergrund: Die Vorschrift dient der Umsetzung der Vorgaben aus Art. 10 Abs. 5 S. 2 WKRL, derzufolge die im innerstaatlichen Recht bestimmte Verjährungsfrist den Verbraucher nicht daran hindern darf, die ihm zustehenden Rechtsbehelfe wegen eines Mangels geltend zu machen, der in der in Artikel 10 Abs. 1 und 2 WKRL bestimmten Gewährleistungsfrist offenbar geworden ist. Wegen des Grundsatzes, dass dem Unionsrecht eine möglichst **optimale Wirkungskraft** zu verleihen ist (effet utile), scheidet eine Gleichsetzung der Länge der Verjährungsfrist mit der Länge der in Art. 10 Abs. 1 und 2 WKRL bestimmten Gewährleistungsfrist aus. Da die Einleitung verjährungshemmender Maßnahmen stets eine gewisse Zeit in*

---

184 Vgl. Begr. z. RegE, S. 39.

185 Vgl. Begr. z. RegE, S. 41.

Anspruch nimmt, würde eine solche Regelung den Verbraucher faktisch daran hindern, Mängel geltend zu machen, die erst zum Ende der Dauer der Gewährleistungsfrist offenbar wurden. Damit würde ein unverändertes Beibehalten der zweijährigen Verjährungsfrist den Vorgaben des Art. 10 Abs. 5 S. 2 WKRL nicht gerecht. Deshalb muss aufgrund der unionsrechtlichen Vorgaben die Länge der Verjährungsfrist über die Länge der Gewährleistungsfrist hinausgehen.[186]

Die Ablaufhemmung gemäß § 475 e Abs. 3 BGB gilt **nicht nur** für **Mängel der digitalen Elemente**, sondern **auch für Mängel der Ware**. In Bezug auf Mängel an digitalen Elementen ist § 475 e Abs. 3 BGB allerdings nur relevant, wenn keine **dauerhafte Bereitstellung** geschuldet ist, da die Regelung in **§ 475 d Abs. 1 BGB** insoweit **spezieller** ist.

Für die Frage, wann sich ein Mangel i.S.d. § 475 e Abs. 3 BGB **„gezeigt"** hat, ist ebenso wie für den in § 439 Abs. 3 BGB und auch in Art. 10 Abs. 5 S. 2 WKRL verwendeten Begriff offenbar eine **objektivierte Sichtweise** geboten.[187]

III. Ablaufhemmung bei Nacherfüllung und Ansprüchen aus Garantie

Hat der Verbraucher die Ware dem Unternehmer oder auf dessen Veranlassung einem Dritten zur Nacherfüllung oder zur Geltendmachung von Garantieansprüchen übergeben, so bestimmt **§ 475 e Abs. 4 BGB**, dass die Verjährung von Ansprüchen wegen des geltend gemachten Mangels nicht vor Ablauf von zwei Monaten nach dem Zeitpunkt eintritt, in welchem dem Verbraucher die nachgebesserte oder ersetzte Ware zurückgegeben wurde.

Das **Ziel der Ablaufhemmung** besteht darin, dass der Verbraucher die Kaufsache nach Rückerhalt prüfen und ermitteln kann, ob durch die Nacherfüllung (Nachbesserung oder Nachlieferung) dem geltend gemachten Anspruch abgeholfen wurde. So wird **rechtssicher** verhindert, dass die Verjährungsfrist abläuft, während sich die Kaufsache zur Nacherfüllung beim Unternehmer befindet.[188]

*Hintergrund: Die Vorschrift **entspricht keiner Vorgabe** aus der Warenkaufrichtlinie, vielmehr stellt Erwägungsgrund 44 der Richtlinie ausdrücklich klar, dass es den Mitgliedstaaten freisteht, dafür Regelungen zu treffen. Außerdem sah auch das bis zum 31.12.2021 geltende deutsche Recht keine spezifische Regelung für die Auswirkungen der Nacherfüllung auf den Lauf der Verjährungsfrist vor, sodass bisher allein eine Anwendung der allgemeinen Regelungen in Betracht kam. Das gilt vor allem für die Hemmung der Verjährung bei Verhandlungen (§ 203 BGB) und den Neubeginn der Verjährung bei Anerkenntnis (§ 212 Abs. 1 Nr. 1 BGB). Diese Regelungen erfordern aber in jedem Fall eine Würdigung der Umstände des konkreten Einzelfalls, um zu bestimmen, ob der Nacherfüllung Verhandlungen vorausgegangen sind (§ 203 BGB) oder ob die tatsächliche Durchführung der Nacherfüllung ein Anerkenntnis des Verkäufers darstellt (§ 212 Abs. 1 Nr. 1 BGB). Im Interesse der Rechtssicherheit sieht § 438 Abs. 5 BGB eine zweimonatige Ablaufhemmung vor, die in den Fällen der Nacherfül-*

---

186 Vgl. Lorenz NJW 2021, 2065, 2071 f.

187 Lorenz NJW 2021, 2065, 2071.

188 Vgl. Begr. z. RegE, S. 41.

lung einheitlich zur Anwendung kommt und damit, im Vergleich zu § 203 BGB und § 212 Abs. 1 Nr. 1 BGB, weitgehend unabhängig von einer Würdigung der Umstände des Einzelfalls ist.[189]

Die Regelung des **§ 475 e Abs. 4 BGB** in seiner **ersten Alternative** setzt voraus, dass der Verbraucher die **Kaufsache zur Nacherfüllung übergeben** hat. Für die Frage, ob die Übergabe „zur Nacherfüllung" erfolgte, ist die subjektive Zielsetzung des Verbrauchers maßgebend. Eine Übergabe zur Nacherfüllung ist deshalb dann anzunehmen, wenn der **Verbraucher** die Sache dem Unternehmer in der **Intention** übergibt, dass der Unternehmer einen vom Verbraucher geltend gemachten Mangel beseitigt. Da es also nicht auf die Intention des Unternehmers, sondern auf die Zielsetzung des Verbrauchers ankommt, steht es der Anwendung des § 475 e Abs. 4 BGB nicht entgegen, dass der Unternehmer erklärt, er führe eine Reparatur „nur aus **Kulanz**" oder „**ohne Anerkennung einer Rechtspflicht**" durch.[190]

Gemäß der **zweiten Alternative** des § 475 e Abs. 4 BGB findet die Vorschrift auch bei **Übergabe der Ware zur Erfüllung von Garantieansprüchen** Anwendung. Die Regelung trägt damit dem Umstand Rechnung, dass sich die gesetzlichen Gewährleistungsrechte und die Ansprüche aus einer Garantie zeitlich und inhaltlich überschneiden können. Für solche Fälle soll § 475 e Abs. 4 BGB sicherstellen, dass dem Verbraucher kein Nachteil daraus erwächst, dass er anstelle der gesetzlichen Gewährleistungsrechte die Garantie in Anspruch genommen hat.[191]

Durch das Tatbestandsmerkmal der **Übergabe**[192] an den Unternehmer oder auf Veranlassung des Unternehmers an einen Dritten wird ferner gewährleistet, dass der Unternehmer in jedem Fall **Kenntnis** von den die Ablaufhemmung begründenden Umständen erhält. Fraglich ist jedoch, ob eine Anwendung der Vorschrift an der mangelnden Übergabe scheitern sollte, wenn der Unternehmer etwa Nachbesserungsarbeiten beim Verbraucher an bestimmungsgemäß eingebauten Waren durchführt, was im Ergebnis nicht sachgerecht wäre.[193]

Die **Rechtsfolge** des § 475 e Abs. 4 BGB, demzufolge die Verjährung nicht vor dem Ablauf von **zwei Monaten** nach dem Zeitpunkt eintritt, in dem die nachgebesserte oder ersetzte Sache dem Verbraucher übergeben wurde, beschränkt die Ablaufhemmung auf Fälle, in denen ohne sie eine Verjährung drohen würde. Deshalb greift § 475 e Abs. 4 BGB nicht ein, wenn die Nacherfüllung zu Beginn der Verjährungsfrist vorgenommen wird oder die Verjährung bereits aufgrund anderer Umstände gehemmt ist oder erneut zu laufen begonnen hat.[194]

---

189 Vgl. Begr. z. RegE, S. 41.

190 Vgl. Begr. z. RegE, S. 41.

191 Vgl. Begr. z. RegE, S. 41.

192 Wilke VuR 2021, 283, 291 erscheint die Anknüpfung an die Übergabe „unnötig eng".

193 Wilke VuR 2021, 283, 291.

194 Vgl. Begr. z. RegE, S. 42.

Soweit – wie regelmäßig – in der **Übernahme der Ware** zur Nacherfüllung **zugleich eine „Verhandlung"** über den Anspruch auf Nacherfüllung i.S.d. § 203 S. 1 BGB liegt, gilt neben der Verjährungshemmung nach dieser Vorschrift auch eine Ablaufhemmung von **drei Monaten** ab dem Ende der Verhandlungen. Vor dem Hintergrund des weiten Begriffs der „Verhandlungen" gemäß § 203 BGB spielt demnach die Ablaufhemmung gemäß § 475 e Abs. 4 BGB nur dann eine Rolle, wenn der Unternehmer bei der Nacherfüllung deutlich zum Ausdruck bringt, dass er sich nicht zur Mängelbeseitigung verpflichtet sieht und lediglich aus Kulanz handelt. Bringt der Unternehmer dies nicht zum Ausdruck, so begründet die Vornahme der Nacherfüllungshandlungen regelmäßig ein Anerkenntnis gemäß § 212 Abs. 1 Nr. 1 BGB, womit es ohnehin zu einem Neubeginn der Verjährung kommt.[195] Eine Benachteiligung von (wirklich) **kulanten Unternehmern** durch § 475 e Abs. 4 BGB ist übrigens nicht zu befürchten. Denn ein Unternehmer, der tatsächlich eine Reparatur nur aus Kulanz durchführt, ohne dass der Verbraucher einen Nacherfüllungsanspruch hätte, ist von der Regelung des § 475 e Abs. 4 BGB ja mangels Bestehens von Gewährleistungs- oder Garantierechten gar nicht betroffen.

Hinsichtlich des **Umfangs der Ablaufhemmung** ist zu beachten, dass sich die Reichweite auf Ansprüche wegen des geltend gemachten Mangels beschränkt. Die Regelung des § 475 e Abs. 4 BGB greift deshalb **nicht**, wenn sich während der Ablaufhemmung ein **anderer als der geltend gemachte Mangel** zeigt. Damit wird durch die Formulierung „wegen des geltend gemachten Mangels" eine nicht gerechtfertigte Privilegierung des Verbrauchers, der während der Verjährungsfrist einen anderen Mangel geltend gemacht hat, gegenüber dem Verbraucher, der während der Verjährungsfrist keinen Mangel geltend gemacht hat, ausgeschlossen.[196]

F. Änderungen bei Beweislastumkehr und Garantien

I. Modifizierte Beweislastumkehr

Auch die neue Fassung des **§ 477 BGB** enthält eine Beweislastumkehr zugunsten der Verbraucher. Die Änderungen im Zuge der Schuldrechtsreform 2022 haben nicht nur zur Anpassung der Terminologie von „Sache" auf „Ware", sondern auch zu einer **Verbesserung der Verbraucherposition** geführt.

§ 477 BGB (neue Fassung)

(1) [1]Zeigt sich innerhalb eines Jahres seit Gefahrübergang ein von den Anforderungen nach § 434 oder § 475b abweichender Zustand der Ware, so wird vermutet, dass die Ware bereits bei Gefahrübergang mangelhaft war, es sei denn, diese Vermutung ist mit der Art der Ware oder des mangelhaften Zustands unvereinbar. [2]Beim Kauf eines lebenden Tieres gilt diese Vermutung für einen Zeitraum von sechs Monaten seit Gefahrübergang.

---

195 Vgl. Lorenz NJW 2021, 2065, 2072.

196 Vgl. Begr. z. RegE, S. 42.

(2) Ist bei Waren mit digitalen Elementen die dauerhafte Bereitstellung der digitalen Elemente im Kaufvertrag vereinbart und zeigt sich ein von den vertraglichen Anforderungen nach § 434 oder § 475b abweichender Zustand der digitalen Elemente während der Dauer der Bereitstellung oder innerhalb eines Zeitraums von zwei Jahren seit Gefahrübergang, so wird vermutet, dass die digitalen Elemente während der bisherigen Dauer der Bereitstellung mangelhaft waren.

1. Verlängerung der Beweislastumkehr

Gemäß der neuen Fassung der Vermutungsregelung in **§ 477 Abs. 1 S. 1 BGB** wird die Dauer der Beweislastumkehr von bisher sechs Monaten **auf einen Zeitraum von einem Jahr verlängert**. Zeigt sich binnen eines Jahres nach der Lieferung ein von den Anforderungen der §§ 434, 475 b BGB abweichender Zustand der Ware, so wird vermutet, dass diese bereits bei Gefahrübergang mangelhaft war. Damit wurde die Vorgabe aus Art. 11 Abs. 1 WKRL umgesetzt.

Von der Möglichkeit des **Art. 11 Abs. 2 WKRL**, die Beweislastumkehr auf zwei Jahre zu verlängern, hat der deutsche Gesetzgeber indes keinen Gebrauch gemacht. Die Gesetzesbegründung verweist darauf, dass je länger sich die Kaufsache im Besitz des Käufers befindet, der Informationsvorsprung des Verkäufers gegenüber dem Verbraucher über den Zustand der Kaufsache geringer wird. Da mit fortschreitender Zeit der Einfluss von Verwendung und Lagerung der Kaufsache auf den Zustand der Kaufsache immer weiter zunehme, sei es **unangemessen**, dem Verkäufer die Beweislast aufzuerlegen, nachdem sie der Verbraucher für **zwei Jahre** in Verwendung hatte.[197] Das Absehen von einer Ausweitung ist auf Zustimmung gestoßen, da eine auf zwei Jahre erweiterte Beweislastumkehr auf eine de facto Haltbarkeitsgarantie hinausgelaufen wäre.[198]

Beim **Verkauf lebender Tiere** bleibt es gemäß **§ 477 Abs. 1 S. 2 BGB** wie bislang bei einer Frist von **sechs Monaten**, was vor allem für den in Praxis und Prüfung wichtigen Pferdekauf relevant ist.[199] Diese Beibehaltung des status quo war möglich, weil die Mitgliedstaaten Verträge über den Verkauf lebender Tiere gemäß Art. 3 Abs. 5 S. 1 b) WKRL vom Anwendungsbereich der Warenkaufrichtlinie ausschließen können.[200]

2. Reichweite der Beweislastumkehr

Die Vermutungsregelung in § 477 Abs. 1 S. 1 BGB stellt nicht mehr darauf ab, ob sich ein Sachmangel gezeigt hat (vgl. § 477 BGB **a.F.**), sondern es ist nunmehr maßgeblich, ob sich ein **„von den vertraglichen Anforderungen nach §§ 434, 475 b BGB abweichender Zustand"** gezeigt hat. Mit der Bezugnahme auf die vertraglichen Anforderungen nach § 434 BGB oder § 475 b BGB werden die in diesen Vorschriften geregelten subjektiven Anforderungen, objektiven Anforderungen und Montageanforderungen erfasst.

---

197 Vgl. Begr. z. RegE, S. 46.

198 So Lorenz NJW 2021, 2065, 2073; zustimmend auch Schörnig MDR 2021, 1097, 1102.

199 Wilke VuR 2021, 283, 292.

200 Vgl. Wilke VuR 2021, 283, 292.

Rechtlich ist damit **im Ergebnis keine Änderung** hinsichtlich der Reichweite eingetreten. Denn auch nach der Vorgängerregelung erstreckte sich die Vermutung gemäß der Rechtsprechung des EuGH und der daraufhin geänderten Rechtsprechung des BGH auch darauf, dass ein nachweislich nach Lieferung aufgetretener Defekt auf einer bereits bei Lieferung vorhandenen Vertragswidrigkeit der Ware beruht.[201]

Hintergrund: *Allerdings konnte die bisherige Formulierung Missverständnisse hervorrufen, weil einerseits der Sachmangel nach § 434 BGB voraussetzt, dass er zum Zeitpunkt des Gefahrübergangs vorlag, § 477 BGB* **a.F.***, andererseits aber für den Eintritt der Vermutungswirkung die Voraussetzung enthielt, dass ein Sachmangel sich innerhalb von sechs Monaten seit Gefahrübergang zeigt. Damit wurde der Begriff „Sachmangel" in § 477 BGB* **a.F.** *abweichend von seiner Definition in § 434 BGB verwendet. Diese unterschiedliche Verwendung desselben Begriffs soll nunmehr durch die neue Formulierung der Vermutungsvoraussetzungen vermieden werden.*[202]

Wie bislang gilt die Vermutung nicht, wenn sie **„mit der Art der Ware oder des mangelhaften Zustands unvereinbar"** ist, vgl. § 477 Abs. 1 S. 1 BGB. Wegen der Art der Sache greift die Vermutung beispielsweise nicht bei **verderblichen Lebensmitteln.**

Beispiel

K kauft bei Lebensmittelhändler L einen Beutel Apfelsinen. Nach drei Wochen fangen die Früchte an zu faulen.

Mit der **Art des Mangels** kann die Vermutung etwa bei **Tierkrankheiten** unvereinbar sein, weil oft Ungewissheit besteht, ob die Ansteckung bereits vor oder erst nach Lieferung des Tieres erfolgt ist.

Die Vermutung, dass die Sache bereits bei Gefahrübergang mangelhaft war, greift nicht nur ein, wenn der Käufer Gewährleistungsrechte geltend macht, sondern **bei allen Ansprüchen des Verbrauchers**, bei denen es darauf ankommt, ob die verkaufte Sache bei Gefahrübergang mangelhaft war.[203]

Beispiel

Zwei Monate nach Übergabe eines Gebrauchtfahrzeugs an einen Verbraucher zeigt sich an diesem ein Getriebeschaden. Der Wagen wird vom Händler repariert, der dem Verbraucher dafür Reparaturkosten in Rechnung stellt. In Unkenntnis der Rechtslage zahlt der Verbraucher. In diesem Fall kann er den gezahlten Betrag nach § 812 Abs. 1 S. 1 Alt. 1 BGB zurückfordern. Die Vermutung des § 477 BGB, dass der Wagen mangelhaft war, greift auch im Rahmen des bereicherungsrechtlichen Rückforderungsanspruchs ein.

---

201 Vgl. EuGH RÜ 2015, 558, 559 und BGH RÜ 2017, 1, 2 ff.

202 Vgl. Begr. z. RegE, S. 47.

203 BGH RÜ 2010, 84, 86; dazu Fischinger NJW 2009, 563, 565.

3. Beweislastumkehr bei Waren mit digitalen Elementen, die dauerhaft bereitgestellt werden

Für den Verkauf einer Sache mit digitalen Elementen, die dauerhaft bereitgestellt werden, bestimmt **§ 477 Abs. 2 BGB**, dass es keine feste Dauer der Beweislastumkehr gibt. Vielmehr gilt die Beweislastumkehr für die Dauer des Bereitstellungszeitraums, **mindestens aber** für einen Zeitraum von **zwei Jahren** seit Gefahrübergang.

Die Vorschrift dient der Umsetzung der Vorgaben aus **Art. 11 Abs. 3 WKRL** in Bezug auf Sachen mit digitalen Elementen, die dauerhaft bereitgestellt werden. Mit der Mindestfrist von zwei Jahren soll verhindert werden, dass die Dauer der Beweislastumkehr durch eine Vereinbarung zum Bereitstellungszeitraum verkürzt werden kann.[204]

II. Sonderbestimmungen für Garantien

Die Regelungen in **§ 479 BGB** enthalten weiterhin Sonderbestimmungen für Garantieerklärungen im Bereich des Verbrauchsgüterkaufs. Die Änderungen gegenüber der Vorgängerregelung tragen der Umsetzung der Vorgaben aus **Art. 17 WKRL** Rechnung.

§ 479 BGB (neue Fassung)

(1) [1]Eine Garantieerklärung (§ 443) muss einfach und verständlich abgefasst sein. [2]Sie muss Folgendes enthalten:

1. den Hinweis auf die gesetzlichen Rechte des Verbrauchers bei Mängeln, darauf, dass die Inanspruchnahme dieser Rechte unentgeltlich ist sowie darauf, dass diese Rechte durch die Garantie nicht eingeschränkt werden,

2. den Namen und die Anschrift des Garantiegebers,

3. das vom Verbraucher einzuhaltende Verfahren für die Geltendmachung der Garantie,

4. die Nennung der Ware, auf die sich die Garantie bezieht, und

5. die Bestimmungen der Garantie, insbesondere die Dauer und den räumlichen Geltungsbereich des Garantieschutzes.

(2) Die Garantieerklärung ist dem Verbraucher spätestens zum Zeitpunkt der Lieferung der Ware auf einem dauerhaften Datenträger zur Verfügung zu stellen.

(3) Hat der Hersteller gegenüber dem Verbraucher eine Haltbarkeitsgarantie übernommen, so hat der Verbraucher gegen den Hersteller während des Zeitraums der Garantie mindestens einen Anspruch auf Nacherfüllung gemäß § 439 Absatz 2, 3, 5 und 6 Satz 2 und § 475 Absatz 3 Satz 1 und Absatz 5.

(4) Die Wirksamkeit der Garantieverpflichtung wird nicht dadurch berührt, dass eine der vorstehenden Anforderungen nicht erfüllt wird.

1. Anforderungen an Garantien

In **§ 479 Abs. 1 S. 1 BGB** ist weiterhin bestimmt, dass die Garantieerklärung einfach und verständlich abgefasst sein muss, also regelmäßig in deutscher Sprache. Außerdem

---

204　Vgl. Begr. z. RegE, S. 47.

muss die Garantie den Hinweis auf die gesetzlichen Rechte enthalten sowie darauf, dass diese durch die Garantie nicht eingeschränkt werden, § 479 Abs. 1 S. 2 Nr. 1 BGB.

Dabei wurde durch die **neue Fassung das Transparenzgebot** leicht verschärft, da die Belehrungspflicht des Garantiegebers einer selbstständigen Garantie darüber, dass die Inanspruchnahme der gesetzlichen Rechte durch die Garantie nicht eingeschränkt werden, nunmehr zusätzlich auch den Hinweis enthalten muss, dass die Inanspruchnahme dieser gesetzlichen Rechte **unentgeltlich** ist, vgl. § 479 Abs. 1 S. 2 Nr. 1 BGB. Dabei ist deutlich hervorzuheben, dass die Garantie eine Verpflichtung darstellt, die **zusätzlich zur gesetzlichen Gewährleistung** besteht.[205]

Eine **Verschärfung** des Verbraucherrechts **in formeller Hinsicht** enthält die neue Fassung des **§ 479 Abs. 2 BGB**. Danach ist die Garantieerklärung dem Verbraucher nunmehr auch **ohne** ein entsprechendes **Verlangen** spätestens zum Zeitpunkt der Lieferung auf einem **dauerhaften Datenträger** i.S.d. § 126 b S. 2 BGB zur Verfügung zu stellen.

Dabei wurde der Begriff der Textform (vgl. § 479 Abs. 2 BGB **a.F.**) durch den im Unionsrecht oft verwendeten Begriff des **dauerhaften Datenträgers** ersetzt. Dieser Begriff ist in § 126 b BGB legaldefiniert und umfasst insbesondere auch die Übersendung der **Garantieerklärung per E-Mail**. Nicht ausreichend sind hingegen Informationen auf einer Internetseite, da diese ständig verändert werden kann und somit das Erfordernis der Dauerhaftigkeit nicht erfüllt ist.

Durch das Gebot, dass die Garantieerklärung **spätestens zum Zeitpunkt der Lieferung** der Sachen zur Verfügung zu stellen ist, soll dem Garantiegeber hinreichende Flexibilität in seinen Unternehmensabläufen gewährt werden.[206] Es bleibt seiner unternehmerischen Entscheidung überlassen, ob die Garantieerklärung etwa gemeinsam mit vorvertraglichen Informationen, bei Vertragsschluss oder gemeinsam mit der Kaufsache zur Verfügung gestellt wird.[207]

Die neue Fassung des **§ 479 Abs. 3 BGB** enthält einen völlig neuen Regelungsgehalt (der Inhalt des alten Absatzes 3 findet sich nun in Absatz 4 der Vorschrift). Mit § 479 Abs. 3 BGB setzt der deutsche Gesetzgeber die Vorgaben aus Art. 17 Abs. 1 S. 2 und 3 WKRL um. Die Vorschrift sieht vor, dass eine (selbstständige) **Haltbarkeitsgarantie des Herstellers** als materiellen **Mindestinhalt** der Garantie die Nacherfüllung gemäß Art. 14 WKRL vorsehen muss.

Gemäß § 479 Abs. 3 BGB hat der Verbraucher im Falle einer Haltbarkeitsgarantie des Herstellers während des vereinbarten Garantiezeitraums gegen den Hersteller **zumindest einen Anspruch auf Nacherfüllung**

- gemäß § 439 Abs. 2, 3 und 5,
- gemäß § 439 Abs. 6 S. 2
- und gemäß § 475 Abs. 3 S. 1 und Abs. 5 BGB.

---

205 Vgl. Lorenz, NJW 2021, 2065, 2072.
206 Schörnig MDR 2021, 1097, 1102.
207 Vgl. Begr. z. RegE, S. 48.

Der Hersteller kann dem Verbraucher in der **Haltbarkeitsgarantieerklärung** (selbstverständlich) **auch günstigere**, also über den Mindestinhalt nach § 479 Abs. 3 BGB hinaus gehende Bedingungen anbieten.

2. Rechtsfolgen eines Verstoßes

Gemäß **§ 479 Abs. 4 BGB** (bis zum 31.12.2021 inhaltsgleich § 479 Abs. 3 BGB **a.F.**) ist trotz eines Verstoßes gegen § 479 Abs. 1 oder § 479 Abs. 2 BGB die **Garantieerklärung nicht unwirksam**. Der Unternehmer könnte sich sonst durch einen Verstoß gegen die den Verbraucher schützende Vorschrift des § 479 BGB seinen Garantieverpflichtungen entziehen.

Im Falle der Verletzung des Transparenzgebotes gehen **Unklarheiten**, die sich aus nicht verständlichen Ausführungen ergeben, zulasten des Garantiegebers. Wird die Garantieerklärung in Form von Allgemeine Geschäftsbedingungen (**AGB**) abgegeben, findet § 307 Abs. 1 S. 2 BGB bei Unklarheiten allerdings nur Anwendung, wenn es sich um eine für den Verbraucher nachteilige Regelung handelt, die sich von der Garantie abtrennen lässt. Andernfalls ist **§ 479 Abs. 4 BGB vorrangig**, sodass auch eine unklare Garantieerklärung in einer für den Verbraucher freundlichen Auslegung (§ 305 c Abs. 2 BGB) wirksam ist.

Der Verbraucher hat einen **Erfüllungsanspruch** hinsichtlich der nach § 479 Abs. 1 S. 2 BGB erforderlichen Pflichtangaben.

> **Beispiel**
>
> Der Verbraucher kann vom Unternehmer die Mitteilung der Anschrift des Garantiegebers verlangen.

Auch im Hinblick auf die Mitteilung der Garantieerklärung auf einem **dauerhaften Datenträger** nach § 479 Abs. 2 BGB steht dem Verbraucher ein Erfüllungsanspruch zu.

Im Übrigen kommen nur **Schadensersatzansprüche** in Betracht:

- Werden die Anforderungen gemäß § 479 Abs. 1 BGB nicht eingehalten, ist ein Schadensersatzanspruch aus den **§§ 280 Abs. 1, 311 Abs. 2, 241 Abs. 2 BGB** denkbar.

> **Beispiel**
>
> Der Verbraucher kann Rechtsanwaltskosten, welche er aufgrund einer Verletzung der Anforderungen des § 479 Abs. 1 BGB aufgewendet hat, ersetzt verlangen. Denkbar ist zudem ein Schadensersatzanspruch, wenn der Käufer durch eine Garantie – insbesondere wegen Fehlens eines Hinweises auf die gesetzlichen Gewährleistungsrechte – daran gehindert wird, diese rechtzeitig geltend zu machen.

- Außerdem ist ein **Schadensersatzanspruch statt der Leistung** denkbar, wenn der Verkäufer seine Garantieleistungen nach einer Fristsetzung nicht erfüllt.

Nach alledem sind im Bereich des Verbrauchsgüterkaufs nunmehr vor allem diese besonderen Rechtsfolgen zu beachten (Übersicht).

Rechtsfolgen eines Verbrauchsgüterkaufs

Abweichende Sondervorschriften	Besonderheiten bei der Gewährleistung	Besonderheiten bei Garantien/ Unternehmerregress
§ 475 Abs. 1 BGB Fälligkeitsregelung	**§ 475 Abs. 1 BGB** Aktualisierungspflicht bei Waren mit digitalen Elementen	**§ 479 Abs. 1 BGB** Anforderung an Garantien
§ 475 Abs. 2 BGB Gefahrenübergang Versendungskauf	**§ 475 c BGB** Aktualisierungspflicht bei dauerhafter Bereitstellung	**§ 479 Abs. 2 BGB** Garantieerklärung auf dauerhaften Datenträgern
§ 475 Abs. 3 S. 1 BGB Kein Nutzungsersatz bei Ersatzlieferung	**§ 475 d BGB** Entbehrlichkeit der Fristsetzung oder des Fristablaufs	**§ 479 Abs. 3 BGB** Nacherfüllung als Mindestgehalt bei Haltbarkeitsgarantie
§ 475 Abs. 3 S. 2 BGB Haftungsbegrenzung/ Gefahrtragung	**§ 475 e BGB** Ablaufhemmungen für Verjährung	**§ 479 Abs. 4 BGB** Wirksamkeit der Garantie
§ 475 Abs. 4 BGB Vorschuss für Aufwendungen	**§ 476 Abs. 1 BGB** Grds. Abweichungsverbot; negative Beschaffenheitsvereinbarung	**§ 478 Abs. 1 BGB** Modifikation der Beweislastumkehr
§ 475 Abs. 5 BGB Nacherfüllung in angemessener Frist	**§ 476 Abs. 2 BGB** Verkürzbarkeit der Verjährung eingeschränkt	**§ 478 Abs. 2 BGB** Einschränkung abweichender Vereinbarungen
§ 475 Abs. 5 BGB Nacherfüllung ohne erhebliche Unannehmlichkeiten	**§ 476 Abs. 3 BGB** Verbot der Umgehungsgestaltung	**§ 478 Abs. 3 BGB** Erstreckung auf die Lieferkette
§ 475 Abs. 6 BGB Rückgabe und Rückgewähr der Ware	**§ 477 BGB** Beweislastumkehr zugunsten des Verbrauchers	

3. Abschnitt: Dreiteilung des Sachmangelrechts

Durch die Umsetzung der Warenkaufrichtlinie und der Digitale-Inhalte-Richtlinie kommt es ab dem 01.01.2022 **bei Kaufverträgen** zu einer „Dreiteilung" des Sachmangelrechts:

- für **einfache analoge Kaufgegenstände** (z.B. Kauf eines Tisches) bestimmt sich die Sachmangelfreiheit allein nach **§ 434 BGB**; gleiches gilt für alle Kaufverträge über digitale Elemente, die kein Verbrauchervertrag sind, also Verträge zwischen Unternehmern **(B2B)**, zwischen Verbrauchern **(C2C)** und Kaufverträge, bei denen der Verkäufer ein Verbraucher ist **(C2B)**.

- für **Verbrauchsgüterkaufverträge über Waren mit digitalen Elementen** (z.B. Kauf eines Notebooks mit Betriebssystem), bei denen gemäß **§ 327 a Abs. 3 S. 1 BGB** eine qualifizierte Verbindung zwischen Kaufsache und digitalem Element vorliegt (dazu unten Seite 89), gilt ebenfalls **§ 434 BGB**, allerdings ergänzt um die oben dargestellten Regelungen der **§§ 475 b, 475 c BGB**;

- liegt bei einem **Verbrauchervertrag keine qualifizierte Verbindung zwischen Kaufsache und digitalem Element** vor (z.B. Kauf eines Notebooks mit Bildbearbeitungsprogramm), bestimmt sich gemäß **§ 327 a Abs. 2 S. 2 BGB** die Mangelfreiheit des digitalen Elements nach §§ 327 ff. BGB (dazu unten ausführlich 2. Teil); auf die Kaufsache ist dann **§ 434 BGB** anzuwenden.

Diese Dreiteilung bringt für die **Prüfung und Praxis** einige Herausforderungen und vor allem **Abgrenzungsschwierigkeiten** mit sich. Die maßgebenden Abgrenzungsvorschriften für Kaufverträge sind die **§§ 327, 327 a, 453 und 475 a BGB**. Für die Abgrenzung empfiehlt sich die folgende Vorgehensweise, die sich in **sieben Schritte** unterteilen lässt.[208]

 Zunächst klären, ob der Kauf (auch) ein **digitales Produkt** betrifft, was in **§ 327 Abs. 2 BGB** legaldefiniert wird. Falls nicht, ist allein § 434 BGB maßgebend.

 Betrifft der Kauf (auch) ein digitales Produkt, ist weiterhin maßgeblich, ob ein **Verbrauchsgüterkauf** gemäß **§ 474 BGB** vorliegt.

 Fehlt die **B2C-Konstellation**, gilt allein **§ 434 BGB**; fehlt es an einer Ware i.S.d. § 241 a Abs. 1 BGB (z.B. bei unbeweglichen Sachen), gelten die §§ 475 b f. BGB nicht. Aber Vertrag gemäß **§ 327 a Abs. 2 BGB** möglich, weil dazu eine **Sache (nicht Ware)** mit digitalen Elementen erforderlich ist. (z.B. Smart-Home-Equipment, was mit vom Unternehmer verkauften Immobilie verbunden ist).[209]

---

208 Vgl. dazu Gelbrich/Timmermann, NJOZ 2021, 1249, 1256.

209 Wendehorst NJW 2021, 2913, 2914.

Liegt ein Verbrauchsgüterkauf vor, so sind sodann die konkurrierenden Anwendungsbereiche der **§§ 327 ff. BGB** und der **§§ 475 b und 475 c BGB** voneinander **abzugrenzen**.

Wird der **digitale Inhalt** als **eigenständiges Produkt** (nicht als Teil einer Sache mit digitalen Elementen) verkauft, greifen gemäß § 453 Abs. 1 BGB nicht die §§ 434 ff. BGB, sondern die §§ 327 ff. BGB ein.[210] Ähnlich ist es beim **körperlichen Datenträger**, der ausschließlich als Träger digitaler Inhalte dient (z.B. Kauf eines Videospiels auf einer CD-ROM),[211] dann finden die §§ 327 ff. BGB[212] (außer §§ 327 b, 327 c BGB) Anwendung, vgl. §§ 327 Abs. 5, 475 a Abs. 1 BGB.

Betrifft der Verbrauchsgüterkauf neben der Bereitstellung digitaler Produkte auch analoge Kaufsachen (**Paketvertrag**), gelten gemäß § 327 a Abs. 1 BGB die **§§ 327 ff. BGB** bzgl. des digitalen Produkt, im Übrigen gilt **§ 434 BGB**.

Gleiches gilt grundsätzlich, wenn der Kauf Sachen betrifft, die **digitale Produkte enthalten** oder mit ihnen **verbunden** sind. Handelt es sich indes um einen Kaufvertrag über Waren, die in einer Weise digitale Produkte enthalten oder mit ihnen verbunden sind, dass die Waren ihre **Funktionen ohne diese** digitalen Produkte **nicht erfüllen** können, gelten nicht die §§ 327 ff. BGB, sondern §§ 434, 475 b und 475 c BGB.

Aus der Anwendung des jeweiligen Sachmangelrechts ergeben sich **nicht unerhebliche Unterschiede**. Die Anwendbarkeit des § 475 b BGB führt dazu, dass der Verkäufer nicht nur für Mängel an der analogen Kaufsache selbst (wie bei § 434 BGB), sondern auch für die Mangelhaftigkeit des digitalen Elements (über den Gefahrübergang hinaus) haftet.

Im Unterschied zur Aktualisierungspflicht aus § 327 f Abs. 1 BGB ist die berechtigte Verbrauchererwartung an die Aktualisierungsdauer bei § 475 b Ab. 4 S. 1 Nr. 2 BGB entscheidend von der Haltbarkeitserwartung an die physische Kaufsache abhängig. Der **Verbraucherschutz** ist damit **gegenüber** den **§§ 327 ff. BGB umfangreicher** – die §§ 475 b Abs. 4, 475 c Abs. 1 S. 2 BGB gewährleisten nämlich, dass das smarte Produkt auch regelmäßig mindestens so lange „smart" bleibt, wie es ein normales Produktleben der analogen Kaufsache erwarten lässt.[213]

Maßgebend für die Anwendung der §§ 475 b, 475 c BGB ist jedoch, ob die Ware ihre Funktion ohne das digitale Produkt nicht erfüllen kann, was aber gerade **bei smarten Produkten** oft **schwierig zu beurteilen** ist. Denn ein smarter Kühlschrank ist in seiner Grundfunktion (Kühlen) beim Fehlen des digitalen Elements (Internetzugang) nicht beeinträchtigt, er verliert gleichwohl seine wesentliche Prägung, weil er ohne Internetzugang eben nicht mehr „smart" ist.[214]

---

210 Schöttle MMR 2021, 683, 684.

211 „Nicht der Datenträger macht die Software zur Sache, sondern die Software den Datenträger zum digitalen Inhalt", Gelbrich/Timmermann, NJOZ 2021, 1249, 1256.

212 Brönneke/Föhlisch/Tonner § 2 Rn. 47.

213 Mayer/Mölnitz RDI 2021, 333, 335.

2. Teil: Der Vertrag über digitale Produkte

Zur Umsetzung der Richtlinie über bestimmte vertragsrechtliche Aspekte der Bereitstellung digitaler Inhalte und digitaler Dienstleistungen (EU RL 2019/770) ist ein neuer „Titel 2 a" zu „Verträgen über digitale Produkte" mit den Regelungen der §§ 327 bis 327 u BGB eingefügt worden. Während die Vorschriften der **§§ 327 bis 327 s BGB** den **Verbrauchervertrag** über digitale Produkte regeln, betreffen die **§ 327 t und § 327 u BGB** Verträge über digitale Produkte **zwischen Unternehmern**.

Die Digitale-Inhalte-Richtlinie lässt nach Erwägungsgrund 12 ausdrücklich die **Rechtsnatur von Verträgen** über die Bereitstellung digitaler Produkte unberührt und überlässt damit die Einordnung, ob solche Verträge etwa einen Kauf-, Dienstleistungs- oder Mietvertrag oder einen Vertrag sui generis darstellen dem nationalen Recht.[215]

Der deutsche Gesetzgeber hat sich vor diesem Hintergrund auch bewusst dazu entschlossen, die Regelungen zu digitalen Produkten in das Allgemeine Schuldrecht aufzunehmen und gerade **keinen neuen Vertragstyp**, sondern vielmehr typenübergreifende Vorschriften zu schaffen.[216] Mithin muss der Rechtsanwender weiterhin Verträge über digitale Produkte einem bestimmten Vertragstyp zuordnen oder nach den Regeln über atypische oder gemischt-typische Verträge verfahren. Die Bestimmungen der besonderen Vertragstypen sind dann für alle Rechtsfragen einschlägig, die nicht durch die **§§ 327 ff. BGB** quasi **vor die Klammer gezogen** worden sind.[217] Da die Rechte des Verbrauchers bei Mängeln und auch bei anderen Leistungsstörungen oftmals eigenständig bei den einzelnen Vertragstypen geregelt sind, war es erforderlich, jeweils dafür zu sorgen, dass sich im **Kollisionsfall** die Regelungen der §§ 327 ff. BGB durchsetzen:

- **§§ 453, 475 a BGB** (Kaufrecht),
- **§ 516 a BGB** (Schenkungsrecht),
- **§§ 548 a, 578 b BGB** (Mietrecht) und
- **§§ 620, 650 BGB** (Dienst- und Werkvertragsrecht).[218]

Der Umfang dieser Abgrenzungsvorschriften hängt vom Regelungsgehalt des jeweiligen Gewährleistungsrechts ab und variiert deshalb sehr stark.[219] Der Vertrag über die Bereitstellung eines digitalen Produkts ist häufig vertragstypisch dem Kaufvertrag zuzuordnen, sodass vor allem die §§ 453, 475 a BGB relevant sind.[220]

---

214 Vgl. Mayer/Mölnitz RDI 2021, 333, 337.

215 Vgl. Begr. z. RegE, BT-Drs. 19/27653, S. 38.

216 Wendehorst NJW 2021, 2913.

217 Spindler MMR 2021, 451.

218 Vgl. Wendehorst NJW 2021, 2913, 2914.

219 Rosenkranz ZUM 2021, 195, 199.

220 Vgl. Begr. z. RegE, BT-Drs. 19/27653, S. 80.

1. Abschnitt: Verbraucherverträge über digitale Produkte

Die auf Verbraucherverträge anwendbaren Regelungen in den **§§ 327 bis 327 s BGB** enthalten die **zentralen Bestimmungen** zur Umsetzung der Digitale-Inhalte-Richtlinie. Damit erhält das breit über das BGB verteilte Verbraucherschutzrecht einen weiteren Teilbereich.

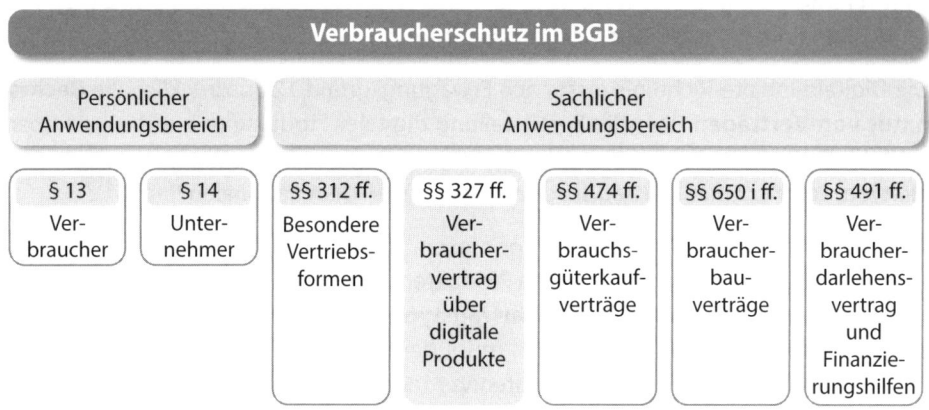

Verbraucherschutz im BGB

Persönlicher Anwendungsbereich		Sachlicher Anwendungsbereich				
§ 13 Verbraucher	§ 14 Unternehmer	§§ 312 ff. Besondere Vertriebsformen	§§ 327 ff. Verbrauchervertrag über digitale Produkte	§§ 474 ff. Verbrauchsgüterkaufverträge	§§ 650 i ff. Verbraucherbauverträge	§§ 491 ff. Verbraucherdarlehensvertrag und Finanzierungshilfen

A. Anwendungsbereich

§ 327 BGB (neu)

(1) [1]Die Vorschriften dieses Untertitels sind auf Verbraucherverträge anzuwenden, welche die Bereitstellung digitaler Inhalte oder digitaler Dienstleistungen (digitale Produkte) durch den Unternehmer gegen Zahlung eines Preises zum Gegenstand haben. [2]Preis im Sinne dieses Untertitels ist auch eine digitale Darstellung eines Werts.

(2) [1]Digitale Inhalte sind Daten, die in digitaler Form erstellt und bereitgestellt werden. [2]Digitale Dienstleistungen sind Dienstleistungen, die dem Verbraucher

1. die Erstellung, die Verarbeitung oder die Speicherung von Daten in digitaler Form oder den Zugang zu solchen Daten ermöglichen, oder

2. die gemeinsame Nutzung der vom Verbraucher oder von anderen Nutzern der entsprechenden Dienstleistung in digitaler Form hochgeladenen oder erstellten Daten oder sonstige Interaktionen mit diesen Daten ermöglichen.

(3) Die Vorschriften dieses Untertitels sind auch auf Verbraucherverträge über die Bereitstellung digitaler Produkte anzuwenden, bei denen der Verbraucher dem Unternehmer personenbezogene Daten bereitstellt oder sich zu deren Bereitstellung verpflichtet, es sei denn, die Voraussetzungen des § 312 Absatz 1a Satz 2 liegen vor.

(4) Die Vorschriften dieses Untertitels sind auch auf Verbraucherverträge anzuwenden, die digitale Produkte zum Gegenstand haben, welche nach den Spezifikationen des Verbrauchers entwickelt werden.

I. Entgeltlicher Verbrauchervertrag

Nach **§ 327 Abs. 1 BGB** sind die §§ 327 ff. BGB auf Verbraucherverträge anwendbar, welche die Bereitstellung digitaler Produkte durch den Unternehmer gegen Zahlung eines Preises zum Gegenstand haben.

Dabei sind **Verbraucherverträge** gemäß **§ 310 Abs. 3 BGB** Verträge zwischen einem Unternehmer und einen Verbraucher. Für den Begriff des Verbrauchers sind gemäß der Legaldefinition in **§ 13 BGB** wiederum zwei Kriterien maßgebend:

- Es muss sich zum einen um eine **natürliche Personen** handeln,

- die zum anderen ein Rechtsgeschäft zu einem **Zweck** abschließt, welcher **weder einer gewerblichen noch einer selbstständigen beruflichen Tätigkeit** zugerechnet werden kann.

Nach h.M. ist für die **Abgrenzung** zwischen privater und gewerblicher bzw. selbstständiger beruflicher Sphäre nicht auf den inneren Willen des Handelnden, sondern auf den **Inhalt des Rechtsgeschäfts** abzustellen, der ggf. durch Auslegung zu ermitteln ist.[221] Hierfür spricht, dass der Verbraucherschutz der Disposition der Vertragsparteien weitgehend entzogen ist, was aber unterlaufen werden könnte, wenn man den Geschäftszweck nach dem erklärten Parteiwillen und nicht nach objektiven Kriterien bestimmen würde. Maßgeblich für die Zuordnung ist daher eine Auslegung des Inhalts des Rechtsgeschäfts, bei der jedoch auch die Begleitumstände mit einzubeziehen sind.

Unternehmer ist jede natürliche oder juristische Person, die ein Rechtsgeschäft in Ausübung ihrer gewerblichen oder selbstständigen beruflichen Tätigkeit abschließt, vgl. **§ 14 Abs. 1 BGB**. Für die Unternehmereigenschaft ist ein selbstständiges und planmäßiges, auf eine gewisse Dauer angelegtes Anbieten entgeltlicher Leistungen am Markt erforderlich.

> **Beispiele**
>
> Der Begriff des Unternehmers in § 14 BGB erfasst auch Freiberufler, Handwerker, Landwirte und Kleingewerbetreibende, selbst wenn diese nicht im Handelsregister eingetragen sind.[222]

Außerdem ist auch eine nur **nebenberuflich** ausgeübte unternehmerische Tätigkeit ausreichend, wie z.B. die als eBay-Powerseller. Entscheidend für die Einordnung als Unternehmer ist hierbei **nicht der subjektive Wille**, sondern das **objektive Vorliegen** unternehmerischen Handelns.[223]

Für den Bereich des Verbrauchsgüterkaufs (§§ 474 ff. BGB) hat der BGH ausdrücklich entschieden, dass auch **branchenfremde Nebengeschäfte** eines Unternehmers die Rechts-

---

221 Vgl. m.w.N. OLG Hamm RÜ 2019, 417.

222 Szczesny/Holthusen NJW 2007, 2586, 2587.

223 Vgl. Szczesny/Holthusen NJW 2007, 2586, 2587.

folgen der Verbraucherschutzvorschriften der §§ 474 ff. BGB auslösen können. Begründet wird diese Sichtweise mit einer **analogen Anwendung der Vermutungsregelung des § 344 HGB**.[224]

Der Vertrag muss zudem **entgeltlich** sein, was sich aus der Formulierung „gegen Zahlung eines Preises" ergibt. Dabei ist es irrelevant, ob die Zahlung bereits erbracht worden ist. Gleiches gilt für die Zahlweise des Preises, es werden einmalige Zahlungen ebenso erfasst wie regelmäßige Zahlungen oder eine Kombination aus beidem.[225] Es kommt auch nicht darauf an, ob das Entgelt an Dritte entrichtet wird, und unschädlich ist auch, wenn das Entgelt in einem separaten Vertrag versprochen wird.[226]

Nach **§ 327 Abs. 1 S. 2 BGB** kann der Preis **auch** eine **digitale Darstellung** eines Wertes sein.

> **Beispiele**
>
> Eine Bereitstellung gegen Zahlung eines Preises liegt auch vor, wenn der Verbraucher einen elektronischen Gutschein, Bitcoins oder einen „E-Coupon" einlöst.[227]

Als Gegenleistungen werden auch **analoge Darstellungen** eines Wertes erfasst, denen nach der Verkehrsauffassung oder der besonderen Vereinbarung der Parteien Zahlungsfunktion zukommt.

> **Beispiele**
>
> Geschenkgutscheine, Rabatt- oder Treuepunkte

II. Bereitstellung personenbezogener Daten

Außerdem bestimmt **§ 327 Abs. 3 BGB**, der Vorgabe aus Art. 3 Abs. 1 UAbs. 2 DIRL entsprechend, dass die §§ 327 ff. BGB auch dann gelten, wenn der Verbraucher seine **Leistung nicht in Geld** erbringt, sondern stattdessen oder daneben **personenbezogene Daten** bereitstellt oder sich zu einer solchen Bereitstellung verpflichtet. Der Begriff der personenbezogenen Daten entspricht der Definition gemäß Art. 4 Nr. 1 DSGVO.[228] Dabei ist es unerheblich, wie die Bereitstellung der personenbezogenen Daten oder die entsprechende Verpflichtung im Rahmen des Schuldrechts einzuordnen ist, also etwa ob die Bereitstellung im Gegenseitigkeitsverhältnis steht.[229]

---

224 BGH RÜ 2011, 613.

225 Weiß ZVertriebsR 2021, 208.

226 Wendehorst NJW 2021, 2913, 2915.

227 Vgl. Begr. z. RegE, BT-Drs. 19/27653, S. 38.

228 Weiß ZVertriebsR 2021, 208, 209.

229 Begr. z. RegE, BT-Drs. 19/27653, S. 40.

Beispiel

Ein Vertrag i.S.d. § 327 Abs. 3 BGB ist die Registrierung bei einem sozialen Netzwerk nebst Angabe von Namen und E-Mail-Adresse, sofern diese Daten nicht ausschließlich zur Bereitstellung des digitalen Produkts oder zur Erfüllung rechtlicher Anforderungen verwendet werden.

Der Begriff der Bereitstellung personenbezogener Daten ist **im weitest möglichen Sinne** zu verstehen und umfasst alle Verarbeitungen von personenbezogenen Daten des Verbrauchers durch den Unternehmer, unabhängig von der Art und Weise der Verarbeitung und deren datenschutzrechtlicher Einordnung.[230] Dabei kommt es vor allem nicht darauf an, dass der Verbraucher dem Unternehmer seine personenbezogenen Daten aktiv übermittelt. Ausreichend ist vielmehr, dass der Verbraucher die **Verarbeitung seiner personenbezogenen Daten** durch den Unternehmer **zulässt**, was bereits im Zeitpunkt des Vertragsschlusses geschehen sein oder auch erst im weiteren Verlauf erfolgen kann.[231]

Beispiele

Eine Bereitstellung liegt auch vor, wenn der Unternehmer Cookies setzt oder Metadaten wie Informationen zum Gerät des Verbrauchers oder zum Browserverlauf erhebt, soweit der betreffende Sachverhalt als Vertrag anzusehen ist.[232]

Aus dem **Verweis auf § 312 a Abs. 1a S. 2 BGB** folgt, dass § 327 Abs. 3 BGB dann nicht greift, wenn die vom Verbraucher bereitgestellten Daten vom Unternehmer nur verarbeitet werden, um der Leistungspflicht des Unternehmers oder den an ihn gestellten gesetzlichen Anforderungen nachzukommen.[233]

Nicht relevant ist die **Frage der datenschutzrechtlichen Rechtmäßigkeit** der Datenverarbeitung. Es widerspräche nämlich dem erklärten Ziel der Regelungen, wenn der Verbraucher nicht in den Genuss der verbraucherschützenden Vorschriften der §§ 327 ff. BGB kommen würde, wenn sich der Unternehmer rechtswidrig verhält und der Verbraucher hierauf keinen Einfluss nehmen kann.[234]

Hingegen werden nach dem Wortlaut des Gesetzes Verbraucherverträge, bei denen der Verbraucher **andere nicht-monetäre Gegenleistungen** als personenbezogene Daten erbringt, nicht erfasst.

---

230 Wendehorst NJW 2021, 2913, 2915.

231 Begr. z. RegE, BT-Drs. 19/27653, S. 41.

232 Vgl. Begr. z. RegE, BT-Drs. 19/27653, S. 41.

233 Weiß ZVertriebsR 2021, 208, 209.

234 Begr. z. RegE, BT-Drs. 19/27653, S. 40.

Beispiele

Bereitstellung von Rechenkapazität und Speicherplatz, Neukundenwerbung oder die Teilnahme an einer Studie.

Für solche Fälle wird die **analoge Anwendung** der §§ 327 ff. BGB erwogen, da dies sachgerechter sei als ein Rückgriff auf die Vorschriften über den Tausch oder ähnliches.[235]

III. Digitale Produkte

Gegenstand des Vertrages muss die Bereitstellung digitaler Inhalte oder digitaler Dienstleistungen sein, die **§ 327 Abs. 1 BGB** unter dem Begriff der digitalen Produkte zusammenfasst.

1. Digitale Inhalte

Gemäß **§ 327 Abs. 2 S. 1 BGB** sind **digitale Inhalte** Daten, die in digitaler Form erstellt und bereitgestellt werden. Diese Legaldefinition dient der Umsetzung von Art. 2 Nr. 1 DIRL.

Das Verb **„erstellen"** ist dabei entwicklungsoffen, mit Blick auf noch nicht absehbare künftige Technologien, zu verstehen, ggf. auch ohne unmittelbare menschliche Intervention im Rahmen des Produktionsprozesses.[236]

Anders als es der **Begriff der Inhalte** zunächst vermuten lässt, kommt es allein auf das Vorhandensein von Daten in digitaler Form an. Dabei ist nicht relevant, ob die Daten einen Inhalt haben und was dieser Inhalt ggf. ist. Maßgebend ist ausschließlich die Art und Weise, wie die Daten reproduzierbar oder wiedergabefähig festgehalten wurden, nämlich in **digitaler Form**.[237]

Beispiele

Computerprogramme, Videodateien, Audiodateien, Musikdateien, digitale Spiele oder elektronische Bücher

Darüber hinaus ist zu beachten, dass der digitale Inhalt **nicht nur in digitaler Form erstellt**, sondern **auch in digitaler Form bereitgestellt** werden muss.

Beispiel

Ein zwar mittels elektronischer Hilfsmittel erstelltes Buch, das aber als gedrucktes Exemplar vertrieben wird, ist nicht erfasst. Gleiches gilt für den Vertrag mit einem Rechtsanwalt, der einen Schriftsatz am Computer verfasst.[238]

---

235 Wendehorst NJW 2021, 2913, 2916.
236 Begr. z. RegE, BT-Drs. 19/27653, S. 38.
237 Vgl. Begr. z. RegE, BT-Drs. 19/27653, S. 38 f.
238 Wendehorst NJW 2021, 2913, 2914.

Während Computerprogramme und Anwendungen (Apps) in der Regel selbst ausführbar sind, trifft dies etwa auf **Video-, Audio- und Musikdateien** nicht zu. Es genügt indes, wenn die Daten in digitaler Form mittels eines Computerprogramms **wahrnehmbar gemacht werden können**, um von digitalen Inhalten ausgehen zu können.[239]

2. Digitale Dienstleistungen

Der Begriff der digitalen Dienstleistung ist eine **Neuschöpfung der Digitale-Inhalte-Richtlinie** und greift – anders als der Begriff der digitalen Inhalte – nicht auf ein bereits bestehendes Vorbild im Verbrauchervertragsrecht der EU zurück. Er wird neben den Begriff der digitalen Inhalte gestellt, ohne dass beide voneinander abgegrenzt werden. Vielmehr werden beide Begriffe fast ohne Ausnahme in der Digitale-Inhalte-Richtlinie als Einheit verwendet. Hierdurch soll der Anwendungsbereich der Richtlinie möglichst weit gefasst werden, damit Umgehungen durch eine Produktgestaltung vermieden werden.[240]

Der digitale Inhalt ist zu unterscheiden von einem ggf. zu seiner Speicherung verwendeten Datenträger. Eine digitale Dienstleistung kann dazu verwendet werden, einen **digitalen Inhalt zugänglich machen** – das ist jedoch nicht zwingend.

Digitale Dienstleistungen sind nach **§ 327 Abs.1 S. 2 BGB** Dienstleistungen, die dem Verbraucher

- die **Erstellung**, die **Verarbeitung** oder die **Speicherung** von Daten in digitaler Form

- oder den **Zugang** zu solchen Daten ermöglichen, oder

- die **gemeinsame Nutzung** der vom Verbraucher oder von anderen Nutzern der entsprechenden Dienstleistung in digitaler Form hochgeladenen oder erstellten Daten oder sonstige **Interaktionen** mit diesen Daten ermöglichen.

Beispiele

Software-as-a-service, Cloud-Dienste (Textverarbeitung oder Spiele), Videostreaming, Remote-Office-Lösungen und soziale Medien, sodass auch Soziale Netzwerke wie Facebook, Instagram oder Tik-Tok erfasst werden.[241]

Während § 327 Abs. 2 S. 2 Nr. 1 BGB auf die alleinige Nutzung durch den Verbraucher abstellt, liegt der Schwerpunkt des § 327 Abs. 2 S. 2 Nr. 2 BGB auf der gemeinsamen Nutzung durch mehrere Personen. Das betrifft Dienstleistungen und Angebote, bei denen Nutzer Inhalte einstellen oder **mit anderen Nutzern** oder **dem Anbieter interagieren** können.[242]

---

239 Begr. z. RegE, BT-Drs. 19/27653, S. 39.

240 Vgl. Begr. z. RegE, BT-Drs. 19/27653, S. 39.

241 Wendehorst NJW 2021, 2913, 2914.

242 Begr. z. RegE, BT-Drs. 19/27653, S. 39.

Beispiele

Neben sozialen Medien, auch Verkaufs-, Buchungs-, Vergleichs-, Vermittlungs- oder Bewertungsplattformen.

Schließlich ist zu beachten, dass die in § 327 Abs. 2 S. 2 Nr. 2 BGB erwähnten „anderen Nutzer" keine Verbraucher sein müssen.[243]

IV. Anwendbarkeit bei digitalen Produkten nach Spezifikation des Verbrauchers

Die Vorschriften der § 327 ff. BGB finden gemäß **§ 327 Abs. 4 BGB** auch auf Verbraucherverträge Anwendung, die digitale Produkte zum Gegenstand haben, welche nach den Spezifikationen des Verbrauchers entwickelt werden. Diese Regelung beruht auf den Richtlinienvorgaben aus **Art. 3 Abs. 2 DIRL** und soll gewährleisten, dass das Verbraucherschutzniveau nicht durch entsprechende Produktgestaltungen unterwandert werden kann. Der Begriff „entwickeln" verdeutlicht, dass die Vorschrift neben der Erstellung digitaler Inhalte **auch** die **Konzeption digitaler Dienstleistungen** erfasst.[244]

Beispiel

Nach den Spezifikationen des Verbrauchers entwickelte digitale Produkte sind „maßgeschneiderte Software" und auch die Bereitstellung elektronischer Dateien im Rahmen des 3D-Drucks von Waren.

V. Eingeschränkte Anwendbarkeit auf Verträge über körperliche Datenträger

Durch **§ 327 Abs. 5 BGB** wird der Anwendungsbereich der §§ 327 ff. BGB grundsätzlich – mit Ausnahme der §§ 327 b und 327 c BGB – auch auf Verträge über körperliche Datenträger erstreckt, die ausschließlich als Träger digitaler Inhalte dienen. Der deutsche Gesetzgeber hat damit die Vorgaben aus **Art. 3 Abs. 3 DIRL** umgesetzt.

---

§ 327 BGB (Fortsetzung)

(5) Die Vorschriften dieses Untertitels sind mit Ausnahme der §§ 327 b und 327 c auch auf Verbraucherverträge anzuwenden, welche die Bereitstellung von körperlichen Datenträgern, die ausschließlich als Träger digitaler Inhalte dienen, zum Gegenstand haben.

(6) Die Vorschriften dieses Untertitels sind nicht anzuwenden auf:

1. Verträge über andere Dienstleistungen als digitale Dienstleistungen, unabhängig davon, ob der Unternehmer digitale Formen oder Mittel einsetzt, um das Ergebnis der Dienstleistung zu generieren oder es dem Verbraucher zu liefern oder zu übermitteln,

2. Verträge über Telekommunikationsdienste im Sinne des § 3 Nummer 61 des Telekommunikationsgesetzes vom 23. Juni 2021 (BGBl. I S. 1858) mit Ausnahme von nummernunabhän-

---

243 Vgl. Begr. z. RegE, BT-Drs. 19/27653, S. 39.

244 Begr. z. RegE, BT-Drs. 19/27653, S. 41.

gigen interpersonellen Telekommunikationsdiensten im Sinne des § 3 Nummer 40 des Telekommunikationsgesetzes,

3. Behandlungsverträge nach § 630 a,

4. Verträge über Glücksspieldienstleistungen, die einen geldwerten Einsatz erfordern und unter Zuhilfenahme elektronischer oder anderer Kommunikationstechnologien auf individuellen Abruf eines Empfängers erbracht werden,

5. Verträge über Finanzdienstleistungen,

6. Verträge über die Bereitstellung von Software, für die der Verbraucher keinen Preis zahlt und die der Unternehmer im Rahmen einer freien und quelloffenen Lizenz anbietet, sofern die vom Verbraucher bereitgestellten personenbezogenen Daten durch den Unternehmer ausschließlich zur Verbesserung der Sicherheit, der Kompatibilität oder der Interoperabilität der vom Unternehmer angebotenen Software verarbeitet werden,

7. Verträge über die Bereitstellung digitaler Inhalte, wenn die digitalen Inhalte der Öffentlichkeit auf eine andere Weise als durch Signalübermittlung als Teil einer Darbietung oder Veranstaltung zugänglich gemacht werden,

8. Verträge über die Bereitstellung von Informationen im Sinne des Informationsweiterverwendungsgesetzes vom 13. Dezember 2006 (BGBl. I S. 2913), das durch Artikel 1 des Gesetzes vom 8. Juli 2015 (BGBl. I S. 1162) geändert worden ist.

Hintergrund der **Ausnahme** bzgl. **§§ 327 b und 327 c BGB** ist, dass im Hinblick auf die **Bereitstellung** des körperlichen Datenträgers die allgemeinen Regelungen, also insbesondere § 475 Abs. 1 und 2 BGB gelten sollen.[245]

Von § 327 Abs. 5 BGB werden nur Datenträger erfasst, die als Träger digitaler Inhalte **„dienen"**, es genügt **nicht**, dass sie als Träger **dienen können**.[246]

Beispiel

Erfasst werden etwa DVDs, CDs, USB-Sticks und Speicherkarten.

Gegenbeispiele

Leermedien wie etwa CD-Rohlinge werden nicht von § 327 Abs. 5 BGB erfasst. Ferner sind Schallplatten oder Audiokassetten mangels digitaler Speicherung keine körperlichen Datenträger im Sinne der Vorschrift.

Außerdem muss der körperliche Datenträger **selbst der Träger der digitalen Inhalte** sein, sodass Datenträger, die lediglich den Zugang zu oder die Bedienung von an anderen Speicherorten befindlichen digitalen Inhalten ermöglichen, nicht erfasst werden.

Der körperliche Datenträger muss ferner „**ausschließlich**" als Träger digitaler Inhalte dienen, was bedeutet, dass er nur als Träger der vertragsgegenständlichen digitalen In-

---

245 Begr. z. RegE, BT-Drs. 19/27653, S. 42.

246 Weiß ZVertriebsR 2021, 208, 209.

halte dienen darf. Erfüllen die Datenträger weitere Funktionen, so liegen die Voraussetzungen des § 327 Abs. 5 BGB nicht vor.[247]

VI. Anwendung auf Paketverträge und Verträge über Sachen mit digitalen Elementen

Weitere Konkretisierungen des Anwendungsbereichs der §§ 327 ff. BGB enthält **§ 327 a BGB**. Das betrifft zum einen Paketverträge (§ 327 a Abs. 1 BGB) und zum anderen digitale Produkte, die als Teil einer Sache bereitgestellt werden (§ 327 a Abs. 2 und 3 BGB).

---

§ 327 a BGB (neu)

(1) [1]Die Vorschriften dieses Untertitels sind auch auf Verbraucherverträge anzuwenden, die in einem Vertrag zwischen denselben Vertragsparteien neben der Bereitstellung digitaler Produkte die Bereitstellung anderer Sachen oder die Bereitstellung anderer Dienstleistungen zum Gegenstand haben (Paketvertrag). [2]Soweit nachfolgend nicht anders bestimmt, sind die Vorschriften dieses Untertitels jedoch nur auf diejenigen Bestandteile des Paketvertrags anzuwenden, welche die digitalen Produkte betreffen.

(2) [1]Die Vorschriften dieses Untertitels sind auch auf Verbraucherverträge über Sachen anzuwenden, die digitale Produkte enthalten oder mit ihnen verbunden sind. [2]Soweit nachfolgend nicht anders bestimmt, sind die Vorschriften dieses Untertitels jedoch nur auf diejenigen Bestandteile des Vertrags anzuwenden, welche die digitalen Produkte betreffen.

(3) [1]Absatz 2 gilt nicht für Kaufverträge über Waren, die in einer Weise digitale Produkte enthalten oder mit ihnen verbunden sind, dass die Waren ihre Funktionen ohne diese digitalen Produkte nicht erfüllen können (Waren mit digitalen Elementen). [2]Beim Kauf einer Ware mit digitalen Elementen ist im Zweifel anzunehmen, dass die Verpflichtung des Verkäufers die Bereitstellung der digitalen Inhalte oder digitalen Dienstleistungen umfasst.

---

1. Paketverträge

Hat der Vertrag neben der Bereitstellung digitaler Produkte auch die Bereitstellung anderer Sachen oder Dienstleistungen zum Gegenstand, liegt ein Paketvertrag vor. Dann sind grundsätzlich die Bestimmungen der §§ 327 ff. BGB gemäß **§ 327 a Abs. 1 BGB** nur auf den Vertragsteil anwendbar, der die digitalen Produkte betrifft. Es kommt mithin zu einer **Aufspaltung der anwendbaren Regelungen**.[248]

Geht es allerdings um die **Vertragsbeendigung**, kann der Verbraucher nach §§ 327 c Abs. 6 S. 1, 327 m Abs. 4 S. 1 BGB nicht nur den Vertragsteil, der die Bereitstellung digitaler Produkte betrifft, sondern den ganzen Paketvertrag beenden, wenn er an den anderen Teilen des Vertrages kein Interesse hat.

Der Begriff des Pakets in § 327 a Abs. 1 BGB setzt – im Gegensatz zu § 358 BGB oder § 360 BGB – **keine inhaltliche Verbundenheit** oder **wirtschaftliche Abhängigkeit** der Leis-

---

247 Begr. z. RegE, BT-Drs. 19/27653, S. 42.

248 Wendehorst NJW 2021, 2913, 2914.

tungspflichten voraus, entscheidend ist vielmehr allein die Verbindung in einem einzigen Vertrag.[249]

Beispiele

1. Ein und derselbe Kaufvertrag über Spielkonsole (etwa eine Playstation) und verschiedene digitale Spiele.[250]

2. Vertragliche Vereinbarung über die Bereitstellung eines Videostreamingdienstes (etwa Netflix), die gemeinsam mit dem Kaufvertrag über ein Elektronikprodukt (TV-Gerät) abgeschlossen wird, das zur Wiedergabe dieses digitalen Produkts geeignet ist.

Außerdem erfordert § 327 a Abs. 1 S. 1 BGB **Personenidentität** auf beiden Seiten des Vertrags („denselben Vertragspartner"), mithin müssen sowohl der Unternehmer als auch der Verbraucher Vertragspartei für alle im Paket enthaltenen Vertragsbestandteile sein. Unschädlich ist indes die **Einschaltung Dritter** im Rahmen der Vertragserfüllung, wenn also die Erfüllung einer Leistungspflicht hinsichtlich eines Elements des Paketvertrags durch einen anderen Unternehmer (§ 278 BGB) erfolgt oder der Verbraucher noch unmittelbar mit einem anderen Unternehmer eine Vereinbarung abschließen muss, etwa eine Endnutzer-Lizenzvereinbarung (EULA).[251]

2. Verträge über Sachen mit digitalen Produkten und Waren mit digitalen Elementen

Die **Abgrenzung der Anwendungsbereiche** des Kaufrecht einerseits und der §§ 327 ff. BGB andererseits ist in **§ 327 a Abs. 2 und 3 BGB** geregelt. Statt des Begriffs „Ware mit digitalen Elementen" wird in § 327 a Abs. 2 und 3 BGB der Begriff „**Sache** mit digitalen Elementen" verwendet, womit sichergestellt werden soll, dass auch unbewegliche Sachen vom Anwendungsbereich der §§ 327 ff. BGB erfasst sind. Digitale Inhalte oder digitale Dienstleistungen fallen in den Anwendungsbereich des Kaufrechts, wenn zwei Voraussetzungen **kumulativ** erfüllt sind:

- Bei Fehlen der digitalen Inhalte oder der digitalen Dienstleistungen könnte die Ware mit digitalen Elementen ihre Funktion nicht erfüllen (**funktionales Kriterium**).

- Die digitalen Inhalte oder die digitalen Dienstleistungen werden unter dem Kaufvertrag über die Ware mit digitalen Elementen bereitgestellt (**vertragliches Kriterium**).[252]

Ist eine der genannten Bedingungen nicht erfüllt, finden die **§§ 327 ff. BGB** Anwendung. Dabei betrifft das vertragliche Kriterium die Frage, ob die Bereitstellung des digi-

Paket-vertrag

249　Brönneke/Föhlisch/Tonner § 2 Rn. 59.

250　Wendehorst NJW 2021, 2913, 2914.

251　Fellner MDR 2021, 977.

252　Begr. z. RegE, BT-Drs. 19/27653, S. 46.

talen Elements, also enthaltener oder verbundener digitaler Produkte, **gemäß** dem **Kaufvertrag geschuldet** ist, was abhängig vom Inhalt des Kaufvertrags ist, welcher durch Auslegung zu ermitteln ist. Unerheblich für das Ergebnis der Auslegung ist, wer das digitale Element tatsächlich bereitstellt.

Bei der Vertragsauslegung ist **§ 327 a Abs. 3 S. 2 BGB** zu beachten, der vorgibt, dass das Vorliegen des vertraglichen Elements **im Zweifel** zu bejahen ist. Durch diese Zweifelsregelung werden hohe Anforderungen an die Gestaltung von Vertragsinhalt und Abschlusssituation durch den Verkäufer gestellt, falls dieser die vertragliche Verpflichtung zur Bereitstellung des digitalen Produkts nicht übernehmen will.[253]

Demnach ist auf einen Kaufvertrag über Sachen mit digitalen Elementen insgesamt das Kaufrecht anwendbar. Für alle anderen Verbraucherverträge über Sachen, die digitale Produkte enthalten, finden nach **§ 327 a Abs. 2 BGB** dagegen – jedenfalls im Hinblick auf die **Vertragsbestandteile**, welche die digitalen Produkte betreffen – die §§ 327 ff. BGB Anwendung. Das gilt auch für den Fall, dass der Verbraucher über einen in der Sache enthaltenen digitalen Inhalt noch einen weiteren Vertrag mit dem Unternehmer oder einem Dritten abschließt, etwa wenn der Unternehmer den Vertrag über die Sache ausdrücklich ohne das digitale Element abschließt.[254]

Die §§ 327 ff. BGB gelten gemäß § 327 a Abs. 2 BGB auch für digitale Produkte, die in Sachen enthalten oder mit ihnen verbunden sind, unabhängig davon, ob es sich hinsichtlich Sache und digitalem Produkt um **einen oder zwei Verträge** handelt und unabhängig davon, ob es sich um **einen oder zwei Vertragspartner** handelt. Da die §§ 327 ff. BGB aber lediglich in Bezug auf den digitalen Anteil Anwendung finden, können unterschiedliche gesetzliche Anforderungen an die Art und Weise der Bereitstellung, der Mängelfreiheit oder der Vertragsbeendigung gelten.

Sinn und Zweck der Regelung **des § 327 a Abs. 2 BGB** ist es sicherzustellen, dass der Verbraucher in allen denkbaren Konstellationen des Vertriebs von digitalen Produkten in den Genuss seiner Rechte kommt. Das soll unabhängig davon gewährleistet bleiben, ob der Verbraucher einen Kauf-, Miet- oder Dienstvertrag über ein digitales Produkt abschließt, ob er das digitale Produkt separat erwirbt oder ob es in einer Sache enthalten oder mit ihr verbunden ist und ob er über diese Sache samt digitalem Produkt einen Kauf-, Miet- oder Dienstleistungsvertrag abschließt. Außerdem soll dem Unternehmer dadurch auch die Möglichkeit genommen werden, die Verbraucherrechte durch besondere vertragliche Konstruktionen umgehen zu können.

> **Beispiele**
>
> **1.** Kauft der Verbraucher ein Smartphone mit Betriebssystem, so ist das digitale Produkt (Betriebssystem) für die Funktion der Ware (Smartphone) wesentlich und deshalb finden gemäß § 327 a Abs. 3 S. 1 BGB auf den gesamten Vertrag die kaufrechtlichen Regelungen, insbesondere die §§ 475 b f. BGB Anwendung.

---

253 Brönneke/Föhlisch/Tonner § 2 Rn. 66.
254 Begr. z. RegE, BT-Drs. 19/27653, S. 46.

2. Kauft der Verbraucher ein Smartphone mit Spiele-App, so ist das digitale Produkt (Spiele-App) für die Funktion der Ware (Smartphone) nicht wesentlich. Es handelt sich dann aber um einen Vertrag über eine Sache, die ein digitales Produkt enthält, sodass gemäß § 327 a Abs. 2 S. 1 BGB für den Vertragteil, der das digitale Produkt (Spiele-App) betrifft, die §§ 327 a ff. BGB gelten. Auf das Smartphone findet dann das Kaufrecht Anwendung.[255]

VII. Ausnahmen vom Anwendungsbereich

Gemäß dem Katalog in **§ 327 Abs. 6 BGB** werden eine Reihe von Verträgen aus dem Anwendungsbereich der §§ 327 ff. BGB herausgenommen. Das betrifft namentlich

- Verträge über **andere Dienstleistungen als digitale Dienstleistungen**, unabhängig davon, ob der Unternehmer digitale Formen oder Mittel einsetzt, um das Ergebnis der Dienstleistung zu generieren oder es dem Verbraucher zu liefern oder zu übermitteln (§ 327 Abs. 6 **Nr. 1** BGB),

- Verträge über **Telekommunikationsdienste** im Sinne des § 3 Nr. 61 des Telekommunikationsgesetzes mit Ausnahme von nummernunabhängigen interpersonellen Telekommunikationsdiensten im Sinne des § 3 Nr. 40 des Telekommunikationsgesetzes (§ 327 Abs. 6 **Nr. 2** BGB),

- **Behandlungsverträge** nach § 630 a BGB (§ 327 Abs. 6 **Nr. 3** BGB),

- Verträge über **Glücksspieldienstleistungen**, die einen geldwerten Einsatz erfordern und unter Zuhilfenahme elektronischer oder anderer Kommunikationstechnologien auf individuellen Abruf eines Empfängers erbracht werden (§ 327 Abs. 6 **Nr. 4** BGB),

- Verträge über **Finanzdienstleistungen** (§ 327 Abs. 6 **Nr. 5** BGB),

- Verträge über die **Bereitstellung von Software, für die der Verbraucher keinen Preis zahlt und** die der Unternehmer im Rahmen einer **freien und quelloffenen Lizenz anbietet**, sofern die vom Verbraucher bereitgestellten personenbezogenen Daten durch den Unternehmer ausschließlich zur Verbesserung der Sicherheit, der Kompatibilität oder der Interoperabilität der vom Unternehmer angebotenen Software verarbeitet werden (§ 327 Abs. 6 **Nr. 6** BGB),

- Verträge über die Bereitstellung digitaler Inhalte, wenn die digitalen Inhalte der **Öffentlichkeit** auf eine andere Weise als durch Signalübermittlung als Teil einer Darbietung oder Veranstaltung **zugänglich gemacht** werden (§ 327 Abs. 6 **Nr. 7** BGB),

- und Verträge über die Bereitstellung von **Informationen im Sinne des Informationsweiterverwendungsgesetzes** (§ 327 Abs. 6 **Nr. 8** BGB).

Die Ausnahmen des § 327 Abs. 6 BGB betreffen überwiegend Dienstleistungen. Hintergrund für die Ausnahmen gemäß § 327 Abs. 6 Nr. 2, 3, 5 und 8 BGB sind unionsrechtlich **determinierte Spezialbestimmungen** für die jeweilige Rechtsmaterie.[256] Die Ausnah-

---

255 Beispiele nach Pech GRUR-Prax 2021, 509, 510.

256 Begr. z. RegE, BT-Drs. 19/27653, S. 43.

me des § 327 Abs. 6 Nr. 3 BGB erfasst etwa mobile Applikationen zur Selbstvermessung oder Patiententagebücher.[257]

B. Bereitstellung digitaler Produkte und Folgen bei deren Unterbleiben

In **§ 327 b BGB** werden die relevante Zeit sowie die Art und Weise der Erfüllung der Leistungspflicht des Unternehmers zur Bereitstellung des digitalen Produkts bestimmt. Die Vorschrift dient der Umsetzung von Art. 5 DIRL. Im Fall der unterbliebenen Bereitstellung stehen dem Verbraucher die in **§ 327 c BGB** statuierten Rechte zu.

§ 327 b BGB (neu)

(1) Ist der Unternehmer durch einen Verbrauchervertrag gemäß § 327 oder § 327 a dazu verpflichtet, dem Verbraucher ein digitales Produkt bereitzustellen, so gelten für die Bestimmung der Leistungszeit sowie für die Art und Weise der Bereitstellung durch den Unternehmer die nachfolgenden Vorschriften.

(2) Sofern die Vertragsparteien keine Zeit für die Bereitstellung des digitalen Produkts nach Absatz 1 vereinbart haben, kann der Verbraucher die Bereitstellung unverzüglich nach Vertragsschluss verlangen, der Unternehmer sie sofort bewirken.

(3) Ein digitaler Inhalt ist bereitgestellt, sobald der digitale Inhalt oder die geeigneten Mittel für den Zugang zu diesem oder das Herunterladen des digitalen Inhalts dem Verbraucher unmittelbar oder mittels einer von ihm hierzu bestimmten Einrichtung zur Verfügung gestellt oder zugänglich gemacht worden ist.

(4) Eine digitale Dienstleistung ist bereitgestellt, sobald die digitale Dienstleistung dem Verbraucher unmittelbar oder mittels einer von ihm hierzu bestimmten Einrichtung zugänglich gemacht worden ist.

(5) Wenn der Unternehmer durch den Vertrag zu einer Reihe einzelner Bereitstellungen verpflichtet ist, gelten die Absätze 2 bis 4 für jede einzelne Bereitstellung innerhalb der Reihe.

(6) Die Beweislast für die nach den Absätzen 1 bis 4 erfolgte Bereitstellung trifft abweichend von § 363 den Unternehmer.

I. Bereitstellungspflicht

Die Regelung des **§ 327 b BGB begründet** – anders als etwa § 433 BGB – **keine vertragliche Leistungspflicht**, sondern setzt voraus, dass der Unternehmer durch einen Verbrauchervertrag gemäß § 327 BGB oder § 327 a BGB dazu verpflichtet ist, dem Verbraucher ein digitales Produkt bereitzustellen, vgl. **§ 327 b Abs. 1 BGB**. Die Leistungspflicht selbst resultiert also aus dem individuellen Vertrag zwischen Unternehmer und Verbraucher, der entweder einer der Vertragsarten des Abschnitts 8 (§§ 433 bis 853 BGB) entspricht oder aufgrund der in § 311 Abs. 1 BGB niedergelegten Vertragsfreiheit ein nicht typisierter Vertrag ist.[258]

---

257 Nach Wendehorst NJW 2021, 2913, 2916 stiften einige der Ausnahmen mehr Verwirrung als Klarheit, hätte man doch beispielsweise eine ärztliche Behandlung (§ 630 a BGB) schon nach allgemeinen Grundsätzen nicht als digitale Dienstleistung eingeordnet.

258 Begr. z. RegE, BT-Drs. 19/27653, S. 47.

Auch **Art und Umfang** der Bereitstellung wird in § 327 b BGB nicht bestimmt, für den Inhalt der Bereitstellungsverpflichtung ist vielmehr entscheidend, um welchen Vertragstyp es sich im jeweiligen Fall handelt. Während es bei der Bereitstellung im Rahmen eines Kaufvertrages um die punktuelle Übertragung digitaler Inhalte geht, ist eine Bereitstellung im Wege eines Mietvertrages auf eine fortgesetzte Bereitstellung im Sinne eines Dauerschuldverhältnisses gerichtet. Deshalb ist eine **einheitliche** und vom Vertragstyp losgelöste **Bestimmung** des Inhalts einer Bereitstellungsverpflichtung **nicht möglich**.[259]

Wird der Unternehmer durch den Vertrag zu einer **Reihe einzelner Bereitstellungen** verpflichtet, so gelten gemäß **§ 327 b Abs. 5 BGB** die § 327 b Abs. 2 bis 4 BGB für jede einzelne Bereitstellung innerhalb der Reihe.

Nach **§ 327 b Abs. 3 BGB** ist ein **digitaler Inhalt** bereitgestellt, sobald der digitale Inhalt oder die geeigneten Mittel für den Zugang zu diesem oder das Herunterladen des digitalen Inhalts dem Verbraucher unmittelbar oder mittels einer von ihm hierzu bestimmten Einrichtung zur Verfügung gestellt oder zugänglich gemacht worden ist.[260] **Digitale Dienstleistungen** sind bereitgestellt, wenn sie dem Verbraucher unmittelbar oder mittels einer von ihm hierzu bestimmten Einrichtung zugänglich gemacht worden sind, **§ 327 b Abs. 4 BGB**.

Arten der Bereitstellung digitaler Produkte		
§ 327 b Abs. 1 BGB	**§ 327 e Abs. 1 S. 3 BGB**	**§ 327 b Abs. 5 BGB**
Einmalige Bereitstellung	Dauerhafte Bereitstellung	Reihe einzelner Bereitstellungen

Ein digitaler Inhalt ist dem Verbraucher „**zur Verfügung gestellt**", wenn diesem eine **eigenständige Zugriffsmöglichkeit** verschafft wurde. Demgegenüber bedeutet „**zugänglich machen**" das Schaffen einer entsprechenden Möglichkeit zur Nutzung eines Dienstes durch den Verbraucher **unter fremder Kontrolle**, wofür es nicht nötig ist, dass der Verbraucher von dieser Möglichkeit tatsächlich auch Gebrauch macht. Über den Beginn der Nutzung soll der Verbraucher dabei selbst entscheiden können. Der Unternehmer erfüllt seine Verpflichtung deshalb bereits dann, wenn dem Verbraucher ohne weitere hierfür nötige Handlungen des Unternehmers der ungehinderte Zugriff ermöglicht wird.[261]

Neben dem Herunterladen in die eigene Umgebung des Verbrauchers kann dieser sich auch einer von ihm hierzu bestimmten **Einrichtung Dritter** bedienen, um Zugriff auf den digitalen Inhalt zu erhalten.

---

259 Weiß ZVertriebsR 2021, 208, 209.

260 Weiß ZVertriebsR 2021, 208, 209.

261 Begr. z. RegE, BT-Drs. 19/27653, S. 48.

> **Beispiel**
>
> Sofern ein Verbraucher ein E-Book unmittelbar in einer Cloud speichern möchte, ist diese eine solche Einrichtung.[262]

Die Dritten, welche die Einrichtung bereitstellen, sind – je nach Gestaltung – als **Hilfsperson** des Verbrauchers einzuordnen, sodass Erfüllung gemäß § 362 Abs. 1 BGB eintritt, es kann sich alternativ aber auch um eine **befreiende Leistung an einen Dritten** gemäß **§ 362 Abs. 2 BGB** handeln.

Außerdem muss die Einrichtung gemäß **§ 327 b Abs. 3 BGB** vom Verbraucher „**hierzu bestimmt**" sein, was nicht der Fall ist, wenn die Einrichtung vom Unternehmer kontrolliert wird oder mit dem Unternehmer vertraglich verbunden ist. Wenn der Verbraucher zwar eine Wahl getroffen hat, die gewählte Einrichtung aber vom Unternehmer als einzige angeboten wurde, ist die Einrichtung nicht vom Verbraucher bestimmt.

Tauglicher **Gegenstand der Bereitstellungspflicht** kann, neben dem digitalen Inhalt selbst, (ergänzend) auch ein **Mittel** sein, das entweder den Zugang zum digitalen Inhalt ermöglicht oder für dessen Herunterladen geeignet ist. Dabei muss es sich nicht um ein digitales Mittel handeln, der Unternehmer hat einen gewissen Spielraum bei der Wahl des Mittels.[263]

II. Zeitpunkt und Modalitäten der Bereitstellung

Für den Zeitpunkt der Erfüllung der Bereitstellungspflicht des Unternehmers regelt **§ 327 b Abs. 2 BGB** dass, wenn keine Leistungszeit bestimmt ist, der Verbraucher die Leistung unverzüglich verlangen und der Unternehmer sie **unverzüglich** bewirken kann. Die Vorschrift, welche der Umsetzung von Art. 5 Abs. 1 DIRL dient, trifft damit eine, die **§§ 269, 271 BGB verdrängende, Spezialregelung.**[264] Der Unterschied zu § 271 Abs. 1 BGB besteht darin, dass sich die Leistungszeit nicht aus dem Umständen ergeben kann.[265]

Gemäß **§ 327 b Abs. 6 BGB** trifft die Beweislast für die ordnungsgemäß erfolgte Bereitstellung abweichend von § 363 BGB den Unternehmer. Der deutsche Gesetzgeber hat mit dieser **Beweislastumkehr zugunsten des Verbrauchers** die Richtlinienvorgabe aus Art. 12 Abs. 1 DIRL umgesetzt. Die Beweislastregelung des § 363 BGB kann hierfür nicht herangezogen werden, insbesondere, weil Teilleistungen als Produktmangel nach § 327 e Abs. 2 Nr. 1 a) bzw. Abs. 3 S. 1 Nr. 2 BGB zu behandeln sind, wofür die speziellen Beweislastregelungen des § 327 k BGB gelten.[266]

---

262 Vgl. Begr. z. RegE, BT-Drs. 19/27653, S. 48.

263 Begr. z. RegE, BT-Drs. 19/27653, S. 48.

264 Wendehorst NJW 2021, 2913, 2916.

265 Weiß ZVertriebsR 2021, 208, 209.

266 Begr. z. RegE, BT-Drs. 19/27653, S. 49.

III. Verletzung der Bereitstellungspflicht

Die Rechte des Verbrauchers bei unterbliebener Bereitstellung des digitalen Produkts durch den Unternehmer regelt **§ 327 c BGB**. Unter den Voraussetzungen des § 327 c Abs. 1 und 3 BGB kann der Verbraucher den **Vertrag beenden**. Außerdem kann er wegen der unterbliebenen Bereitstellung nach § 327 c Abs. 2 und 3 BGB **Schadensersatz** oder **Ersatz vergeblicher Aufwendungen** verlangen. Der deutsche Gesetzgeber setzt damit die Vorgaben aus Art. 11 und Art. 13 DIRL um.

§ 327 c BGB (neu)

(1) [1]Kommt der Unternehmer seiner fälligen Verpflichtung zur Bereitstellung des digitalen Produkts auf Aufforderung des Verbrauchers nicht unverzüglich nach, so kann der Verbraucher den Vertrag beenden. [2]Nach einer Aufforderung gemäß Satz 1 kann eine andere Zeit für die Bereitstellung nur ausdrücklich vereinbart werden.

(2) [1]Liegen die Voraussetzungen für eine Beendigung des Vertrags nach Absatz 1 Satz 1 vor, so kann der Verbraucher nach den §§ 280 und 281 Absatz 1 Satz 1 Schadensersatz oder nach § 284 Ersatz vergeblicher Aufwendungen verlangen, wenn die Voraussetzungen dieser Vorschriften vorliegen. [2]§ 281 Absatz 1 Satz 1 ist mit der Maßgabe anzuwenden, dass an die Stelle der Bestimmung einer angemessenen Frist die Aufforderung nach Absatz 1 Satz 1 tritt. [3]Ansprüche des Verbrauchers auf Schadensersatz nach den §§ 283 und 311 a Absatz 2 bleiben unberührt.

(3) [1]Die Aufforderung nach Absatz 1 Satz 1 und Absatz 2 Satz 2 ist entbehrlich, wenn

1. der Unternehmer die Bereitstellung verweigert,

2. es nach den Umständen eindeutig zu erkennen ist, dass der Unternehmer das digitale Produkt nicht bereitstellen wird, oder

3. der Unternehmer die Bereitstellung bis zu einem bestimmten Termin oder innerhalb einer bestimmten Frist nicht bewirkt, obwohl vereinbart war oder es sich für den Unternehmer aus eindeutig erkennbaren, den Vertragsabschluss begleitenden Umständen ergeben konnte, dass die termin- oder fristgerechte Bereitstellung für den Verbraucher wesentlich ist. [2]In den Fällen des Satzes 1 ist die Mahnung gemäß § 286 stets entbehrlich.

(4) [1]Für die Beendigung des Vertrags nach Absatz 1 Satz 1 und deren Rechtsfolgen sind die §§ 327 o und 327 p entsprechend anzuwenden. [2]Das Gleiche gilt für den Fall, dass der Verbraucher in den Fällen des Absatzes 2 Schadensersatz statt der ganzen Leistung verlangt. [3]§ 325 gilt entsprechend.

(5) § 218 ist auf die Vertragsbeendigung nach Absatz 1 Satz 1 entsprechend anzuwenden.

(6) [1]Sofern der Verbraucher den Vertrag nach Absatz 1 Satz 1 beenden kann, kann er sich im Hinblick auf alle Bestandteile des Paketvertrags vom Vertrag lösen, wenn er an dem anderen Teil des Paketvertrags ohne das nicht bereitgestellte digitale Produkt kein Interesse hat. [2]Satz 1 ist nicht auf Paketverträge anzuwenden, bei denen der andere Bestandteil ein Telekommunikationsdienst im Sinne des § 3 Nummer 61 des Telekommunikationsgesetzes ist.

(7) Sofern der Verbraucher den Vertrag nach Absatz 1 Satz 1 beenden kann, kann er sich im Hinblick auf alle Bestandteile eines Vertrags nach § 327 a Absatz 2 vom Vertrag lösen, wenn aufgrund des nicht bereitgestellten digitalen Produkts sich die Sache nicht zur gewöhnlichen Verwendung eignet.

1. Vertragsbeendigung

Für den Fall das der Unternehmer seiner fälligen Verpflichtung zur Bereitstellung des digitalen Produkts auf Aufforderung des Verbrauchers nicht **unverzüglich** nachkommt, kann der Verbraucher gemäß **§ 327 c Abs. 1 S. 1 BGB** den Vertrag beenden. Sofern keine abweichende Vereinbarung vorliegt, ist der Unternehmer gemäß § 327 b Abs. 2 BGB dazu verpflichtet, die digitalen Produkte „unverzüglich" bereitzustellen. Dabei soll hier Unverzüglichkeit nicht als ohne schuldhafte (§ 121 Abs. 1 BGB), sondern als **ohne unangemessene Verzögerung** zu verstehen sein.[267]

Voraussetzung ist die **Fälligkeit** der Bereitstellung, sodass eine dem Unternehmer nach den allgemeinen Regeln **unmögliche Leistung** (§ 275 BGB) **nicht** § 327 c Abs. 1 BGB unterfällt.[268] Bei Unmöglichkeit der Bereitstellung finden vielmehr die Bestimmungen des Allgemeinen Schuldrechts, also insbesondere die §§ 283, 311 a, 326 BGB Anwendung.[269] Außerdem setzt § 327 c Abs. 1 S. 1 BGB voraus, dass der Anspruch des Verbrauchers auf Bereitstellung **durchsetzbar** ist.[270]

a) Aufforderung oder deren Entbehrlichkeit

Bevor der Verbraucher von seinem Recht auf Vertragsbeendigung Gebrauch machen kann, ist er gemäß **§ 327 c Abs. 1 S. 1 BGB** grundsätzlich verpflichtet, den Unternehmer bei einer nicht erfolgten Bereitstellung **nochmals zur vertragsgemäßen Bereitstellung aufzufordern**. Diese grundsätzliche Verpflichtung des Verbrauchers beruht auf der Vorgabe aus Art. 13 Abs. 1 DIRL.

Die Aufforderung durch den Verbraucher löst eine weitere, **neue Verpflichtung des Unternehmers** zur unverzüglichen Bereitstellung des digitalen Produkts im Sinne einer vorrangigen Nacherfüllung aus.[271] Weder das Gesetz noch die Gesetzesbegründung enthalten Aussagen darüber, wie die Aufforderung zur unverzüglichen Bereitstellung zu erfolgen hat. Die Leistungsaufforderung gemäß § 327 c Abs. 1 BGB ist wie die Mahnung gemäß § 286 Abs. 1 S. 1 BGB eine **empfangsbedürftige geschäftsähnliche Handlung**, die **auch mündlich und konkludent** möglich ist, obgleich sie eindeutig und bestimmt sein muss.[272]

Abweichend von der Frist nach § 327 c Abs. 1 S. 1 BGB können die Parteien gemäß **§ 327 c Abs. 1 S. 2 BGB** eine längere Frist vereinbaren. Aus der Formulierung „vereinbart" folgt, dass einseitige Fristsetzungen nicht genügen. Außerdem muss die Vereinbarung „ausdrücklich" erfolgen. Insbesondere im Fall einer mündlichen Vereinbarung können Aufforderung und Vereinbarung auch zusammentreffen.[273]

---

267 Rosenkranz ZUM 2021, 195, 205.

268 Begr. z. RegE, BT-Drs. 19/27653, S. 50.

269 Weiß ZVertriebsR 2021, 208, 209 f.

270 Begr. z. RegE, BT-Drs. 19/27653, S. 50.

271 Vgl. Brönnele/Föhlisch/Tonner § 2 Rn. 85 f., Begr. z. RegE, BT-Drs. 19/27653, S. 50.

272 Brönnele/Föhlisch/Tonner § 2 Rn. 88.

273 Begr. z. RegE, BT-Drs. 19/27653, S. 50.

Die Regelung in **§ 327 c Abs. 3 S. 1 BGB** enthält drei Fallgestaltungen, in denen eine **Aufforderung** durch den Verbraucher i.S.v. § 327 c Abs. 1 BGB **entbehrlich** ist. Danach bedarf es keiner Aufforderung, wenn

- der Unternehmer die **Bereitstellung verweigert** (§ 327 c Abs. 3 S. 1 **Nr. 1** BGB),

- es nach den **Umständen eindeutig zu erkennen** ist, dass der Unternehmer das digitale Produkt nicht bereitstellen wird (§ 327 c Abs. 3 S. 1 **Nr. 2** BGB) oder

- der Unternehmer die Bereitstellung bis zu einem bestimmten Termin oder innerhalb einer bestimmten Frist nicht bewirkt, obwohl vereinbart war oder es sich für den Unternehmer aus eindeutig erkennbaren, den Vertragsabschluss begleitenden Umständen ergeben konnte, dass die **termin- oder fristgerechte Bereitstellung** für den Verbraucher **wesentlich** ist (§ 327 c Abs. 3 S. 1 **Nr. 3** BGB).

Um Widersprüche zwischen den Regelungen des § 327 c Abs. 3 S. 1 BGB und den in § 286 Abs. 2 Nr. 1 bis 3 BGB aufgelisteten Voraussetzungen für die Entbehrlichkeit einer verzugsbegründenden Mahnung zu vermeiden, stellt **§ 327 c Abs. 3 S. 2 BGB** außerdem klar, dass eine Mahnung in den von § 327 c Abs. 3 S. 1 BGB geregelten Fallgestaltungen stets entbehrlich ist.

Der **Ausnahmetatbestand** des **§ 327 c Abs. 3 S. 1 Nr. 1 BGB** erfordert – im Gegensatz zu etwa § 323 Abs. 2 Nr. 1 BGB – nicht, dass der Unternehmer die Bereitstellung ernsthaft und endgültig verweigert hat. Von § 327 c Abs. 3 S. 1 Nr. 1 BGB unterscheidet sich die Regelung in **§ 327 c Abs. 3 S. 1 Nr. 2 BGB** lediglich dadurch, dass es keiner erklärten Verweigerung der Bereitstellung durch den Unternehmer bedarf. Es reicht vielmehr auch aus, dass aus den Umständen offensichtlich wird, dass der Unternehmer das digitale Produkt nicht bereitstellen wird.

Während die beiden ersten Nummern des § 327 c Abs. 3 S. 1 BGB den Vorgaben aus Art. 13 Abs. 2 DIRL entsprechen, enthält **§ 327 c Abs. 3 S. 1 Nr. 3 BGB** eine dem § 323 Abs. 2 Nr. 2 BGB ähnliche Formulierung, die eine Aufforderung nach Verstreichen der Frist oder des Termins entbehrlich macht. Die Vorschrift muss als **bloße Konkretisierung** des Ausnahmetatbestands nach § 323 Abs. 2 Nr. 2 BGB verstanden werden, anderenfalls wäre sie nicht **richtlinienkonform**, da Art. 13 Abs. 2 DIRL eben nur zwei den ersten beiden Nummern entsprechende Ausnahmen vorsieht.[274]

Maßgebend für die Entbehrlichkeit nach § 327 c Abs. 3 S. 1 Nr. 3 BGB ist, dass die termin- oder fristgerechte Leistung nach einer Mitteilung des Verbrauchers an den Unternehmer vor Vertragsschluss oder aufgrund anderer den Vertragsabschluss begleitenden Umstände für den Verbraucher wesentlich ist. Dazu muss **unmissverständlich zum Ausdruck** kommen, dass die Bereitstellung mit der **Einhaltung der Lieferfrist** oder des Leistungstermins **stehen und fallen soll**. Für eine solche Bedeutung der Leistungszeit sprechen Formulierungen wie beispielsweise „fix", „genau" oder „spätestens". Demgegenüber verpflichten Wendungen wie etwa „prompt" oder „sofort" in der Regel lediglich zu einer möglichst schnellen Lieferung.

---

274 Brönnele/Föhlisch/Tonner § 2 Rn. 93.

b) Rechtsfolgen

Erbringt der Unternehmer trotz der Aufforderung die Bereitstellung

- **nicht unverzüglich** oder

- **nicht innerhalb** einer vereinbarten **Frist**, hat der Verbraucher das **Recht, den Vertrag zu beenden.**

- Gleiches gilt für den Fall, dass eine Aufforderung **entbehrlich** ist.

Hintergrund: *Die Formulierung „beenden" hat der deutsche Gesetzgeber zur Abgrenzung von den im Schuldrecht bislang geregelten Rechtsbehelfen gewählt. Denn weder der Rücktritt noch die Kündigung waren insofern geeignete Rechtsbehelfe, weil das Recht des Verbrauchers nach* **Art. 13 Abs. 1 DIRL** *gleichermaßen sowohl auf Verträge mit* **einmaligem Leistungsaustausch als auch auf Dauerschuldverhältnisse** *Anwendung finden soll. Außerdem ist § 323 BGB nur auf gegenseitige Verträge anwendbar, sodass Verträge im Sinne des § 327 Abs. 3 BGB nicht zwingend erfasst wären.[275]*

Durch **§ 327 c Abs. 4 BGB** wird die **entsprechende Anwendbarkeit** der **§§ 327 o und 327 p BGB** für eine Vertragsbeendigung wegen unterbliebener Bereitstellung angeordnet. Die §§ 327 o und 327 p BGB enthalten neben Vorschriften für die Form auch die Rechtsfolgen einer Vertragsbeendigung wegen eines Mangels (dazu ausführlich unten Seite 135 ff.)

Folge des Verweises in § 327 c Abs. 4 BGB ist vor allem, dass die Vertragsbeendigung in einer **(weiteren) Erklärung** erfolgen muss, welche **nicht** mit der **Aufforderung** nach § 327 c Abs. 1 BGB **verbunden** werden kann (§ 327 o Abs. 1 BGB).

Außerdem wird durch den Verweis auf die §§ 327 o und 327 p BGB eine Anwendung der §§ 346 ff. BGB ausgeschlossen, was nach § 327 c Abs. 4 S. 2 BGB auch für den Fall, dass der Verbraucher Schadensersatz statt der ganzen Leistung verlangt, gilt. Mit der entsprechenden Anwendung des § 325 BGB (vgl. § 327 c Abs. 4 S. 3 BGB) wird ferner klargestellt, dass der Verbraucher **neben** einer **Vertragsbeendigung auch Schadensersatzansprüche** geltend machen kann.

Schließlich ist zu beachten, dass das Recht zur Vertragsbeendigung nach § 327 c BGB **ausschließlich** Fälle vollständig unterbliebener beziehungsweise verzögerter Bereitstellungen betrifft, also **Fälle der Nichtleistung.** Erbringt der Unternehmer lediglich eine Teilleistung, stellt dies mit Blick auf die Anforderungen hinsichtlich der Quantität nach § 327 e Abs. 2 Nr. 1 a), Abs. 3 S. 1 Nr. 2 BGB eine mangelhafte Leistung dar, deren Rechtsfolgen sich nach den §§ 327 d ff. BGB richten. Das Recht des Verbrauchers, nach § 266 BGB Teilleistungen zurückzuweisen, bleibt unberührt.[276]

---

275 Begr. z. RegE, BT-Drs. 19/27653, S. 50.

276 Begr. z. RegE, BT-Drs. 19/27653, S. 50.

c) Unwirksamkeit der Vertragsbeendigung

Gemäß **§ 327 c Abs. 5 BGB** ist § 218 BGB auf die Vertragsbeendigung nach § 327 c Abs. 1 BGB entsprechend anzuwenden. Damit steht dem Verbraucher das Recht auf Beendigung des Vertrages nicht mehr zu, wenn ein Rücktritt nach **§ 218 BGB** ausgeschlossen wäre, also dann, wenn der Anspruch auf Bereitstellung verjährt ist und der Verbraucher sich darauf beruft.[277] Durch den Verweis auf die **Quasiverjährung** gemäß § 218 BGB wird ein **Gleichlauf der Verjährungsfristen** für alle Rechte des Verbrauchers bei Verletzung der Bereitstellungspflicht erreicht, da auch auf den Schadensersatzanspruch nach § 327 c Abs. 2 BGB die allgemeinen Verjährungsregelungen (§§ 194 ff. BGB) anzuwenden sind.

d) Besonderes Vertragslösungsrecht bei Paketverträgen und bei verbundenen Verträgen

Die Regelungen in **§ 327 c Abs. 6 und 7 BGB** enthalten **besondere Vertragslösungsrechte**, von denen der Verbraucher bei Vorliegen der Voraussetzungen nach § 327 c Abs. 1 S. 1 BGB Gebrauch machen kann. Hierfür ist nach § 327 c Abs. 6 S. 1 BGB erforderlich, dass die unterbliebene Bereitstellung eines in einem Paketvertrag gemäß § 327 a Abs. 1 BGB (dazu oben Seite 88) enthaltenen digitalen Produkts die **Verwendbarkeit der weiteren Bestandteile** des Pakets derart beeinträchtigt, dass der Verbraucher an diesen weiteren Leistungen kein Interesse hat. Dabei kann in Bezug auf den **Begriff des Interesses** auf die Rechtsprechung zu dem entsprechenden Tatbestandsmerkmal in § 323 Abs. 5 S. 1 BGB rekurriert werden. Danach bestimmt sich das fehlende Interesse an der Teilleistung objektiv, wenngleich unter Beachtung der individuellen Situation des Gläubigers.[278] Keine Rolle spielt, ob dieses Interesse vom Schuldner erkannt wurde oder für ihn auch nur erkennbar war.

Nach **§ 327 c Abs. 6 S. 2 BGB** gilt jedoch eine **Rückausnahme** für den Fall, dass es sich bei dem anderen Teil um einen Telekommunikationsdienst gemäß **§ 3 Nr. 61 TKG** handelt. Das Telekommunikationsgesetz enthält nämlich vergleichbare kundenschützende Regelungen, die **spezieller** sind.[279]

Nach dem Vorbild von § 327 c Abs. 6 BGB statuiert **§ 327 c Abs. 7 BGB** ein **weiteres besonderes Vertragslösungsrecht** des Verbrauchers. Danach kann sich der Verbraucher beim Vorliegen der Voraussetzungen für eine Vertragsbeendigung gemäß § 327 c Abs. 1 S. 1 BGB auch von den anderen Bestandteilen eines Vertrags über eine Sache mit digitalen Elementen, der kein Kaufvertrag ist (§ 327 a Abs. 3 BGB), lösen, wenn die Sache selbst wegen der unterbliebenen Bereitstellung des digitalen Produkts die Anforderungen an die gewöhnliche Verwendung nicht erfüllt.[280]

---

277 Vgl. Brönnele/Föhlisch/Tonner § 2 Rn. 95.

278 BGH NJW 1990, 3011, 3013.

279 Vgl. Brönneke/Föhlisch/Tonner § 2 Rn. 97.

280 Vgl. Begr. z. RegE, BT-Drs. 19/27653, S. 52.

2. Schadensersatz und Ersatz vergeblicher Aufwendungen

Sofern die Voraussetzungen des § 327 c Abs. 1 BGB vorliegen, kann der Verbraucher gemäß **§ 327 c Abs. 2 BGB** unter den weiteren Voraussetzungen der **§§ 280, 281 Abs. 1 S. 1 BGB** Schadensersatz oder gemäß **§ 284 BGB** Ersatz vergeblicher Aufwendungen verlangen.

Hintergrund: Die Digitale-Inhalte-Richtlinie statuiert keine Schadensersatzansprüche, nach ihrem Erwägungsgrund 73 überlässt es die Richtlinie jedoch den Mitgliedstaaten, Schadensersatzansprüche für den Fall einer Verletzung der Bereitstellungspflicht vorzusehen oder beizubehalten. Der deutsche Gesetzgeber hat sich dafür entschieden, in § 327 c Abs. 2 S. 1 BGB eine **Rechtsgrundverweisung** *auf die, im Einzelnen aufgeführten, allgemeinen Schadensersatzbestimmungen vorzusehen und modifiziert diese, wo nötig.*[281]

Neben dem Verweis auf § 280 BGB, der einen **Verweis auf § 280 Abs. 2 BGB** mit Blick auf den Verzögerungsschaden nach **§ 286 BGB** mit umfasst, wird ausdrücklich auch auf § 281 Abs. 1 S. 1 BGB verwiesen, welcher durch § 327 c Abs. 2 S. 2 BGB modifiziert wird.[282]

Die nach § 327 Abs. 2 S. 2 BGB an die Stelle der Fristsetzung tretende **Nacherfüllungsaufforderung** ist in den Fällen des § 327 c Abs. 3 S. 1 BGB entbehrlich. Das erstreckt § 327 c Abs. 3 S. 2 BGB wiederum auf den Anspruch aus § 286 BGB.

Außerdem enthält **§ 327 c Abs. 4 S. 2 BGB** einen Verweis auf die §§ 327 o und 327 p BGB, damit ein Schadensersatzanspruch **statt der ganzen Leistung** auch die gleichen Rechtsfolgen wie eine Vertragsbeendigung auslöst.

Schadensersatzansprüche bei vom Unternehmer zu vertretender **Unmöglichkeit** der Bereitstellung modifiziert § 327 c Abs. 2 BGB nicht. Da die Richtlinie die Unmöglichkeit der Bereitstellung nicht regelt, können die **§§ 283 und 311 a Abs. 2 BGB uneingeschränkt** anwendbar bleiben, was **§ 327 c Abs. 2 S. 3 BGB** klarstellt.[283]

Schließlich ist zu beachten, dass alle durch die **Rechtsgrundverweisung** in § 327 c Abs. 1 S. 1 BGB in Bezug genommenen Schadensersatzansprüche und der Ersatz vergeblicher Aufwendungen ein **Vertretenmüssen** erfordern, was gemäß § 280 Abs. 1 S. 2 BGB widerlegbar **vermutet** wird.[284] Beim Schadensersatzanspruch gemäß § 311 a Abs. 2 BGB ist der Bezugspunkt des Vertretenmüssens auf die Unkenntnis des Leistungshindernisses verlagert.

Mit dem Aufwendungsersatzanspruch gemäß **§ 284 BGB** kann der Verbraucher den Ersatz **freiwilliger Vermögensopfer verlangen**, die er im Vertrauen auf den Erhalt der Leistung erbracht hat, die sich aber wegen der unterbliebenen Bereitstellung des digitalen Produkts durch den Unternehmer **als nutzlos erweisen**.

---

281 Begr. z. RegE, BT-Drs. 19/27653, S. 50 f.

282 Vgl. Begr. z. RegE, BT-Drs. 19/27653, S. 51.

283 Begr. z. RegE, BT-Drs. 19/27653, S. 51.

284 Pech GRUR-Prax 2021, 509, 510.

Rechte des Verbrauchers bei Verletzung der Pflicht zur Bereitstellung, § 327 b BGB

§ 327 c Abs. 1 BGB	§ 327 c Abs. 2 BGB
Recht zur **Vertragsbeendigung** (i.V.m. §§ 327 o, 327 p BGB)	**Schadensersatz** (i.V.m. §§ 280 ff. BGB)
	Aufwendungsersatz (i.V.m. § 284 BGB)

§§ 327 c Abs. 4 S.3, 325 BGB

kumulativ möglich

C. Mängelgewährleistung

Das **Herzstück** der Vorschriften für den Verbrauchervertrag über digitale Produkte (§§ 327 bis 327 s BGB) ist das in den **§§ 327 d ff. BGB** geregelte Gewährleistungsrecht, das an die Ausgestaltung der Gewährleistung im Kaufrecht und im Werkvertragsrecht erinnert.

§ 327 d BGB (neu)

Ist der Unternehmer durch einen Verbrauchervertrag gemäß § 327 oder § 327 a zur Bereitstellung eines digitalen Produkts verpflichtet, so hat er das digitale Produkt frei von Produkt- und Rechtsmängeln im Sinne der §§ 327 e bis 327 g bereitzustellen.

Die Regelung des **§ 327 d BGB**, der auf der Vorgabe aus **Art. 6 DIRL** beruht, konkretisiert die Leistungspflicht des Unternehmers, das digitale Produkt **mangelfrei bereitzustellen**. Damit konkretisiert § 327 d BGB eine bereits bestehende Leistungspflicht und begründet **keine neue vertragliche Leistungspflicht**, sondern setzt voraus, dass der Unternehmer durch einen Verbrauchervertrag gemäß § 327 BGB oder § 327 a BGB dazu verpflichtet ist.[285] In § 327 d BGB ist bestimmt, dass das vom Unternehmer dem Verbraucher bereitgestellte digitale Produkt frei von **Produkt- und Rechtsmängeln** i.S.d. **§§ 327 e bis 327 g BGB** sein muss. Ist das digitale Produkt mangelhaft, dann ergeben sich die Rechte des Verbrauchers aus § 327 i BGB.

Die Vorschrift greift die aus § 433 BGB und § 633 BGB bekannte **Differenzierung** zwischen Sach- und Rechtsmängeln auf und unterscheidet **zwischen Produkt- und Rechtsmangel**. Der bekannte Begriff des Sachmangels konnte nicht verwendet werden, weil digitale Produkte nicht verkörpert sind. Der deutsche Gesetzgeber hat sich stattdessen für den Begriff des Produktmangels entschieden, der in der Digitale-Inhalte-Richtlinie nicht enthalten ist. Ein Produktmangel im Sinne des § 327 d BGB umschreibt

---

285 Begr. z. RegE, BT-Drs. 19/27653, S. 52.

die in den Art. 7, 8 und 9 DIRL vorgesehenen Fälle der Vertragswidrigkeit, welche – bis auf die Regelungen zu den objektiven Anforderungen an die Aktualisierung des digitalen Produkts (dazu § 327 f BGB) – in § 327 e BGB umgesetzt sind.[286] Der in der Digitale-Inhalte-Richtlinie maßgebende Begriff der Vertragsmäßigkeit hat es nur in die amtliche Überschrift des § 327 d BGB, aber nicht in den eigentlichen Gesetzestext geschafft.

I. Produktmangel

Die Regelungen in **§ 327 e BGB** fassen die in den Art. 7, 8 und 9 DIRL festgeschriebenen Anforderungen an die Vertragsmäßigkeit digitaler Produkte in einer Vorschrift zusammen. Lediglich die Bestimmungen zur Aufrechterhaltung der Vertragsmäßigkeit durch Aktualisierungen sind wegen ihrer besonderen Bedeutung gesondert in § 327 f BGB umgesetzt.

Das digitale Produkt ist gemäß **§ 327 e Abs. 1 S. 1 BGB** frei von Produktmängeln, wenn es zur maßgeblichen Zeit nach den §§ 327 ff. BGB sowohl

- den **subjektiven** als auch

- den **objektiven** Anforderungen sowie

- den **Anforderungen an die Integration** entspricht.

Zur Mangelfreiheit des digitalen Produkts müssen mithin die subjektiven und objektiven Anforderungen sowie die Anforderungen an die Integration **kumulativ** erfüllt sein. Denn ebenso wie die Warenkaufrichtlinie und ihre Umsetzung in den §§ 434, 475 b BGB verfolgt auch die Digitale-Inhalte-Richtlinie und deren Umsetzung in § 327 e BGB das **Konzept der Gleichrangigkeit** von subjektiven und objektiven Anforderungen. Außerdem sind die Anforderungen an die Integration der digitalen Produkte gleichrangig zu den subjektiven und objektiven Anforderungen ausgestaltet, was dem Leitbild der Digitale-Inhalte-Richtlinie entspricht, die in Art. 6 DIRL diese drei Arten von Anforderungen gleichsetzt.[287]

Außerdem steht es gemäß **§ 327 e Abs. 5 BGB** einem Produktmangel gleich, wenn der Unternehmer ein anderes digitales Produkt als das vertraglich geschuldete digitale Produkt, also ein **Aliud** bereitstellt. Das setzt voraus, dass das andere digitale Produkt **in Erfüllung des Vertrags** bereitgestellt wird. Dazu muss eine entsprechende **Tilgungsbestimmung** des Unternehmers vorliegen, die nach dem objektiven Empfängerhorizont des Verbrauchers zu beurteilen ist. Der Verbraucher muss davon ausgehen können, dass der Unternehmer mit dieser Bereitstellung den Vertrag erfüllen will. Liegt dagegen aus der Sicht des Verbrauchers **erkennbar eine Verwechslung** vor, so kann die erbrachte Bereitstellung nicht mit einer mangelhaften Bereitstellung des digitalen Produkts gleichgestellt werden.

---

286 Vgl. Begr. z. RegE, BT-Drs. 19/27653, S. 52.

287 Vgl. Begr. z. RegE, BT-Drs. 19/27653, S. 53.

§ 327 e BGB (neu)

(1) [1]Das digitale Produkt ist frei von Produktmängeln, wenn es zur maßgeblichen Zeit nach den Vorschriften dieses Untertitels den subjektiven Anforderungen, den objektiven Anforderungen und den Anforderungen an die Integration entspricht. [2]Soweit nachfolgend nicht anders bestimmt, ist die maßgebliche Zeit der Zeitpunkt der Bereitstellung nach § 327 b. [3]Wenn der Unternehmer durch den Vertrag zu einer fortlaufenden Bereitstellung über einen Zeitraum (dauerhafte Bereitstellung) verpflichtet ist, ist der maßgebliche Zeitraum der gesamte vereinbarte Zeitraum der Bereitstellung (Bereitstellungszeitraum).

(2) [1]Das digitale Produkt entspricht den subjektiven Anforderungen, wenn

1. das digitale Produkt

a) die vereinbarte Beschaffenheit hat, einschließlich der Anforderungen an seine Menge, seine Funktionalität, seine Kompatibilität und seine Interoperabilität,

b) sich für die nach dem Vertrag vorausgesetzte Verwendung eignet,

2. es wie im Vertrag vereinbart mit Zubehör, Anleitungen und Kundendienst bereitgestellt wird und

3. die im Vertrag vereinbarten Aktualisierungen während des nach dem Vertrag maßgeblichen Zeitraums bereitgestellt werden.

[2]Funktionalität ist die Fähigkeit eines digitalen Produkts, seine Funktionen seinem Zweck entsprechend zu erfüllen. [3]Kompatibilität ist die Fähigkeit eines digitalen Produkts, mit Hardware oder Software zu funktionieren, mit der digitale Produkte derselben Art in der Regel genutzt werden, ohne dass sie konvertiert werden müssen. [4]Interoperabilität ist die Fähigkeit eines digitalen Produkts, mit anderer Hardware oder Software als derjenigen, mit der digitale Produkte derselben Art in der Regel genutzt werden, zu funktionieren.

(3) [1]Das digitale Produkt entspricht den objektiven Anforderungen, wenn

1. es sich für die gewöhnliche Verwendung eignet,

2. es eine Beschaffenheit, einschließlich der Menge, der Funktionalität, der Kompatibilität, der Zugänglichkeit, der Kontinuität und der Sicherheit aufweist, die bei digitalen Produkten derselben Art üblich ist und die der Verbraucher unter Berücksichtigung der Art des digitalen Produkts erwarten kann,

3. es der Beschaffenheit einer Testversion oder Voranzeige entspricht, die der Unternehmer dem Verbraucher vor Vertragsschluss zur Verfügung gestellt hat,

4. es mit dem Zubehör und den Anleitungen bereitgestellt wird, deren Erhalt der Verbraucher erwarten kann,

5. dem Verbraucher gemäß § 327 f Aktualisierungen bereitgestellt werden und der Verbraucher über diese Aktualisierungen informiert wird und

6. sofern die Parteien nichts anderes vereinbart haben, es in der zum Zeitpunkt des Vertragsschlusses neuesten verfügbaren Version bereitgestellt wird.

[2]Zu der üblichen Beschaffenheit nach Satz 1 Nummer 2 gehören auch Anforderungen, die der Verbraucher nach vom Unternehmer oder einer anderen Person in vorhergehenden Gliedern der Vertriebskette selbst oder in deren Auftrag vorgenommenen öffentlichen Äußerungen, die insbesondere in der Werbung oder auf dem Etikett abgegeben wurden, erwarten kann. [3]Das gilt nicht, wenn der Unternehmer die Äußerung nicht kannte und auch nicht kennen konnte, wenn die Äußerung im Zeitpunkt des Vertragsschlusses in derselben oder in gleichwertiger Weise berichtigt war oder wenn die Äußerung die Entscheidung, das digitale Produkt zu erwerben, nicht beeinflussen konnte.

(4) [1]Soweit eine Integration durchzuführen ist, entspricht das digitale Produkt den Anforderungen an die Integration, wenn die Integration

1. sachgemäß durchgeführt worden ist oder

2. zwar unsachgemäß durchgeführt worden ist, dies jedoch weder auf einer unsachgemäßen Integration durch den Unternehmer noch auf einem Mangel in der vom Unternehmer bereitgestellten Anleitung beruht. [2]Integration ist die Verbindung und die Einbindung eines digitalen Produkts mit den oder in die Komponenten der digitalen Umgebung des Verbrauchers, damit das digitale Produkt gemäß den Anforderungen nach den Vorschriften dieses Untertitels genutzt werden kann. [3]Digitale Umgebung sind Hardware, Software oder Netzverbindungen aller Art, die vom Verbraucher für den Zugang zu einem digitalen Produkt oder die Nutzung eines digitalen Produkts verwendet werden.

(5) Einem Produktmangel steht es gleich, wenn der Unternehmer ein anderes digitales Produkt als das vertraglich geschuldete digitale Produkt bereitstellt.

1. Maßgeblicher Zeitpunkt

In **§ 327 e Abs. 1 S. 2 und 3 BGB** wird konkretisiert, zu welchem Zeitpunkt das digitale Produkt vertragsgemäß zu sein hat. Dieser Zeitpunkt ist **bei einmaligen Bereitstellungen anders als bei dauerhaften** Bereitstellungen und außerdem ergeben sich Besonderheiten für die Dauer der geschuldeten Aktualisierungspflicht. Aus diesem Grund spricht § 327 e Abs. 1 S. 1 BGB nur von der maßgeblichen Zeit. Nach § 327 e Abs. 1 S. 2 BGB ist der maßgebliche Zeitpunkt für das Vorliegen der geschuldeten Mangelfreiheit der Zeitpunkt der nach § 327 b BGB zu bestimmenden Bereitstellung. Ist der Unternehmer durch den Vertrag zu einer fortlaufenden Bereitstellung über einen Zeitraum (dauerhafte Bereitstellung) verpflichtet, ist gemäß § 327 e Abs. 1 S. 3 BGB der maßgebliche Zeitraum der gesamte vereinbarte Zeitraum der Bereitstellung (Bereitstellungszeitraum).

2. Subjektive Anforderungen

Die subjektiven Anforderungen an digitale Produkte werden in **§ 327 e Abs. 2 BGB** konkretisiert. Nach der Aufzählung in § 327 e Abs. 2 S. 1 BGB, die auf der Vorgabe aus Art. 7 DiRL beruht, entspricht das digitale Produkt den subjektiven Anforderungen, wenn es

- die **vereinbarte Beschaffenheit** hat, einschließlich der Anforderungen an seine Menge, seine Funktionalität, seine Kompatibilität und seine Interoperabilität (§ 327 e Abs. 2 S. 1 **Nr. 1 a)** BGB),

- sich für die nach dem **Vertrag vorausgesetzte Verwendung** eignet (§ 327 e Abs. 2 S. 1 **Nr. 1 b)** BGB),

- es wie im Vertrag vereinbart mit **Zubehör, Anleitungen und Kundendienst** bereitgestellt wird (§ 327 e Abs. 2 S. 1 **Nr. 2** BGB) und

- die im Vertrag **vereinbarten Aktualisierungen** während des nach dem Vertrag maßgeblichen Zeitraums bereitgestellt werden (§ 327 e Abs. 2 S. 1 **Nr. 3** BGB).

Der deutsche Gesetzgeber hat den Begriff der vereinbarten Beschaffenheit aus dem geltenden Kaufrecht übernommen, um die neuen Gewährleistungsvorschriften für digitale Produkte in das **System der bestehenden Gewährleistungsvorschriften** einzubinden. Dabei ist Beschaffenheit – ebenso wie im Kaufrecht – weit zu verstehen, nämlich als jegliches Merkmal eines digitalen Produkts, das dem Produkt selbst anhaftet oder sich aus seiner Beziehung zur Umwelt ergibt.[288]

Eine **Vereinbarung über die Beschaffenheit** kann sowohl ausdrücklich als **auch konkludent** erfolgen.[289]

Die in § 327 e Abs. 2 S. 1 Nr. 1 a) BGB **aufgezählten Beispiele** (Menge, Funktionalität, Kompatibilität und Interoperabilität) sind **nicht abschließend** („einschließlich"), wie sich auch aus der Formulierung „und sonstiger Merkmale" am Ende von Art. 7 a) DIRL ergibt. Außerdem sind die in der Richtlinie aufgeführten Beispiele zur Auslegung des § 327 e Abs. 2 S. 1 Nr. 1 a) BGB heranzuziehen. Von einer wörtlichen Aufzählung dieser Beispiele hat der deutsche Gesetzgeber abgesehen, in **§ 327 e Abs. 2 S. 2 bis 4 BGB** aber **Legaldefinitionen** einiger Merkmale vorgesehen. Diese drei Definitionen entsprechen Art. 2 Nr. 10 bis 12 DIRL. Während Funktionalität auf die Funktionsweise der digitalen Produkte selbst abstellt, betreffen Kompatibilität und Interoperabilität das Funktionieren der digitalen Produkte im Verbund mit anderer Hard- und Software.[290]

Nach § 327 e Abs. 2 S. 2 BGB ist **Funktionalität** die Fähigkeit eines digitalen Produkts, seine Funktionen seinem Zweck entsprechend zu erfüllen. **Kompatibilität** ist gemäß § 327 e Abs. 2 S. 3 BGB die Fähigkeit eines digitalen Produkts, mit Hardware oder Software zu funktionieren, mit der digitale Produkte derselben Art in der Regel genutzt werden, ohne dass sie konvertiert werden müssen. Schließlich definiert § 327 e Abs. 2 S. 4 BGB die **Interoperabilität** als die Fähigkeit eines digitalen Produkts, mit anderer Hardware oder Software als derjenigen, mit der digitale Produkte derselben Art in der Regel genutzt werden, zu funktionieren.

> **Beispiele**
>
> Von der Funktionalität erfasste Aspekte können digitale Rechteverwaltungen oder Regionalcodierungen sein.[291]

Der deutsche Gesetzgeber hat sich ferner dafür entschieden, in § 327 e Abs. 2 S. 1 a) BGB das Merkmal der **Menge** ausdrücklich aufzuführen, um klarzustellen, dass auch die Menge vom Beschaffenheitsbegriff erfasst wird. Der Begriff der Menge, der auch in § 434 Abs. 3 S. 2 BGB verwendet wird, entspricht dem der „Quantität" aus Art. 7 a) DIRL. Ein nicht in § 327 e Abs. 2 S. 1 BGB ausdrücklich geregeltes Beschaffenheitsmerkmal ist hingegen die **Qualität** des digitalen Produkts.

---

288 Vgl. Begr. z. RegE, BT-Drs. 19/27653, S. 54.

289 Weiß ZVertriebsR 2021, 208, 210.

290 Brönneke/Föhlisch/Tonner § 2 Rn. 106.

291 Begr. z. RegE, BT-Drs. 19/27653, S. 55.

Beispiele

Die vereinbarte Beschaffenheit hinsichtlich der Qualität des digitalen Produkts kann etwa dessen Bildauflösung oder die Tonqualität einer Sounddatei betreffen.[292]

Hinsichtlich der Eignung der digitalen Produkte stellt **§ 327 e Abs. 2 S. 1 Nr. 1 b) BGB** ebenso wie die kaufrechtliche Vorschrift des § 434 Abs. 1 S. 2 Nr. 1 BGB auf die Eignung für die nach dem Vertrag vorausgesetzte Verwendung ab. Danach ist die Verwendung, ohne vertraglich vereinbart zu sein, dann vertraglich vorausgesetzt, wenn sie von beiden Parteien **übereinstimmend unterstellt** wird. Bei der Ermittlung dieser Verwendung sind neben dem Vertragsinhalt die Gesamtumstände des Vertragsabschlusses heranzuziehen. Der Verbraucher muss die von ihm angestrebte Verwendung dem Unternehmer **spätestens bei Vertragsschluss** zur Kenntnis gebracht haben, denn Erklärungen, welche die Parteien nach Vertragsschluss abgeben, werden nicht Inhalt des Vertrags.[293]

Zu den subjektiven Anforderungen des digitalen Produkts kann auch eine Vereinbarung betreffend das **Zubehör**, die **Anleitungen** und den **Kundendienst** zählen, vgl. **§ 327 e Abs. 2 S. 1 Nr. 2 BGB**. Dabei ist der Begriff des Zubehörs für digitale Produkte nicht auf physische Güter beschränkt, sodass darunter insbesondere auch notwendige Treiber und ähnliche Ergänzungen für die Ausführung digitaler Produkte zu verstehen sind.[294] Anleitungen können auch in digitaler Art und Weise bereitgestellt werden, wie etwa bei Erläuterungen während eines Integrationsprozesses.[295]

Gemäß **§ 327 e Abs. 2 S. 1 Nr. 3 BGB** umfassen die subjektiven Anforderungen auch die Bereitstellung der im Vertrag **vereinbarten Aktualisierungen** während des nach dem Vertrag maßgeblichen Zeitraums. Dabei sind die Vertragsparteien grundsätzlich frei darin, Art, Dauer und Umfang der Aktualisierungspflicht zu vereinbaren. Einzelheiten zur Aktualisierung des digitalen Produkts enthält **§ 327 f BGB** (dazu unten Seite 111 ff.). Die objektiven Anforderungen an die Aktualisierungspflicht des Unternehmers ergeben sich aus § 327 e Abs. 3 Nr. 5 in Verbindung mit § 327 f BGB. Wollen die Parteien diese objektiven Anforderungen im Rahmen einer Vereinbarung unterschreiten, also **abweichende subjektive Anforderungen** festschreiben, sind die spezifischen Voraussetzungen des § 327 h BGB (dazu unten Seite 121) zu beachten.

3. Objektive Anforderungen

Nach der Auflistung in **§ 327 e Abs. 3 BGB** entspricht das digitale Produkt den objektiven Anforderungen, wenn

- es sich für die **gewöhnliche Verwendung** eignet (§ 327 e Abs. 3 S. 1 **Nr. 1** BGB),

---

292 Vgl. Begr. z. RegE, BT-Drs. 19/27653, S. 54.

293 Begr. z. RegE, BT-Drs. 19/27653, S. 55.

294 Brönneke/Föhlisch/Tonner § 2 Rn. 109.

295 Begr. z. RegE, BT-Drs. 19/27653, S. 55.

- es eine **Beschaffenheit**, einschließlich der Menge, der Funktionalität, der Kompatibilität, der Zugänglichkeit, der Kontinuität und der Sicherheit aufweist, die bei digitalen Produkten **derselben Art üblich** ist und die der **Verbraucher** unter Berücksichtigung der Art des digitalen Produkts **erwarten kann** (§ 327 e Abs. 3 S. 1 **Nr. 2** BGB),

- es der Beschaffenheit einer **Testversion** oder **Voranzeige** entspricht, die der Unternehmer dem Verbraucher vor Vertragsschluss zur Verfügung gestellt hat (§ 327 e Abs. 3 S. 1 **Nr. 3** BGB),

- es mit dem **Zubehör** und den **Anleitungen** bereitgestellt wird, deren Erhalt der Verbraucher erwarten kann(§ 327 e Abs. 3 S. 1 **Nr. 4** BGB),

- dem Verbraucher gemäß § 327 f BGB **Aktualisierungen** bereitgestellt werden und der Verbraucher über diese Aktualisierungen informiert wird (§ 327 e Abs. 3 S. 1 **Nr. 5** BGB),

- und sofern die Parteien nichts anderes vereinbart haben, es in der zum Zeitpunkt des Vertragsschlusses **neuesten verfügbaren Version** bereitgestellt wird (§ 327 e Abs. 3 S. 1 **Nr. 6** BGB).

Gemäß **§ 327 e Abs. 3 S. 1 Nr. 1 BGB** gehört es zu den objektiven Anforderung, dass sich das digitale Produkt für die gewöhnliche Verwendung eignet. Der Wortlaut der Vorschrift orientiert sich an der in § 434 Abs. 3 S. 1 Nr. 1 BGB verwendeten Formulierung. Die **Auslegung des Begriffs „gewöhnlich"** erfolgt anhand der Verkehrsanschauung. Maßstab dafür sind die Zwecke, für die digitale Produkte derselben Art in der Regel genutzt werden, wie sich aus **Art. 8 Abs. 1 a) DIRL** ergibt.[296] Der deutsche Gesetzgeber hat sich dagegen entschieden, die ebenfalls in Art. 8 DIRL angeführten Bezugspunkte für die Ermittlung des **objektiven Maßstabs für die Eignung**, ausdrücklich in den Gesetzestext mit aufzunehmen, sie sind aber im Rahmen der Auslegung § 327 e Abs. 3 S. 1 Nr. 1 BGB heranzuziehen.[297] Nach Art. 8 Abs. 1 a) DIRL sind **technische Normen** oder, in Ermangelung solcher technischer Normen, anwendbare **sektorspezifischer Verhaltenskodizes** zu berücksichtigen.

Außerdem zählt es nach **§ 327 e Abs. 3 S. 1 Nr. 2 BGB** zu den objektiven Anforderungen, dass das digitale Produkt die übliche Beschaffenheit aufweist, die bei digitalen Produkten derselben Art üblich ist und die der Verbraucher unter Berücksichtigung der Art des digitalen Produkts erwarten kann. Die Vorschrift orientiert sich an § 434 Abs. 3 S. 1 Nr. 2 BGB. Ebenso wie im Kaufrecht ist der Begriff der **Beschaffenheit weit zu verstehen**.[298]

Aus dem Vergleich von § 327 e Abs. 2 Nr. 1 a) BGB und § 327 e Abs. 3 Nr. 2 BGB ergibt sich, dass – anders als bei der Funktionalität und der Kompatibilität – die **Interoperabilität nur im Rahmen der subjektiven Anforderungen** relevant wird. Damit will der deutsche Gesetzgeber der Tatsache Rechnung tragen, dass der Unternehmer Probleme bzgl. der Interoperabilität digitaler Produkte wegen der unüberschaubaren Vielzahl

---

296 Brönneke/Föhlisch/Tonner § 2 Rn. 111.

297 Begr. z. RegE, BT-Drs. 19/27653, S. 56.

298 Begr. z. RegE, BT-Drs. 19/27653, S. 56.

möglicher digitaler Umgebungen nicht vorhersehen kann.[299] Neben der **Funktionali-tät** und der **Kompatibilität** führt § 327 e Abs. 3 S. 1 Nr. 2 BGB als weitere **Bezugspunkte der Beschaffenheit** die Kriterien Zugänglichkeit, Kontinuität und Sicherheit an. Die **Zu-gänglichkeit** betrifft die Pflicht des Unternehmers, die Zugriffsmöglichkeiten auf das digitale Produkt, vor allem bei digitalen Dienstleistungen sicherzustellen.[300] Mit der **Kontinuität** wird die Pflicht des Unternehmers adressiert, dafür Sorge zu tragen, dass die Funktionen des digitalen Produkts dauerhaft und ohne Unterbrechungen zur Verfü-gung stehen.[301] Bei der **Sicherheit** geht es um Anforderungen an die Datensicherheit. Ferner wird auch das Kriterium der **Menge** aus Klarstellungsgründen an dieser Stelle ge-nannt.[302] Es entspricht der „Quantität" aus der Richtlinienvorgabe in Art. 8 Abs. 1 b) DIRL. Die in § 327 e Abs. 3 Nr. 2 BGB aufgeführten Kriterien für die Beschaffenheit des di-gitalen Produkts sind **nicht abschließend** („einschließlich").

Für die Frage, welche Beschaffenheit geschuldet ist, stellt § 327 e Abs. 3 S. 1 Nr. 2 BGB zum einen auf die übliche Beschaffenheit von digitalen Produkten **derselben Art** und zum anderen auf die **Erwartungshaltung des Verbrauchers** unter Berücksichtigung der Art des digitalen Produkts ab. Die übliche Beschaffenheit richtet sich nach den be-rechtigten Erwartungen eines objektiven Durchschnittsverbrauchers. Aus Erwägungs-grund 46 der Digitale-Inhalte-Richtlinie ergibt sich zudem, dass auch die Bestimmung dessen, was der **Verbraucher vernünftigerweise erwarten kann**, nach objektiven Kri-terien erfolgt. Der deutsche Gesetzgeber hat auf die die Erwartungshaltung des Ver-brauchers konkretisierende Formulierung „vernünftigerweise" bewusst verzichtet, sie ist aber gleichwohl für die (richtlinienkonforme) Auslegung der Erwartungshaltung zu beachten.

Nach **§ 327 e Abs. 3 S. 1 Nr. 3 BGB** muss der Inhalt des digitalen Produkt außerdem der Beschaffenheit einer Testversion und Voranzeige entsprechen. **Testversionen** können im Funktionsumfang beschränkte Versionen, der mit ihnen beworbenen digitalen Pro-dukte sein und **Voranzeigen** sind unter anderem Abbildungen oder Videoinhalte, die etwa die Funktionen der digitalen Produkte wiedergeben.[303] Typischerweise sind Test-versionen noch nicht für den Markt freigegeben, aber künftig dafür vorgesehen.[304] Die durch § 327 e Abs. 3 S. 1 Nr. 3 BGB postulierte Entsprechung in der Beschaffenheit kann sich indes nur auf solche Elemente des bereitgestellten digitalen Produkts beziehen, die bereits Gegenstand der Testversion oder Voranzeige waren. Außerdem werden gemäß § 327 e Abs. 3 S. 1 Nr. 3 BGB nur solche Testversionen und Voranzeigen erfasst, die dem **Verbraucher vor Vertragsschluss zur Verfügung gestellt** worden sind.

---

299 Brönneke/Föhlisch/Tonner § 2 Rn. 107.

300 Begr. z. RegE, BT-Drs. 19/27653, S. 56.

301 Brönneke/Föhlisch/Tonner § 2 Rn. 113.

302 Begr. z. RegE, BT-Drs. 19/27653, S. 56.

303 Begr. z. RegE, BT-Drs. 19/27653, S. 56.

304 Brönneke/Föhlisch/Tonner § 2 Rn. 116.

Beispiel

Kommt bereits bei der Bereitstellung der Testversion ein Vertrag zustande, der nach den vertraglichen Bestimmungen ab einem bestimmten Zeitpunkt kostenpflichtig fortgeführt oder in anderer Weise erweitert wird, so fällt dies nicht unter § 327 e Abs. 3 S. 1 Nr. 3 BGB.[305]

Die Regelung des **§ 327 e Abs. 3 S. 1 Nr. 4 BGB** erstreckt die objektiven Anforderungen an die Bereitstellung des digitalen Produkts auf das **Zubehör** und die **Anleitungen** für das digitale Produkt. Allerdings gilt dies nur für das Zubehör und die Anleitungen, deren Erhalt der Verbraucher erwarten kann. Im Gegensatz zu § 327 e Abs. 3 S. 1 Nr. 4 BGB stellt die Richtlinienvorgabe der Vorschrift in Art. 8 Abs. 1 c) DIRL ausdrücklich auf die **„vernünftigen" Erwartungen des Verbrauchers** ab. Die Vernünftigkeit bestimmt sich nach Erwägungsgrund 46 der Digitale-Inhalte-Richtlinie nach objektiven Kriterien und unter Berücksichtigung der Art und des Zwecks der digitalen Produkte, der Umstände des Einzelfalls und der **Gebräuche und Gepflogenheiten** der Vertragsparteien.

Zu den objektiven Anforderungen an das digitale Produkt zählt gemäß **§ 327 e Abs. 3 S. 1 Nr. 5 BGB** auch, dass dem Verbraucher gemäß § 327 f BGB **Aktualisierungen bereitgestellt** werden **und** der Verbraucher über diese Aktualisierungen **informiert** wird. Angesichts der Bedeutung dieser objektiven Konformitätskriterien und ihrer besonderen Voraussetzungen hat sich der deutsche Gesetzgeber dafür entschieden, die **Einzelheiten** mit **§ 327 f BGB** (dazu ausführlich unten Seite 111) in einer separaten Vorschrift zu regeln und darauf in § 327 e Abs. 3 S. 1 Nr. 5 BGB nur der Vollständigkeit halber zu verweisen.[306]

Schließlich gehört es nach **§ 327 e Abs. 3 S. 1 Nr. 6 BGB** auch zu den objektiven Anforderungen, dass das digitale Produkt grundsätzlich in der **neuesten verfügbaren Version** bereitgestellt werden muss. Dies stellt die Vorschrift jedoch ausdrücklich unter den Vorbehalt, dass „die Parteien nichts anderes vereinbart haben". Die Hürden für eine solche Vereinbarung sind – anders als bei den anderen Nummern in § 327 e Abs. 3 S. 1 BGB – nicht hoch, weil die in § 327 h BGB vorgesehenen Anforderungen an abweichende Vereinbarungen über Produktmerkmale nicht beachtet werden müssen. Der Verbraucher muss also vor Abgabe seiner Vertragserklärung nicht eigens von der Abweichung in Kenntnis gesetzt werden und die Abweichung muss im Vertrag auch nicht ausdrücklich und gesondert vereinbart werden. Die **schwächeren Anforderungen** ergeben sich aus dem Umstand, dass § 327 h BGB die Nummern 1 bis 5, aber gerade nicht die Nummer 6 des § 327 e Abs. 3 S. 1 BGB in Bezug nimmt. Es gilt indes zu beachten, dass für eine Abweichung von den Erfordernissen des § 327 e Abs. 3 S. 1 Nr. 6 BGB die bloße Bezeichnung einer Version mit einer Versionsnummer nicht genügt und außerdem trifft den Unternehmer die Beweislast für das Zustandekommen einer abweichenden Vereinbarung.[307]

305　Vgl. Begr. z. RegE, BT-Drs. 19/27653, S. 56.

306　Begr. z. RegE, BT-Drs. 19/27653, S. 57.

307　Begr. z. RegE, BT-Drs. 19/27653, S. 57.

4. Öffentliche Äußerungen

Zur üblichen Beschaffenheit, die das digitale Produkt **als objektive Anforderung** nach § 327 e Abs. 3 S. 1 Nr. 2 BGB aufweisen muss, gehören gemäß **§ 327 e Abs. 3 S. 2 BGB** auch Anforderungen, die der Verbraucher nach vom Unternehmer oder einer anderen Person in vorhergehenden Gliedern der Vertriebskette selbst oder in deren Auftrag vorgenommenen öffentlichen Äußerungen, die insbesondere in der **Werbung** oder auf dem **Etikett** abgegeben wurden, erwarten kann. Die Formulierungen der Vorschrift orientieren sich an § 434 Abs. 3 S. 1 Nr. 2 b) BGB.

Gemäß **§ 327 e Abs. 3 S. 2 BGB** hat die öffentliche Äußerung **ausnahmsweise** keinen Einfluss auf die berechtigte Verbrauchererwartung, wenn

- der Unternehmer die **Äußerung nicht kannte** und auch nicht kennen konnte,

- die Äußerung im Zeitpunkt des Vertragsschlusses in derselben oder **in gleichwertiger Weise berichtigt** war oder

- die Äußerung die **Entscheidung**, das digitale Produkt zu erwerben, **nicht beeinflussen konnte**.

Die Legaldefinition des „Kennenmüssens" ist in § 122 Abs. 2 BGB geregelt und gilt für das gesamte Zivilrecht. Die **Unkenntnis** entlastet den Unternehmer also nur, wenn sie nicht auf Fahrlässigkeit beruht. Da insbesondere im gewerblichen Verkehr von einem Unternehmer erwartet werden kann, dass er über öffentliche Äußerungen des Herstellers als vorhergehendes Glied der Vertriebskette informiert ist, wird ein solcher Fall selten vorkommen.

Eine **Berichtigung in „gleichwertiger Weise"** erfordert, dass diese mit demselben Wirkungsgrad erfolgen muss, also entweder auf dieselbe Weise, in der die öffentliche Äußerung getätigt wurde, oder auf eine Weise, die dieselbe Reichweite und Wirkung hat.

Beispiele

1. Es reicht nicht aus, dass eine Werbung, die in einer überörtlichen Zeitung geschaltet worden ist, in der Ortspresse berichtigt wird.

2. Zumindest zweifelhaft ist, ob eine Prospektwerbung durch Fernsehwerbung berichtigt werden kann, weil die Berichtigung den gleichen Aufmerksamkeitswert haben und geeignet sein muss, im Wesentlichen das gleiche Publikum zu erreichen.

Die öffentliche Aussage hat die **Entscheidung** des Verbrauchers **nicht beeinflusst**, wenn sie für die Willensbildung des Verbrauchers nicht maßgeblich sein konnte, etwa weil er sie nicht zur Kenntnis genommen hat oder nicht nehmen konnte, was etwa bei Äußerungen im ausländischen Werbefernsehen der Fall sein kann.

5. Integrationsanforderungen

Die Anforderungen an die Integration des digitalen Produkts, die gemäß Art. 6 DIRL auch zur Vertragsmäßigkeit des digitalen Produkts gehören, regelt **§ 327 e Abs. 4 BGB**. Der deutsche Gesetzgeber setzt damit die Vorgaben aus Art. 9 DIRL um. Die Vorschrift kommt nicht zur Anwendung, wenn die Integration weder vom Unternehmer geschuldet noch vom Verbraucher durchzuführen ist.[308]

Das digitale Produkt ist nach **§ 327 e Abs. 4 S. 1 BGB** mangelhaft, wenn

- es **unsachgemäß integriert** worden ist und die Integration vom Unternehmer oder unter seiner Verantwortung vorgenommen wurde oder

- die Integration vom Verbraucher durchgeführt wurde, die unsachgemäße Integration jedoch auf einen **Mangel in der** vom Unternehmer **bereitgestellten Anleitung** zurückzuführen ist.[309]

Integration ist dabei gemäß der Legaldefinition in **§ 327 e Abs. 4 S. 2 BGB** die Verbindung und die Einbindung eines digitalen Produkts mit den oder in die Komponenten der digitalen Umgebung des Verbrauchers, damit das digitale Produkt gemäß den Anforderungen nach den §§ 327 ff. BGB genutzt werden kann. Außerdem zählen nach der Legaldefinition in **§ 327 e Abs. 4 S. 3 BGB** zur **digitalen Umgebung** Hardware, Software oder Netzverbindungen aller Art, die vom Verbraucher für den Zugang zu einem digitalen Produkt oder die Nutzung eines digitalen Produkts verwendet werden.

> **Beispiel**
>
> Software zur Einbindung eines Staubsaugerroboters in eine Smarthome-Umgebung, die der Verbraucher in der Regel auf sein Smartphone laden muss, um das Gerät mit dem WLAN der Wohnung zu verbinden.[310]

II. Aktualisierungen

Die in **§ 327 f BGB** geregelte selbstständige Verpflichtung des Unternehmers zu Aktualisierungen ist eine der **wesentlichen Neuerungen** durch die Schulrechtsreform 2022. Danach ist der Unternehmer auch bei Verträgen, die sich in einem einmaligen Leistungsaustausch erschöpfen, auch nach der Bereitstellung verpflichtet, Aktualisierungen zur **Aufrechterhaltung der Mangelfreiheit** des digitalen Produkts bereitzustellen. Diese Abkehr von der Übergabe oder Lieferung als maßgeblichen Zeitpunkt ist ein **Paradigmenwechsel**.[311] Außerdem kann die Aktualisierungsverpflichtung sogar über den Gewährleistungszeitraum hinaus gelten. Das bis zum 31.12.2021 geltende Recht kannte keine entsprechende Verpflichtung.[312] Die bisherigen Bewertungen fallen sehr unter-

---

308 Brönneke/Föhlisch/Tonner § 2 Rn. 122.

309 Begr. z. RegE, BT-Drs. 19/27653, S. 58.

310 Gelbrich/Timmermann NJOZ 2021, 1249, 1255.

311 Vgl. Brönneke/Föhlisch/Tonner § 2 Rn. 126.

312 Vgl. Begr. z. RegE, BT-Drs. 19/27653, S. 58.

schiedlich aus. Während manche die Bestimmungen zur Aktualisierung als „Durchbruch des Verbraucherschutzes" bezeichnen,[313] betonen andere eher die damit (vermeintlich) verbundene Rechtsunsicherheit.[314]

---

§ 327 f BGB (neu)

(1) [1]Der Unternehmer hat sicherzustellen, dass dem Verbraucher während des maßgeblichen Zeitraums Aktualisierungen, die für den Erhalt der Vertragsmäßigkeit des digitalen Produkts erforderlich sind, bereitgestellt werden und der Verbraucher über diese Aktualisierungen informiert wird. [2]Zu den erforderlichen Aktualisierungen gehören auch Sicherheitsaktualisierungen. [3]Der maßgebliche Zeitraum nach Satz 1 ist

1. bei einem Vertrag über die dauerhafte Bereitstellung eines digitalen Produkts der Bereitstellungszeitraum,

2. in allen anderen Fällen der Zeitraum, den der Verbraucher aufgrund der Art und des Zwecks des digitalen Produkts und unter Berücksichtigung der Umstände und der Art des Vertrags erwarten kann.

(2) Unterlässt es der Verbraucher, eine Aktualisierung, die ihm gemäß Absatz 1 bereitgestellt worden ist, innerhalb einer angemessenen Frist zu installieren, so haftet der Unternehmer nicht für einen Produktmangel, der allein auf das Fehlen dieser Aktualisierung zurückzuführen ist, sofern

1. der Unternehmer den Verbraucher über die Verfügbarkeit der Aktualisierung und die Folgen einer unterlassenen Installation informiert hat und

2. die Tatsache, dass der Verbraucher die Aktualisierung nicht oder unsachgemäß installiert hat, nicht auf eine dem Verbraucher bereitgestellte mangelhafte Installationsanleitung zurückzuführen ist.

Die **Information** über **und** die **Bereitstellung** von Aktualisierungen gehören zu den objektiven Konformitätskriterien gemäß § 327 e Abs. 3 S. 1 Nr. 5 BGB. Angesichts der besonderen Bedeutung dieser Pflichten und ihrer besonderen Voraussetzungen werden die Einzelheiten in einer eigenen Vorschrift zusammengefasst. Die Regelungen in § 327 f BGB, der auf der Richtlinienvorgabe aus **Art. 8 Abs. 2 DIRL** beruht, gleichen den entsprechenden Bestimmungen im Kaufrecht für Waren mit digitalen Elementen (§ 475 b Abs. 4 Nr. 2 BGB).

1. Bereitstellung der Aktualisierungen

Den Unternehmer trifft gemäß **§ 327 f Abs. 1 BGB** die Pflicht, „sicherzustellen", dass dem Verbraucher die erforderlichen Aktualisierungen bereitgestellt werden. In diesem Zusammenhang kann der Unternehmer **auch Dritte** wie etwa den Hersteller in die Erfüllung seiner Pflicht einbeziehen. Diese sind, sofern sie auf vertraglicher Grundlage handeln, als Erfüllungsgehilfen des Unternehmers (§ 278 BGB) anzusehen.[315]

---

313 Wendehorst NJW 2021, 2913, 2917.

314 Schöttle MMR 2021, 683, 687.

315 Begr. z. RegE, BT-Drs. 19/27653, S. 58 f.

a) Begriff und Umfang der Aktualisierungen

Der Begriff der Aktualisierungen wird auch in der Digitale-Inhalte-Richtlinie verwendet (vgl. Art. 8 Abs. 2 DIRL). Die Gesetzesbegründung möchte den Begriff der Aktualisierungen zwar als Oberbegriff für „Updates" und „Upgrades" verstanden wissen.[316] Aus dem gesetzestechnischen Zusammenspiel der § 327 f BGB und § 327 r BGB ergibt sich aber etwas anderes.[317] Nach § 327 f Abs. 1 BGB sind nämlich nur solche Aktualisierungen geschuldet, die **zum Erhalt der Vertragsmäßigkeit** (Mangelfreiheit) **erforderlich** sind. Das betrifft jedoch nur **Updates** im Sinne der Funktionserhaltung, nicht aber Upgrades im Sinne einer darüber hinaus gehenden Veränderung. Upgrades sind also keine Aktualisierungen im Sinne des § 327 f BGB, sondern Änderungen im Sinne des § 327 r Abs. 1 BGB, die über das zur Aufrechterhaltung der Vertragsmäßigkeit erforderliche Maß hinausgehen.

Aktualisierungen können vor allem erforderlich sein, um Merkmale wie die **Kompatibilität und Sicherheit** des digitalen Produkts (weiterhin) zu erfüllen, zumal die Sicherheitsaktualisierungen in **§ 327 f Abs. 1 S. 2 BGB** besonders hervorgehoben werden. Auch wenn Sicherheitsmängel oder sicherheitsrelevante Softwarefehler auftreten, die keine Auswirkungen auf die Funktionsfähigkeit der Sache haben, besteht eine Aktualisierungspflicht zur Behebung des Sicherheitsmangels.[318] Dadurch soll der Verbraucher vor Angriffen aus dem Bereich der Cyberkriminalität geschützt werden.[319]

Zu beachten ist ferner, dass § 327 f Abs. 1 BGB nur eine **Verpflichtung** zur Bereitstellung der Aktualisierung und **nicht zur Installation der Aktualisierung** statuiert.[320] Das ergibt sich aus § 327 f Abs. 2 BGB, der den Fall betrifft, dass dem Verbraucher die Aktualisierung bereitgestellt worden ist, der Verbraucher sie aber nicht installiert hat. Deshalb obliegt es grundsätzlich dem Verbraucher, über die Installation der Aktualisierung zu entscheiden, was sachgerecht ist, weil er durchaus ein berechtigtes Interesse haben kann, eine bestimmte Aktualisierung nicht durchzuführen, etwa wenn nur Änderungen an der Benutzeroberfläche vorgenommen wurden.[321] Für kritische Sicherheits-Updates wird teilweise aber eine „**Zwangsaktualisierung**" durch automatisierte Updates erwogen. Denn Software-Aktualisierungen seien beispielsweise bei Fahrzeugen oder in anderen sicherheitsrelevanten Einrichtungen zwingend erforderlich, zumal mit der zunehmenden Verbreitung von IoT-Geräten auch die Konsequenzen von Sicherheitslücken gravierender werden, sodass in vielen Fällen die dadurch eröffneten Angriffsmöglichkeiten (DoS-Attacken, Spamming oder Mining-Trojaner) nur durch ein automatisiertes Update der auf den Geräten enthaltenen Software vermieden werden könnten.[322]

---

316 Vgl. Begr. z. RegE, BT-Drs. 19/27653, S. 58.

317 Schöttle MMR 2021, 683, 686.

318 Begr. z. RegE, BT-Drs. 19/27653, S. 59.

319 Brönneke/Föhlisch/Tonner § 2 Rn. 128.

320 Spindler MMR 2021, 451, 455.

321 Spindler MMR 2021, 451, 455.

322 Schöttle MMR 2021, 683, 687 f.

b) Maßgeblicher Zeitraum

Der maßgebliche Zeitraum, in dem der Unternehmer zur Bereitstellung der Aktualisierungen verpflichtet ist, wird durch **§ 327 f Abs. 1 S. 3 BGB** konkretisiert.

- Nach § 327 f Abs. 1 S. 3 **Nr. 1** BGB umfasst er im Fall einer **dauerhaften Bereitstellung** den gesamten Bereitstellungszeitraum.

- Bei **einmaliger Bereitstellung** und bei einer **Reihe einzelner Bereitstellungen** erstreckt sich der maßgebliche Zeitraum gemäß § 327 f Abs. 1 S. 3 **Nr. 2** BGB über jenen Zeitraum, den der Verbraucher aufgrund der Art und des Zwecks der digitalen Produkte und unter Berücksichtigung der Umstände und der Art des Vertrags erwarten kann.

Mithin gilt die Verpflichtung zu Aktualisierungen gemäß **§ 327 f Abs. 1 S. 3 Nr. 1 BGB** hinsichtlich der dauerhaften Bereitstellung digitaler Inhalte (Cloud Computing, Streaming Dienste) für den **gesamten Zeitraum der Bereitstellung**. Haben die Vertragsparteien keinen bestimmten Bereitstellungszeitraum vereinbart, läuft die Aktualisierungsverpflichtung bis zum Vertragsende, der Zeitraum der Aktualisierungsverpflichtung und die Vertragslaufzeit sind dann also kongruent.[323]

Die **berechtigte Erwartungshaltung** des Verbrauchers gemäß **§ 327 f Abs. 1 S. 3 Nr. 2 BGB** ist anhand eines objektiven Maßstabes zu beurteilen.[324] Dieser Zeitraum ist **nicht auf** die **Dauer der Gewährleistungsfrist beschränkt**, er kann kürzer sein, er kann aber auch über diese hinausreichen.[325] Für die Bestimmung des Zeitraums gibt es keine (Faust-)Regeln der Gestalt, dass es einen üblichen Regelzeitraum von zwei Jahren gebe, der etwa bei Sicherheitsupdates ausnahmsweise länger ausfalle.[326] Der Zeitraum ist vielmehr eine **Frage des Einzelfalls** unter Berücksichtigung der in § 327 f Abs. 1 S. 3 Nr. 2 BGB genannten Kriterien.

Das führt zu einer schwer zu leugnenden **Rechtsunsicherheit**, die bereits für viel Kritik gesorgt hat.[327] Allerdings wird die Rechtsprechung nach und nach zumindest für etwas mehr Beurteilungssicherheit sorgen können und außerdem steht es den Vertragsparteien frei, die Aktualisierungsverpflichtung unter den Voraussetzung des § 327 h BGB abzuändern (dazu sogleich unten).

Für den Einfluss der **Art und** des **Zwecks des digitalen Produkts** auf den relevanten Aktualisierungszeitraum kann es maßgebend auf den Unterschied zwischen einem Betriebssystem und einer Anwendungssoftware ankommen.

---

323 Brönneke/Föhlisch/Tonner § 2 Rn. 132.

324 Weiß ZVertriebsR 2021, 208, 211.

325 Wendehorst NJW 2021, 2913, 2918.

326 Brönneke/Föhlisch/Tonner § 2 Rn. 133.

327 Vgl. nur Pech GRUR-Prax 2021, 547, 548; Schöttle MMR 2021, 683, 687; Spindler MMR 2021, 451, 455.

Beispiel

Ein Betriebssystem für ein mit dem Internet verbundenes Gerät ist wegen seiner zentralen Bedeutung länger mit Aktualisierungen zu versorgen als eine Anwendungssoftware, für deren Verwendung keine Verbindung mit dem Internet erforderlich ist.[328]

Ist das digitale Produkt in einer Sache enthalten oder mit einer Sache verbunden, hat die **übliche Nutzungs- und Verwendungsdauer** der Sache einen entscheidenden Einfluss auf die Dauer des Zeitraums, für den der Verbraucher berechtigterweise Aktualisierungen erwarten kann. Daraus können sich Update-Verpflichtungen von zehn Jahren oder mehr ergeben.[329]

Beispiele

1. Bei komplexen Steuerungsanlagen für Smart-Home-Anwendungen kann der Verbraucher erwarten, dass Aktualisierungen für vertraglich vereinbarte Zusatzfunktionen, also etwa die Steuerung einer Heizung über eine mobile Anwendung, während der objektiv üblichen Nutzungsdauer der Heizungsanlage bereitgestellt werden.

2. Dasselbe kann der Verbraucher bei Geräten (Navigationssysteme, Unterhaltungselektronik), die in einem Pkw integriert sind, erwarten.

Außerdem sind gemäß § 327 Abs. 1 S. 3 Nr. 2 BGB die **Umstände** und die **Art des Vertrags** über das digitale Produkt für die Bemessung des Aktualisierungszeitraums zu berücksichtigen.

Beispiele

1. Veröffentlicht der Unternehmer in bestimmten Abständen regelmäßig neue Versionen eines digitalen Produkts, hat das als solche keinen Einfluss auf die berechtigte Verbrauchererwartung.

2. Bei Steuerberatungssoftware sind dagegen neue Versionen wegen bestimmter externer Faktoren (Gesetzesänderungen, neue Rechtsprechung) nach objektiven Maßstäben notwendig, sodass dies Einfluss auf die berechtigte Verbrauchererwartung haben kann.[330]

Zu den Umständen, die bei der Bestimmung der berechtigten Verbrauchererwartung maßgebend sein können, zählen ferner, inwiefern das digitale **Produkt weiterhin vertrieben** wird und das **Ausmaß** des ohne die Aktualisierung **drohenden Risikos**.[331]

---

328 Begr. z. RegE, BT-Drs. 19/27653, S. 59.

329 Brönneke/Föhlisch/Tonner § 2 Rn. 133.

330 Vgl. Begr. z. RegE, BT-Drs. 19/27653, S. 59.

331 Begr. z. RegE, BT-Drs. 19/27653, S. 59.

Der deutsche Gesetzgeber hat sich – ausweislich der Gesetzesbegründung – bewusst dafür entschieden, die in Art. 7 Abs. 3 DIRL verwendete Beschreibung des Aktualisierungszeitraums als einen Zeitraum, den der **Verbraucher „vernünftigerweise" erwarten** kann, in § 327 f Abs. 1 S. 3 Nr. 2 BGB nicht zu übernehmen. Denn der dem BGB fremde Begriff „vernünftigerweise" umschreibe nur, was ohnehin zu prüfen ist, nämlich, in welchem Zeitraum ein durchschnittlicher „vernünftiger" Verbraucher Aktualisierungen erwarten darf.[332] Jedenfalls ist die „Vernunft der Verbrauchererwartung" im Wege der (richtlinienkonformen) Auslegung zu berücksichtigen.

c) Abweichungen von der Aktualisierungspflicht

Eine **Abbedingung** der Aktualisierungsverpflichtung ist möglich, bedarf aber einer besonders qualifizierten Vereinbarung der Vertragsparteien gemäß **§ 327 h BGB** (dazu ausführlich unten Seite 121). Danach muss der Verbraucher vor Abgabe seiner Vertragserklärung eigens davon in Kenntnis gesetzt werden, dass von der Pflicht zu Aktualisierungen abgewichen wird, und diese Abweichung muss im Vertrag ausdrücklich und gesondert vereinbart werden.

Die Praxis wird davon regen Gebrauch machen, insbesondere in Bezug auf die **Frist für die Bereitstellung** der Aktualisierungen. Welche Anforderungen dann dabei nach § 327 h BGB zu beachten sind, hängt maßgebend davon ab, auf welchem Weg der Vertrag über das digitale Produkt abgeschlossen wird.

> **Beispiele**
>
> **1.** Wird der Vertrag über das digitale Produkt online abgeschlossen, ist ein Hinweistext erforderlich, der auf den Umstand des abweichenden Bereitstellungszeitraums verweist und sich dabei hinreichend von den ihn umgebenden Texten abhebt, etwa durch Fettdruck oder eine andere Art der Hervorhebung. Für eine ausdrückliche und gesonderte Vereinbarung dieser Bestimmung reicht eine gesondert zu aktivierende Checkbox, deren Auswahl auch zur Bedingung des Vertragsschlusses gemacht werden kann.
>
> **2.** Bei einem herkömmlichen Vertragsschluss genügt ein eigenes Vertragsdokument, etwa in der Form eines gesondert zu unterzeichnenden Blattes. Die Vorlage dieses Dokuments erfüllt auch gleichzeitig das „in Kenntnis setzen" vor Abgabe der Vertragserklärung, vorausgesetzt, dass dem Verbraucher dieses Dokument rechtzeitig vor Tätigung seiner Unterschrift ausgehändigt wurde.[333]

2. Information über Aktualisierungen

Der Unternehmer hat den Verbraucher gemäß § 327 Abs. 1 BGB nicht nur die Aktualisierungen bereitzustellen (§ 327 Abs. 1 Alt. 1 BGB), sondern muss den Verbraucher über diese Aktualisierungen auch informieren (**§ 327 f Abs. 1 Alt. 2 BGB**). Bei dieser Informa-

---

332 Begr. z. RegE, BT-Drs. 19/27653, S. 59.

333 Schöttle MMR 2021, 683, 688.

tionspflicht handelt es sich um eine **selbstständige Pflicht** die neben die Bereitstellungspflicht tritt.[334] Für die Information kann sich der Unternehmer Dritter als Erfüllungsgehilfen bedienen.[335]

Wann und wie schnell der Verbraucher über eine neu erschienene Aktualisierung zu informieren ist, regeln weder die Richtlinie noch ihre nationale Umsetzung. Nach der Gesetzesbegründung soll dies von den **Umständen des Einzelfalls** abhängen und ist anhand eines objektiven Maßstabs zu bestimmen. Um eine praktische Wirksamkeit der Aktualisierungspflicht zu gewährleisten, muss der Unternehmer in einem **angemessenen Zeitrahmen nach Auftreten der Vertragswidrigkeit** die Aktualisierung bereitstellen und diese auch für einen Zeitraum, der sich an der Dauer der angemessenen Frist nach § 327 f Abs. 2 BGB orientiert, bereitgestellt lassen. Gleiches gilt für die Pflicht des Unternehmers, den Verbraucher über die Bereitstellung der Aktualisierung zu informieren.[336]

Demnach muss die Information des Verbrauchers **erst** erfolgen, **wenn die Aktualisierung** des digitalen Produkts auch **erhältlich** ist.[337] Dafür spricht auch die Überlegung, dass eine (zu) frühzeitige Bekanntmachung von Sicherheits-Updates zu einer „Einladung" an Hacker werden könnte, die sodann die verzögerte Aktualisierung durch die Verbraucher für ihre Zwecke ausnutzen könnten.[338]

Auch in welcher **Form** der Unternehmer seine Informationsverpflichtung gemäß § 327 f Abs. 1 Alt. 2 BGB erfüllen muss, ist weder in der Richtlinie noch in ihrer nationalen Umsetzung bestimmt. Maßgebend sind hier abermals die **Umstände des Einzelfalls** anhand objektiver Kriterien.

Beispiele

1. Bei klassischer Desktop-Software, die über eigene Update-Routinen verfügt, ist es ausreichend, wenn die Software im Zuge eines laufenden Update-Vorgangs auf die verfügbare Aktualisierung hinweist.

2. Bei Apps, die auf Smartphones oder Tablets installiert sind, bei denen das Betriebssystem des Geräts oder dessen Software-Umgebung die Update-Routinen mitbringt, genügt es, wenn das Betriebssystem einen entsprechenden Hinweis anzeigt.[339]

Zu beachten ist jedenfalls auch, dass die zur Erfüllung der Informationspflicht benötigten Datenverarbeitungen **im Einklang mit der Datenschutz-Grundverordnung** erfolgen müssen.[340]

---

334   Brönneke/Föhlisch/Tonner § 2 Rn. 136.

335   Spindler MMR 2021, 451, 455.

336   Begr. z. RegE, BT-Drs. 19/27653, S. 60.

337   Brönneke/Föhlisch/Tonner § 2 Rn. 137.

338   Spindler MMR 2021, 451, 456.

339   Schöttle MMR 2021, 683, 687.

340   Fellner MDR 2021, 976, 978.

Da § 327 f Abs. 1 BGB die Bereitstellung und die Information des Verbrauchers darüber kumulativ für die Mangelfreiheit voraussetzt, begründet **allein die unterbliebene Mitteilung** über eine Aktualisierung einen **Produktmangel**. Fraglich ist jedoch was für den Fall gilt, dass der Verbraucher nicht durch den Unternehmer oder von dessen Erfüllungsgehilfen informiert wird, aber anderweitig Kenntnis von einer erforderlichen und an sich auch bereitgestellten Aktualisierung erlangt. Auch wenn man dann schwerlich einfach Mangelfreiheit wird annehmen können, ist aber jedenfalls von einer Zweckerreichung gemäß § 275 Abs. 1 BGB auszugehen und Sekundäransprüche zu verneinen.[341]

3. Verantwortlichkeit des Verbrauchers

Unterlässt es der Verbraucher, eine Aktualisierung, die ihm nach § 327 f Abs. 1 BGB bereitgestellt worden ist, innerhalb einer angemessenen Frist zu installieren, so haftet der Unternehmer gemäß **§ 327 f Abs. 2 BGB** nicht für einen Produktmangel, der allein auf das Fehlen dieser Aktualisierung zurückzuführen ist, wenn

- der Unternehmer den **Verbraucher** über die Verfügbarkeit der Aktualisierung und die Folgen einer unterlassenen Installation **informiert** hat (§ 327 f Abs. 2 **Nr. 1** BGB)

- und die Tatsache, dass der Verbraucher die Aktualisierung nicht oder unsachgemäß installiert hat, **nicht auf** eine dem Verbraucher bereitgestellte **mangelhafte Installationsanleitung zurückzuführen** ist (§ 327 f Abs. 2 **Nr. 2** BGB).

Die Regelungen in § 327 f Abs. 2 Nr. 2 BGB zeigen, dass es dem Verbraucher grundsätzlich freisteht, die bereitgestellten Aktualisierungen zu installieren oder darauf zu verzichten. Eine **Installation** erfordert im Wesentlichen das Kopieren der Aktualisierungsinhalte und das damit verbundene Ausführen der vom Unternehmer als notwendig umschriebenen Schritte.[342] Entscheidet sich der Verbraucher dafür, die ihm bereitgestellten Aktualisierungen nicht zu installieren, kann er jedoch nicht erwarten, dass die Sache mangelfrei bleibt. Die Installation von Aktualisierungen ist also als **Obliegenheit** des Verbrauchers ausgestaltet.

Der Unternehmer hat den Verbraucher allerdings **vorher darüber zu informieren**, dass sich die Entscheidung des Verbrauchers, die Aktualisierungen nicht zu installieren, auf die Haftung des Unternehmers für die Mangelfreiheit des digitalen Produkts auswirkt.[343] Dabei hat der Unternehmer den Verbraucher **bei jeder Aktualisierung** (erneut) hinreichend deutlich die Konsequenzen einer unterbliebenen Installation vor Augen zu führen. Die dafür nötigen Anstrengungen des Unternehmers sind insbesondere an den möglichen Folgen einer unterbliebenen Installation auszurichten, d.h. je gravierender diese ausfallen können, desto eindringlicher muss der Verbraucher davor gewarnt werden.[344]

---

341 Vgl. Wilke VuR 2021, 283, 287 in Bezug auf § 475 Abs. 4 BGB.

342 Begr. z. RegE, BT-Drs. 19/27653, S. 60.

343 Brönneke/Föhlisch/Tonner § 2 Rn. 139.

344 Begr. z. RegE, BT-Drs. 19/27653, S. 60.

Beispiel

Ob eine Information durch einen weiterführenden Link genügt, ist fraglich; drohen dem Verbraucher Sicherheitsrisiken, muss zumindest ein deutlicher Hinweis bereits bei der Ankündigung des Updates enthalten sein.[345]

Die Installation der bereitgestellten Aktualisierungen muss gemäß § 327 f Abs. 2 BGB innerhalb einer **angemessenen Frist** erfolgen. Die Bestimmung der Angemessenheit möchte der deutsche Gesetzgeber ausdrücklich der Rechtsprechung überlassen.[346] Für die Angemessenheit sind nicht nur die bei Sicherheitsaktualisierungen drohenden Gefahren für die digitale Umgebung des Verbrauchers, sondern auch Umstände wie die für die Installation der Aktualisierung benötigte Zeit oder die Auswirkungen auf andere Hard- und Software maßgebend.

Ferner ist zu beachten, dass sich § 327 f Abs. 2 BGB lediglich auf die **objektiv gebotenen Aktualisierungen** bezieht. Für vereinbarte Aktualisierungen, über die der Verkäufer entsprechend informiert hat, kommt eine analoge Anwendung der Vorschrift in Betracht.[347]

Ist das digitale Produkt deshalb mangelhaft, weil der Verbraucher die Installation der Aktualisierung vollständig unterlassen oder unsachgemäß durchgeführt hat, kann sich der Unternehmer dann nicht auf den Haftungsausschluss nach § 327 f Abs. 2 BGB berufen, wenn die fehlende oder fehlerhafte Aktualisierung auf eine vom ihm bereitgestellte **mangelhafte Installationsanleitung zurückzuführen** ist, vgl. **§ 327 f Abs. 2 Nr. 2 BGB**. Umgekehrt kann sich der Verbraucher nicht auf Probleme bei der Installation berufen, die aus seiner Sphäre stammen, etwa wenn bei einem Update die Stromversorgung unterbrochen wird.[348]

III. Rechtsmangel

Die Vorschrift des **§ 327 g BGB** enthält eine Regelung für die Behandlung von Rechtsmängeln, die bei Vorliegen der beschriebenen Voraussetzungen Produktmängeln gemäß § 327 e Abs. 2 und 3 BGB gleichgestellt werden. Der deutsche Gesetzgeber setzt damit die Richtlinienvorgaben aus **Art. 10 DIRL** um.

§ 327 g BGB (neu)

Das digitale Produkt ist frei von Rechtsmängeln, wenn der Verbraucher es gemäß den subjektiven oder objektiven Anforderungen nach § 327 e Absatz 2 und 3 nutzen kann, ohne Rechte Dritter zu verletzen.

---

345 Spindler MMr 2021, 451, 456.

346 Begr. z. RegE, BT-Drs. 19/27653, S. 60.

347 Vgl. Wilke VuR 2021, 283, 287 in Bezug auf § 475 Abs. 4 BGB.

348 Spindler MMR 2021, 451, 456.

Liegt ein Rechtsmangel vor, fehlt es an der Vertragsmäßigkeit des digitalen Produkts i.S.v. § 327 d BGB. Rechtsmängel spielen im Zusammenhang mit dem Vertrieb von digitalen Produkten eine bedeutende Rolle, da ein Großteil der Produkte durch **Immaterialgüterrechte** geschützt ist.[349]

Beispiel

Vor allem Urheberrechte und dem Urheberrecht verwandte Schutzrechte Dritter können die Nutzung der digitalen Produkte durch den Verbraucher rechtlich beschränken, was sich etwa in der fehlenden Rechtsmacht des Unternehmers äußern kann, dem Verbraucher die für die vertragsmäßige Nutzung benötigten Rechte einzuräumen. Das kann darauf beruhen, dass der Unternehmer sich die benötigten Rechte gar nicht vom Rechteinhaber hat einräumen lassen oder dass der Unternehmer trotz Einräumung der Rechte nicht zu deren Weitergabe an den Verbraucher befugt ist.

Der Unternehmer kann die **Anforderungen an die Rechtsmangelfreiheit** erfüllen, indem er die erforderlichen Nutzungsrechte selbst von den Rechtsinhabern erwirbt und diese dann dem Verbraucher im Wege einer **Unterlizenz** einräumt, wie das beispielsweise bei Streaming-Plattformen regelmäßig der Fall ist.[350] Häufiger ist in der Praxis jedoch die Konstellation zu finden, dass der Verbraucher die nötigen Rechte zur Nutzung der digitalen Produkte von einem Dritten erhält, der (nicht notwendigerweise originärer) Rechteinhaber ist. Diese direkte Einräumung von Nutzungsrechten durch vertragsfremde Rechteinhaber erfolgt durch sog. **End User License Agreements** (EULA).[351] Teilweise müssen Verbraucher einer solchen Vereinbarung zustimmen, um digitale Produkte nutzen zu können. Muss der Verbraucher dann dabei Nutzungsbeschränkungen akzeptieren, können diese einen Rechtsmangel begründen.[352]

Aber selbst wenn dem Verbraucher nicht alle erforderlichen Nutzungsrechte eingeräumt werden, kommt es wegen der Schranken für vorübergehende (§ 44 a Nr. 2 UrhG) und private **Vervielfältigungen** (§ 53 I 1 UrhG) in der Praxis nur in wenigen Fällen zu Rechtsverletzungen durch den Verbraucher.[353] Dann werden **nicht** i.S.d. § 327 g BGB **Rechte Dritter verletzt** und deshalb scheidet ein Rechtsmangel aus.

Zu beachten ist, dass die Regelung des § 327 g BGB dem Verbraucher **keinen gesetzlichen Mindeststandard** bzgl. der Beschränkungsfreiheit durch Rechte Dritter gewährt, vor allem statuiert sie für den Verbraucher kein stetiges Recht zur Weitergabe digitaler Produkte. Durch § 327 g BGB i.V.m. § 327 d BGB wird lediglich sichergestellt, dass der Verbraucher Mängelrechte gegen den Unternehmer geltend machen kann, wenn die

---

349 Fellner MDR 2021, 976, 979.

350 Pech GRUR-Prax 2021, 509, 511.

351 Rosenkranz ZUM 2021, 195, 207.

352 Vgl. Begr. z. RegE, BT-Drs. 19/27653, S. 61.

353 Pech GRUR-Prax 2021, 509, 511.

rechtlichen Beschränkungen über das hinausgehen, was er nach dem subjektiven und objektiven Maßstab des § 327 e Abs. 2 und 3 BGB erwarten durfte.[354]

IV. Vereinbarungen über abweichende Produktmerkmale

Nach **§ 327 h BGB** kann durch vertragliche Vereinbarungen von den objektiven Anforderungen gemäß den §§ 327 e, 327 f und 327 g BGB abgewichen werden. Die Bestimmung beruht auf der Vorgabe aus **Art. 8 Abs. 5 DIRL**, welcher die mit der Richtlinie angestrebte Gleichrangigkeit von subjektiven und objektiven Anforderungen durchbricht.[355] Die Voraussetzungen der Vorschrift sind mit denen einer negativen Beschaffenheitsvereinbarung gemäß § 476 Abs. 1 S. 2 BGB vergleichbar.

---

§ 327 h BGB (neu)

Von den objektiven Anforderungen nach § 327 e Absatz 3 Satz 1 Nummer 1 bis 5 und Satz 2, § 327 f Absatz 1 und § 327 g kann nur abgewichen werden, wenn der Verbraucher vor Abgabe seiner Vertragserklärung eigens davon in Kenntnis gesetzt wurde, dass ein bestimmtes Merkmal des digitalen Produkts von diesen objektiven Anforderungen abweicht, und diese Abweichung im Vertrag ausdrücklich und gesondert vereinbart wurde.

Voraussetzung für eine Vereinbarung gemäß § 327 h BGB ist, dass der

- Verbraucher **vor Abgabe seiner Vertragserklärung** über die Abweichung **eigens in Kenntnis gesetzt** wird und

- dass die Abweichung von einem **bestimmten Merkmal** des digitalen Produkts **ausdrücklich und gesondert** im Vertrag **vereinbart** wurde.

Die Information des Verbrauchers muss demnach **vor Abgabe** seiner Vertragserklärung erfolgen. Der deutsche Gesetzgeber hat – ausweislich der Gesetzesbegründung – von einer wörtlichen Übernahme des in Art. 8 Abs. 5 DIRL für den Hinweis genannten Zeitpunkts („zum Zeitpunkt des Vertragsschlusses") abgesehen, weil dies für eine **wohlüberlegte Entscheidung des Verbrauchers** in Kenntnis der Abweichung zu spät sein könne. Es solle der Eindruck vermieden werden, der Unternehmer könne zunächst das Angebot des Verbrauchers abwarten und erst im Zeitpunkt seiner Annahme auf die Abweichung hinweisen.[356]

Da § 327 h BGB verlangt, dass der Unternehmer den Verbraucher **eigens** in Kenntnis setzt, muss der Verbraucher ausdrücklich informiert werden. Ferner bedeutet „in Kenntnis setzen", dass dem Verbraucher hinreichend deutlich zu machen ist, inwieweit etwa die tatsächlich geschuldete Beschaffenheit des digitalen Produkts von der objektiv zu erwartenden Beschaffenheit abweicht, damit er die **Tragweite** seiner entsprechenden Vertragserklärung **in angemessener Weise verstehen** kann.[357]

---

354 Rosenkranz ZUM 2021, 195, 207.

355 Vgl. Begr. z. RegE, BT-Drs. 19/27653, S. 61.

356 Begr. z. RegE, BT-Drs. 19/27653, S. 61 f.

357 Brönneke/Föhlisch/Tonner § 2 Rn. 145.

Außerdem muss sich die Information auf ein **„bestimmtes Merkmal"** des digitalen Produkts beziehen, sodass pauschale Aussagen zu möglichen Einschränkungen der Vertragsmäßigkeit den Anforderungen gemäß § 327 h BGB nicht genügen.[358]

Schließlich muss die Abweichung **ausdrücklich und gesondert vereinbart** werden, was ein aktives und eindeutiges Verhalten erfordert. Der Begriff „gesondert" bedeutet zudem, dass die abweichende Vereinbarung außerhalb des Bereitstellungsvertrages erfolgen muss.[359]

Beispiele

1. Die Bedingungen „ausdrücklich und gesondert" können durch Anklicken eines Kästchens, Betätigung einer Schaltfläche oder Aktivierung einer ähnlichen Funktion erfüllt werden.

2. Eine Vereinbarung in Allgemeinen Geschäftsbedingungen, vorangekreuzte Kästchen, oder eine nachträgliche Zustimmung genügen dagegen nicht.[360]

Die **Beweislast** für die Erfüllung der Anforderungen an eine abweichende Vereinbarung gemäß § 327 h BGB **trägt der Unternehmer**, da der Abschluss einer solchen Vereinbarung in seinem Interesse liegt.[361]

V. Beweislastumkehr

Für das **Vorliegen eines Produkt- oder Rechtsmangels** trägt grundsätzlich der Verbraucher die Beweislast. Unter bestimmten Bedingungen sieht **§ 327 k BGB** jedoch – vergleichbar mit der kaufrechtlichen Vorschrift des § 477 BGB – eine Beweislastumkehr zulasten des Unternehmers vor, wonach die Mangelhaftigkeit des digitalen Produkts vermutet wird. Der deutsche Gesetzgeber hat damit die Richtlinienvorgaben aus **Art. 12 DIRL** umgesetzt.

---

§ 327 k BGB (neu)

(1) Zeigt sich bei einem digitalen Produkt innerhalb eines Jahres seit seiner Bereitstellung ein von den Anforderungen nach § 327 e oder § 327 g abweichender Zustand, so wird vermutet, dass das digitale Produkt bereits bei Bereitstellung mangelhaft war.

(2) Zeigt sich bei einem dauerhaft bereitgestellten digitalen Produkt während der Dauer der Bereitstellung ein von den Anforderungen nach § 327 e oder § 327 g abweichender Zustand, so wird vermutet, dass das digitale Produkt während der bisherigen Dauer der Bereitstellung mangelhaft war.

---

358 Begr. z. RegE, BT-Drs. 19/27653, S. 62.

359 Fellner MDR 2021, 976, 979.

360 Brönneke/Föhlisch/Tonner § 2 Rn. 146.

361 Fellner MDR 2021, 976, 979.

(3) Die Vermutungen nach den Absätzen 1 und 2 gelten vorbehaltlich des Absatzes 4 nicht, wenn

1. die digitale Umgebung des Verbrauchers mit den technischen Anforderungen des digitalen Produkts zur maßgeblichen Zeit nicht kompatibel war oder

2. der Unternehmer nicht feststellen kann, ob die Voraussetzungen der Nummer 1 vorlagen, weil der Verbraucher eine hierfür notwendige und ihm mögliche Mitwirkungshandlung nicht vornimmt und der Unternehmer zur Feststellung ein technisches Mittel einsetzen wollte, das für den Verbraucher den geringsten Eingriff darstellt.

(4) Absatz 3 ist nur anzuwenden, wenn der Unternehmer den Verbraucher vor Vertragsschluss klar und verständlich informiert hat über

1. die technischen Anforderungen des digitalen Produkts an die digitale Umgebung im Fall des Absatzes 3 Nummer 1 oder

2. die Obliegenheit des Verbrauchers nach Absatz 3 Nummer 2.

1. Vermutungsregelungen

Während **§ 327 k Abs. 2 BGB** die Beweislastumkehr im Fall einer **dauerhaften Bereitstellung** regelt, betrifft **§ 327 k Abs. 1 BGB** die Regelung für alle anderen Konstellationen, also die Fälle einer **einmaligen Bereitstellung** oder einer **Reihe einzelner** Bereitstellungen.

Beide Regelungen enthalten Vermutungen für die Mangelhaftigkeit des digitalen Produkts zum Zeitpunkt der Bereitstellung, indem auf einen **von den Anforderungen nach § 327 e BGB** (Produktmangel) **oder § 327 g BGB** (Rechtsmangel) **abweichenden Zustand** abgestellt wird. Ebenso wie in der neuen Fassung des § 477 BGB wird nicht auf das Vorliegen eines Mangels abgestellt, um dies durch die Formulierung nicht zu präjudizieren und so einen (vermeintlichen) Zirkelschluss zu vermeiden.

Der Zeitraum, auf den sich die Beweislastumkehr in den Fällen des § 327 k Abs. 1 BGB erstreckt, beträgt **ein Jahr** nach der jeweiligen Bereitstellung. In den Fällen des § 327 k Abs. 2 BGB betrifft die Beweislastumkehr den **Zeitraum der bisherigen Bereitstellung**.

2. Ausnahmen von der Beweislastumkehr

Die Vermutungsregelungen nach § 327 k Abs. 1 und 2 BGB gelten gemäß **§ 327 k Abs. 3 BGB** nicht, wenn

- die **digitale Umgebung** des Verbrauchers mit den technischen Anforderungen des digitalen Produkts zur maßgeblichen Zeit **nicht kompatibel** war (§ 327 k Abs. 3 **Nr. 1** BGB) oder

- der Unternehmer nicht feststellen kann, ob die Voraussetzungen gemäß § 327 k Abs. 3 Nr. 1 BGB vorlagen, weil der Verbraucher eine hierfür notwendige und ihm mögliche **Mitwirkungshandlung nicht vornimmt** und der Unternehmer zur Feststellung ein technisches Mittel einsetzen wollte, das für den Verbraucher den geringsten Eingriff darstellt (§ 327 k Abs. 3 **Nr. 2** BGB).

Allerdings gelten diese Ausnahmen gemäß **§ 327 k Abs. 4 BGB** nur, wenn der Unternehmer den Verbraucher vor Vertragsschluss klar und verständlich **informiert hat**

- **über** die **technischen Anforderungen** des digitalen Produkts an die digitale Umgebung im Fall des § 327 k Abs. 3 Nr. 1 BGB und

- **über** die **Mitwirkungsobliegenheit des Verbrauchers** in der Fallgestaltung des § 327 k Abs. 3 Nr. 2 BGB.

Für die Auslegung der in § 327 Abs. 4 BGB verwendeten Begriffe **klar und verständlich** kann auf die Rechtsprechung zu § 307 Abs. 1 S. 2 BGB rekurriert werden.[362] Danach müssen die Voraussetzungen und Rechtsfolgen im Rahmen des Möglichen so genau umrissen sein, dass **keine ungerechtfertigten Spielräume** bleiben.[363] Außerdem ist dabei auf die Kenntnismöglichkeit eines typischerweise bei Verträgen der geregelten Art zu erwartenden durchschnittlichen Vertragspartners abzustellen.[364]

Kann der Unternehmer nach **§ 327 k Abs. 3 Nr. 1 BGB** beweisen, dass die **digitale Umgebung** des Verbrauchers den entsprechenden technischen Anforderungen nicht genügt, trägt der Verbraucher in Anwendung der allgemeinen Grundsätze die Beweislast dafür, dass die digitalen Produkte **zur maßgeblichen Zeit** mangelhaft waren. Dabei ist grundsätzlich der Zeitpunkt der Bereitstellung maßgeblich, bei dauerhaften Bereitstellungen also die bisherige Dauer der Bereitstellung gemäß § 327 k Abs. 2 BGB. Nach der Legaldefinition in § 327 e Abs. 4 S. 3 BGB umfasst die digitale Umgebung – neben der vorhandenen Hardware und Software – auch Netzverbindungen aller Art. Der Begriff **kompatibel** bezieht sich in § 327 k Abs. 3 Nr. 1 BGB auf die digitale Umgebung des Verbrauchers. Die Legaldefinition dieses Begriffs in § 327 e Abs. 2 S. 3 BGB, die ein Kriterium für die Vertragsmäßigkeit der digitalen Produkte betrifft, kann für dessen Interpretation nur unter Berücksichtigung dieses abweichenden Bezugspunktes verwendet werden.[365]

Die Ausnahmeregelung des **§ 327 k Abs. 3 Nr. 2 BGB** ist nicht als einklagbare Mitwirkungspflicht des Verbrauchers ausgestaltet, sondern als **bloße Obliegenheit**. Kommt der Verbraucher dieser Obliegenheit nicht nach, trägt er die Beweislast für die Mangelhaftigkeit des digitalen Produkts. Zu beachten ist, dass sich die Mitwirkungshandlungen des Verbrauchers auf die Feststellung, ob die Ursache für die Mangelhaftigkeit des digitalen Produkts zur maßgeblichen Zeit in der digitalen Umgebung des Verbrauchers lag, beschränkt. Dagegen wird die **Ermittlung der genauen Ursache** der Mangelhaftigkeit **nicht** von § 327 k Abs. 3 Nr. 2 BGB **erfasst**.[366]

---

362   Begr. z. RegE, BT-Drs. 19/27653, S. 66.

363   BGH NJW 2008, 1438.

364   BGHNJW 1991, 3025.

365   Begr. z. RegE, BT-Drs. 19/27653, S. 66.

366   Vgl. Begr. z. RegE, BT-Drs. 19/27653, S. 65.

Die **Mitwirkungshandlungen** müssen dem Verbraucher „möglich" und „vernünftiger-weise notwendig" sein (Art. 12 Abs. 5 S. 1 DIRL), wobei sich die Notwendigkeit nach einem objektiven Maßstab unter Berücksichtigung der Umstände des Einzelfalls beurteilt. Dabei sind wiederum die Art und der Zweck der digitalen Produkte, die Umstände des Einzelfalls und die Gebräuche und Gepflogenheiten der Vertragsparteien zu berücksichtigen. Außerdem ist zu beachten, dass der **Einsatz technisch verfügbarer Mittel** durch § 327 k Abs. 3 Nr. 2 BGB auf diejenigen beschränkt wird, die den „geringsten Eingriff" für den Verbraucher darstellen, was dem Schutz der personenbezogenen Daten des betroffenen Verbrauchers und seiner Privatsphäre dienen soll. Die eingesetzten Mittel müssen dem Verbraucher insofern zumutbar sein.[367]

Beispiele

1. Zu den technischen Mitteln gemäß § 327 k Abs. 3 Nr. 2 BGB zählt die Übermittlung von automatisch erzeugten Fehlerberichten. Eine Zustimmung des Verbrauchers zu einer solchen Übermittlung kann nicht stillschweigend angenommen, sondern muss aktiv erteilt werden.

2. Als technisches Mittel kommt auch ein Fernzugriff in Betracht, der in erster Linie für die Fernwartung verwendet wird. Entscheidend für die Frage der Zumutbarkeit ist dann, wie ein solcher Fernzugriff im konkreten Fall ausgeführt werden soll. Bestehen etwa gegen die vom Unternehmer verwendete Software für den Fernzugriff Sicherheitsbedenken oder drohen im Rahmen der Durchführung des Fernzugriffs Datenschutzverstöße, kann ein Einsatz im konkreten Fall unzumutbar sein und stellt mithin nicht den geringsten Eingriff dar.[368]

D. Gewährleistungsrechte des Verbrauchers

Vergleichbar mit den Aufzählungen in den §§ 437, 634 BGB listet **§ 327 i BGB** die Rechte des Verbrauchers im Falle eines mangelhaften Produkts auf. Dabei zählt die Regelung die einzelnen **Rechtsbehelfe des Verbrauchers** lediglich auf und verweist hinsichtlich der weiteren Voraussetzungen auf die nachfolgenden Vorschriften.

§ 327 i BGB (neu)

Ist das digitale Produkt mangelhaft, kann der Verbraucher, wenn die Voraussetzungen der folgenden Vorschriften vorliegen,

1. nach § 327 l Nacherfüllung verlangen,

2. nach § 327 m Absatz 1, 2, 4 und 5 den Vertrag beenden oder nach § 327 n den Preis mindern und

3. nach § 280 Absatz 1 oder § 327 m Absatz 3 Schadensersatz oder nach § 284 Ersatz vergeblicher Aufwendungen verlangen.

---

367 Begr. z. RegE, BT-Drs. 19/27653, S. 65.

368 Vgl. Begr. z. RegE, BT-Drs. 19/27653, S. 65.

Der Verbraucher kann bei einem Mangel des digitalen Produkts

- nach § 327 I BGB **Nacherfüllung** verlangen (§ 327 i **Nr. 1** BGB),

- nach § 327 m Abs. 1, 2, 4 und 5 BGB den **Vertrag beenden** oder den Preis nach § 327 n BGB **mindern** (§ 327 i **Nr. 2** BGB) oder

- nach § 280 Abs. 1 BGB oder § 327 m Abs. 3 BGB **Schadensersatz** oder gemäß § 284 BGB **Ersatz vergeblicher Aufwendungen** verlangen (§ 327 i **Nr. 3** BGB).

Während die in den Nummern 1 und 2 des § 327 i BGB aufgezählten Rechtsbehelfe der Richtlinienvorgabe aus **Art. 14 Abs. 1 DIRL** entnommen sind, enthält § 327 i Nr. 3 BGB Regelungen zum Schadens- und Aufwendungsersatz. Diese Gewährleistungsrechte sind zwar nicht Gegenstand der Digitale-Inhalte-Richtlinie, konnten von den Mitgliedstaaten aber aufgrund einer Öffnungsklausel vorgesehen werden.[369]

*Hinweis: Ebenso wie im Kaufrecht lassen sich die **Gewährleistungsrechte in** § 327 i Nr. 3 BGB vor dem Hintergrund ihrer Voraussetzungen in **drei Stufen** unterteilen, die Grundvoraussetzungen aller Rechte sind ein Verbrauchervertrag über ein digitales Produkt und das Vorliegen eines Produkt- oder Rechtsmangels zum maßgeblichen Zeitpunkt.*

1 **Nacherfüllung** (nur **Grundvoraussetzungen** erforderlich)

2 **Vertragsbeendigung** oder **Minderung** (Grundvoraussetzungen und **Vertragsbeendigungsgrund** gem. § 327 m Abs. 1 Nr. 1–6 BGB)

3 **Schadensersatz** u. **Aufwendungsersatz** (Grundvoraussetzungen, Vertragsbeendigungsgrund gem. § 327 m Abs. 1 Nr. 1–6 BGB sowie **Vertretenmüssen**)

I. Nacherfüllung

Als Rechtsbehelf der ersten Stufe regelt **§ 327 I BGB** das Gewährleistungsrecht des Verbrauchers auf Nacherfüllung, also auf Herstellung des vertragsgemäßen Zustands. Der deutsche Gesetzgeber setzt damit die Richtlinienvorgaben aus **Art. 14 Abs. 2 und 3 DIRL** um.

*Hintergrund: Ausweislich der Gesetzesbegründung hat sich der deutsche Gesetzgeber wegen der Vergleichbarkeit mit den Regelungen im Kauf- und Werkvertragsrecht dafür entschieden, den Begriff der Nacherfüllung **synonym für die Herstellung des vertragsgemäßen Zustands** zu verwenden, obwohl der Begriff der Nacherfüllung der Digitale-Inhalte-Richtlinie fremd ist.[370]*

---

369 Brönneke/Föhlisch/Tonner § 2 Rn. 148.

370 Vgl. Begr. z. RegE, BT-Drs. 19/27653, S. 66.

§ 327 l BGB (neu)

(1) [1]Verlangt der Verbraucher vom Unternehmer Nacherfüllung, so hat dieser den vertragsgemäßen Zustand herzustellen und die zum Zwecke der Nacherfüllung erforderlichen Aufwendungen zu tragen. [2]Der Unternehmer hat die Nacherfüllung innerhalb einer angemessenen Frist ab dem Zeitpunkt, zu dem der Verbraucher ihn über den Mangel informiert hat, und ohne erhebliche Unannehmlichkeiten für den Verbraucher durchzuführen.

(2) [1]Der Anspruch nach Absatz 1 ist ausgeschlossen, wenn die Nacherfüllung unmöglich oder für den Unternehmer nur mit unverhältnismäßigen Kosten möglich ist. [2]Dabei sind insbesondere der Wert des digitalen Produkts in mangelfreiem Zustand sowie die Bedeutung des Mangels zu berücksichtigen. [3]§ 275 Absatz 2 und 3 findet keine Anwendung.

1. Anspruch auf Nacherfüllung

Der Unternehmer hat gemäß **§ 327 l Abs. 1 S. 1 BGB** den vertragsgemäßen Zustand des digitalen Produkts herzustellen, wenn der Verbraucher von ihm **Nacherfüllung verlangt**. Dabei muss der Verbraucher das Wort Nacherfüllung nicht verwenden. Es genügt vielmehr, wenn er dem Unternehmer die Tatsachen mitteilt, aus denen sich die Vertragswidrigkeit ergibt, sofern der Unternehmer aus den mitgeteilten Tatsachen die entsprechenden Schlüsse ziehen kann.[371]

Anders als der kaufrechtliche Nacherfüllungsanspruch gemäß § 439 Abs. 1 BGB unterscheidet die Vorschrift des § 327 l Abs. 1 BGB nicht zwischen verschiedenen Möglichkeiten zur Beseitigung eines Mangels. Dem **Verbraucher steht kein Wahlrecht zu**, entweder eine Nachbesserung des digitalen Produkts oder dessen erneute Bereitstellung zu verlangen. Vielmehr hat der Unternehmer die freie Wahl der Mittel, um seine Verpflichtung zur Herstellung der Vertragsmäßigkeit zu erfüllen.[372]

Beispiele

1. Der Unternehmer kann etwa durch Übermittlung einer aktualisierten Version eines digitalen Produkts oder durch dessen erneut bereitgestellte fehlerfreie Kopie nacherfüllen; er ist hierauf aber nicht beschränkt.[373]

2. Häufig ist nicht nur das einzelne dem Verbraucher bereitgestellte digitale Produkt, sondern die komplette „Serie" (etwa eine Softwareversion) mangelhaft. Dann reicht eine Nacherfüllung in Form der Übermittlung einer neuen Kopie des digitalen Produkts nicht aus.[374]

Der Unternehmer hat gemäß **§ 327 l Abs. 1 S. 1 BGB** ferner die zum Zwecke der Nacherfüllung **erforderlichen Aufwendungen** zu tragen. Die Nacherfüllung muss für den Verbraucher nämlich gemäß der Richtlinienvorgabe in Art. 14 Abs. 3 DIRL **unentgeltlich** er-

---

371 Begr. z. RegE, BT-Drs. 19/27653, S. 66.

372 Weiß ZVertriebsR 2021, 208, 211.

373 Begr. z. RegE, BT-Drs. 19/27653, S. 66.

374 Pech GRUR-Prax 2021, 547.

folgen. Bedient sich der Unternehmer zur Erfüllung seiner Nacherfüllungspflicht anderer Personen, muss auch deren Tätigkeit für den Verbraucher unentgeltlich erfolgen.[375]

Nach der Gesetzesbegründung sollen die Kosten für die **Datenübermittlung** nicht von § 327 I Abs. 1 S. 1 BGB erfasst sein und vom Verbraucher **lediglich als Schadensersatz** geltend gemacht werden können.[376] Das **überzeugt nicht**, da auch solche Kosten erforderliche Aufwendungen zum Zwecke der Nacherfüllung darstellen und andernfalls das Gebot der Unentgeltlichkeit der Nacherfüllung verletzt wäre, zumal der Verbraucher auf die Form der Nacherfüllung keinen Einfluss hat.[377] Dabei kann es nicht darauf ankommen, ob die Kosten unmittelbar beim Unternehmer oder beim Verbraucher anfallen. Entstehen dem Verbraucher im Rahmen der Nacherfüllung Kosten für die Datenübermittlung muss ihm aus § 327 I Abs. 1 S. 1 BGB ein (verschuldensunabhängiger) Aufwendungsersatzanspruch gegen den Unternehmer zustehen. Ebenso wie § 439 Abs. 2 BGB[378] sollte man § 327 I Abs. 1 S. 1 BGB **nicht nur als Kostenzuordnung**, sondern (ausnahmsweise) auch als eigenständige Anspruchsgrundlage für einen Anspruch des Verbrauchers auf Aufwendungsersatz begreifen.

Außerdem hat der Unternehmer die Nacherfüllung nach **§ 327 I Abs. 1 S. 2 BGB** innerhalb einer angemessenen Frist ab dem Zeitpunkt, zu dem der Verbraucher ihn über den Mangel informiert hat, und ohne erhebliche Unannehmlichkeiten für den Verbraucher durchzuführen. Mit der Vorgabe einer **angemessenen Frist** soll die notwendige Flexibilität sichergestellt werden, um den Anforderungen an die Vielfalt digitaler Produkte im Einzelfall gerecht werden zu können. Allerdings können die Parteien im Einzelfall auch eine Frist für die Herstellung des vertragsgemäßen Zustands der digitalen Produkte vereinbaren, worauf auch der Erwägungsgrund 64 der Digitale-Inhalte-Richtlinie hinweist.[379] Auch eine solche Frist muss jedoch angemessen sein; in jedem Fall setzt eine zu kurze Frist, eine angemessen lange Frist in Gang.[380]

Dabei ist indes zu beachten, dass die Richtlinienvorgabe aus Art. 14 Abs. 3 DIRL nur den Ablauf einer angemessenen **Frist** vorsieht, nicht aber, dass der Verbraucher diese dem Unternehmer **gesetzt** haben muss. Insofern folgerichtig setzt auch § 327 I Abs. 1 S. 2 BGB ausdrücklich lediglich eine Information des Unternehmers über den Mangel durch den Verbraucher voraus, wodurch automatisch eine angemessene Frist zu laufen beginnt.[381] Auch in Fällen des § 475 d Abs. 1 Nr. 1 BGB bedarf es keiner Fristsetzung durch den Verbraucher, problematisch ist dort jedoch das der Verbraucher bei der Nacherfüllung grundsätzlich das Wahlrecht ausüben muss (dazu oben Seite 61). Dieses Problem stellt sich im Rahmen des § 327 I BGB mangels Wahlrecht des Verbrauchers nicht.

---

375 Brönneke/Föhlisch/Tonner § 2 Rn. 168.

376 Begr. z. RegE, BT-Drs. 19/27653, S. 66.

377 Ähnlich auch Brönneke/Föhlisch/Tonner § 2 Rn. 168.

378 Vgl. zu § 439 Abs. 2 BGB als Anspruchsgrundlage BGH RÜ 2019, 7,10.

379 Begr. z. RegE, BT-Drs. 19/27653, S. 66.

380 Brönneke/Föhlisch/Tonner § 2 Rn. 169.

381 Rosenkranz ZUM 2021, 195, 208.

Aus dem Umstand, dass der Verbraucher gemäß § 327 l BGB keine Nacherfüllungsfrist setzen muss, wird zum Teil gefolgert, dass der Verbraucher den Unternehmer auch nicht **zur Nacherfüllung auffordern** müsse.[382] Dagegen spricht zunächst die Einleitung in § 327 l Abs. 1 S. 1 BGB („Verlangt der Verbraucher"). Allerdings findet diese Formulierung keine Entsprechung in der Richtlinienvorgabe aus Art. 14 Abs. 3 DIRL. Die Vorgabe verlangt nur, dass der Unternehmer „von der Vertragswidrigkeit in Kenntnis gesetzt wurde", was der deutsche Gesetzgeber zulässigerweise mit der Formulierung „über den Mangel informiert" umgesetzt hat. In der Praxis wird diese Information oftmals mit der (konkludenten) Aufforderung zur Nacherfüllung verbunden sein.

Für den Verbraucher kann sich eine **erhebliche Unannehmlichkeit** i.S.d. § 327 l Abs. 1 S. 2 BGB vor allem daraus ergeben, dass der Verbraucher zur Ermöglichung der Nacherfüllung erhebliche Änderungen an anderer eigener Soft- oder Hardware vornehmen muss, insbesondere wenn dies wiederum Auswirkungen auf die Funktionalitäten anderer als der vertragsgegenständlichen digitalen Produkte hat.[383]

Hat der Unternehmer zwar rechtzeitig, aber **mit erheblichen Unannehmlichkeiten** für den Verbraucher nacherfüllt, begründet das weder ein Vertragsbeendigungs- noch ein Minderungsrecht des Verbrauchers, möglich ist dann allerdings ein **Schadensersatzanspruch** gemäß **§ 280 Abs. 1 BGB**, weil der Unternehmer seine Pflicht aus § 327 l Abs. 1 S. 2 BGB verletzt hat.

2. Ausschluss des Nacherfüllungsanspruchs

Der Anspruch des Verbrauchers auf Nacherfüllung ist gemäß **§ 327 l Abs. 2 S. 1 BGB** ausgeschlossen, wenn die

- **Herstellung** des vertragsgemäßen Zustands **unmöglich** oder

- nur unter Aufwendung **unverhältnismäßiger Kosten** möglich wäre.

Der Ausschluss des Anspruchs wegen der Unmöglichkeit der Nacherfüllung beruht auf der Richtlinienvorgabe aus **Art. 14 Abs. 2 DIRL**. Die Digitale-Inhalte-Richtlinie umfasst dabei sowohl die tatsächliche als auch die rechtliche Unmöglichkeit, vgl. Erwägungsgrund 65. Deshalb kann für die Unmöglichkeit i.S.d. § 327 l Abs. 1 S. 1 BGB – wie auch im Rahmen der kaufrechtlichen Nacherfüllung – auf die **Wertungen des § 275 Abs. 1 BGB** rekurriert werden.[384] Demgegenüber ist eine Anwendung der Absätze 2 und 3 des § 275 BGB gemäß § 327 l Abs. 2 S. 3 BGB ausdrücklich ausgeschlossen. Denn die in § 275 Abs. 2 und 3 BGB vorgesehenen Gründe für den Ausschluss der Leistungspflicht finden keine Entsprechung in der Digitale-Inhalte-Richtlinie.[385] Die Regelung des § 327 l Abs. 2 S. 1 Alt. 1 BGB umfasst zum einen sowohl die **anfängliche als auch die nachträgliche Unmöglichkeit**, zum andern aber nur die objektive und nicht die subjektive Unmöglichkeit.[386]

---

382 Rosenkranz ZUM 2021, 195, 208.

383 Begr. z. RegE, BT-Drs. 19/27653, S. 66.

384 Brönneke/Föhlisch/Tonner § 2 Rn. 169.

385 Begr. z. RegE, BT-Drs. 19/27653, S. 66.

386 Brönneke/Föhlisch/Tonner § 2 Rn. 171.

Beispiel

Bei einer Gattungsschuld des Unternehmers ist eine Nacherfüllung grundsätzlich nicht ausgeschlossen, es sei denn, dass die Bereitstellung des digitalen Produkte aus der Gattung nicht mehr möglich ist (beschränkte Gattungsschuld oder Untergang der gesamten Gattung). Ist die Bereitstellung eines ganz bestimmten Modells nicht mehr möglich, gilt es zu beachten, dass die Pflicht zur Nacherfüllung gemäß § 327 l Abs. 1 S. 1 BGB eine gleichartige und – funktionell sowie vertragsmäßig – gleichwertige, nicht hingegen eine identische Sache erfasst. Maßgeblich ist dabei, ob die konkrete Leistung nach den vertraglichen Abreden der Parteien als austauschbar anzusehen ist. Modifizierungen im Rahmen von Nachfolgemodellen sind für die Austauschbarkeit in der Regel ohne Belang. Hier kommt es in erster Linie auf die Höhe der Ersatzbeschaffungskosten an, die aber nicht den Ausschlussgrund gemäß § 275 Abs. 1 BGB erfüllen, sondern ggf. einen Anspruchsausschluss wegen der Unverhältnismäßigkeit der Kosten begründen.[387]

Gemäß **§ 327 l Abs. 2 S. 1 Alt. 2 BGB** ist der Anspruch auf Nacherfüllung außerdem dann ausgeschlossen, wenn die Nacherfüllung für den Unternehmer **nur mit unverhältnismäßigen Kosten** möglich ist. Da der Verbraucher nicht zwischen verschiedenen Möglichkeiten zur Herstellung des vertragsgemäßen Zustands wählen kann, scheidet eine relative Unverhältnismäßigkeit im Rahmen des § 327 l Abs. 2 BGB aus, sodass die Frage nach der Unverhältnismäßigkeit mit Blick auf alle in Betracht kommenden Möglichkeiten zu beantworten ist.[388]

In die Beurteilung der Frage, wann die Nacherfüllung für den Unternehmer nur mit unverhältnismäßigen Kosten verbunden ist, sind nach **§ 327 l Abs. 2 S. 2 BGB** der **Wert** des digitalen Produkts **in mangelfreiem Zustand** sowie die **Bedeutung des Mangels** miteinzubeziehen. Ähnliche abwägungserhebliche Kriterien sieht auch die Regelung in § 439 Abs. 4 S. 2 BGB vor. Deshalb kann teilweise auf die dazu ergangene Rechtsprechung rekurriert werden. Danach ist zu beachten, dass der Wert des digitalen Produkts in mangelfreiem Zustand begrifflich nicht mit dem Preis identisch ist.[389] Weicht dieser vom Wert des digitalen Produkts ab, weil etwa der Verbraucher einen besonders günstigen Preis erzielt hat, ist allein der Wert des Produkts maßgeblich.

Hinweis: Enthält ein Klausursachverhalt keine Angaben zum Wert des digitalen Produkts, kann man – trotz des begrifflichen Unterschieds – annehmen, dass die Höhe des Preises den Wert des digitalen Produkts in mangelfreiem Zustand wiedergibt.

In diesem Rahmen ist auch zu berücksichtigen, inwiefern dem Unternehmer **Synergieeffekte** zugutekommen, etwa wenn eine verbesserte Version des digitalen Produkts infolge der Mängelbeseitigung hergestellt wird, die der Unternehmer zur Nacherfüllung

---

387 Vgl. BGH RÜ 2019, 273, 276 f. zur Unmöglichkeit bei § 439 Abs. 1 BGB.

388 Begr. z. RegE, BT-Drs. 19/27653, S. 67.

389 BGH NJW 2015, 468, 470.

für eine Vielzahl gleichermaßen betroffener Verbraucher weiterverwenden werden kann.[390]

Die Bedeutung des Mangels hängt von den **Auswirkungen auf die Gebrauchsfähigkeit** für den Verbraucher ab. Weiterhin ist zu berücksichtigen, ob der Verkäufer den Mangel zu vertreten hat.[391] Bei Vorsatz und grobem Verschulden sind dem Unternehmer auch erhebliche Kosten eher zuzumuten.

II. Vertragsbeendigung

Der Verbraucher hat gemäß **§ 327 m BGB** das Recht, den Vertrag zu beenden. Die Vorschrift dient der Umsetzung der Richtlinienvorgaben aus **Art. 14 Abs. 4 und 6 DIRL**.

*Hintergrund: Der deutsche Gesetzgeber hat bei der Umsetzung der Digitale-Inhalte-Richtlinie davon abgesehen, auf die allgemeinen Regelungen zum Rücktritt zu verweisen. Da die in der Richtlinie vorgesehene Möglichkeit zur Vertragsbeendigung sowohl Verträge mit einem einmaligen Leistungsaustausch als auch Dauerschuldverhältnisse betrifft, sei eine differenzierte Anwendung von Rücktritt einerseits und Kündigung andererseits für die Rechtsanwendung schwer nachvollziehbar und zudem fehleranfällig. Mit der gewählten Art der Umsetzung bestehe ein **einheitliches Recht** für alle von der Richtlinie erfassten Verträge und zudem für die Fälle unterbliebener Bereitstellungen einerseits (§ 327 c BGB) und mangelhafter Bereitstellungen andererseits (§ 327 m BGB).[392]*

---

§ 327 m BGB (neu)

(1) Ist das digitale Produkt mangelhaft, so kann der Verbraucher den Vertrag gemäß § 327 o beenden, wenn

1. der Nacherfüllungsanspruch gemäß § 327 l Absatz 2 ausgeschlossen ist,

2. der Nacherfüllungsanspruch des Verbrauchers nicht gemäß § 327 l Absatz 1 erfüllt wurde,

3. sich trotz der vom Unternehmer versuchten Nacherfüllung ein Mangel zeigt,

4. der Mangel derart schwerwiegend ist, dass die sofortige Vertragsbeendigung gerechtfertigt ist,

5. der Unternehmer die gemäß § 327 l Absatz 1 Satz 2 ordnungsgemäße Nacherfüllung verweigert hat, oder

6. es nach den Umständen offensichtlich ist, dass der Unternehmer nicht gemäß § 327 l Absatz 1 Satz 2 ordnungsgemäß nacherfüllen wird.

(2) [1]Eine Beendigung des Vertrags nach Absatz 1 ist ausgeschlossen, wenn der Mangel unerheblich ist. [2]Dies gilt nicht für Verbraucherverträge im Sinne des § 327 Absatz 3.

(3) [1]In den Fällen des Absatzes 1 Nummer 1 bis 6 kann der Verbraucher unter den Voraussetzungen des § 280 Absatz 1 Schadensersatz statt der Leistung verlangen. [2]§ 281 Absatz 1 Satz 3 und Absatz 4 sind entsprechend anzuwenden. [3]Verlangt der Verbraucher Schadensersatz statt

---

390 Spindler MMR 2021, 528.

391 BGH NJW 2015, 468, 471.

392 Begr. z. RegE, BT-Drs. 19/27653, S. 67.

der ganzen Leistung, so ist der Unternehmer zur Rückforderung des Geleisteten nach den §§ 327 o und 327 p berechtigt. [4]§ 325 gilt entsprechend.

(4) [1]Sofern der Verbraucher den Vertrag nach Absatz 1 beenden kann, kann er sich im Hinblick auf alle Bestandteile des Paketvertrags vom Vertrag lösen, wenn er an dem anderen Teil des Paketvertrags ohne das mangelhafte digitale Produkt kein Interesse hat. [2]Satz 1 ist nicht auf Paketverträge anzuwenden, bei denen der andere Bestandteil ein Telekommunikationsdienst im Sinne des § 3 Nummer 61 des Telekommunikationsgesetzes ist.

(5) Sofern der Verbraucher den Vertrag nach Absatz 1 beenden kann, kann er sich im Hinblick auf alle Bestandteile eines Vertrags nach § 327 a Absatz 2 vom Vertrag lösen, wenn aufgrund des Mangels des digitalen Produkts sich die Sache nicht zur gewöhnlichen Verwendung eignet.

1. Beendigungsrecht

Die Regelung des **§ 327 m Abs. 1 Nr. 1 bis 6 BGB** enthält eine abschließende Auflistung derjenigen Konstellationen, in denen für den Verbraucher das Recht zur Vertragsbeendigung wegen eines Produkt- oder Sachmangels des digitalen Produkts besteht. Der deutsche Gesetzgeber setzt damit das in der Digitale-Inhalte-Richtlinie (vgl. Art. 14 Abs. 4 DIRL) zum Ausdruck kommende **Prinzip des Vorrangs der Nacherfüllung** um. Die Konstellationen des § 327 m Abs. 1 BGB sind mit den in § 475 d Abs. 1 BGB aufgeführten Fällen vergleichbar, in denen ein Fristsetzung entbehrlich ist.

a) Ausschluss des Nacherfüllungsanspruchs

Nach **§ 327 m Abs. 1 Nr. 1 BGB** kann der Verbraucher den Vertrag beenden, wenn die Nacherfüllung gemäß **§ 327 l Abs. 2 BGB** nach **§ 275 Abs. 1 BGB unmöglich** oder mit **unverhältnismäßigen Kosten** verbunden ist. Dabei ist zu beachten, dass der Unternehmer – anders als im Kaufrecht gemäß § 439 Abs. 4 S. 1 BGB – die Nacherfüllung nicht ausdrücklich wegen Unmöglichkeit oder unverhältnismäßiger Kosten verweigert haben muss. Der Verbraucher wird in der Praxis aber den Unternehmer in der Regel auffordern, sich zu erklären.[393] Wenn der Verbraucher nämlich aus eigener Anschauung nicht beurteilen kann, ob die Voraussetzungen von § 327 m Abs. 1 Nr. 1 BGB vorliegen, wird er die Vertragsbeendigung grundsätzlich nur nach erfolgter Weigerung der Nacherfüllung durch den Unternehmer erklären.[394] Als Alternative kommt für den Verbraucher auch eine Vertragsbeendigung gemäß § 327 m Abs. 1 Nr. 2 oder Nr. 6 BGB in Betracht.

b) Nichterfüllung der Nacherfüllung

Gemäß **§ 327 m Abs. 1 Nr. 2 BGB** ist der Verbraucher zur Vertragsbeendigung berechtigt, wenn der Unternehmer die Nacherfüllung nicht gemäß § 327 l Abs. 1 BGB vorgenommen hat. Das ist der Fall, wenn der Unternehmer den vorrangigen Anspruch auf Nacherfüllung **nicht innerhalb der angemessenen Frist** gemäß § 327 l Abs. 1 S. 2 BGB

---

393 Spindler MMR 2021, 528.

394 Begr. z. RegE, BT-Drs. 19/27653, S. 68.

erfüllt hat.[395] Ist der Nacherfüllungsanspruch nach § 327 l Abs. 2 BGB ausgeschlossen, greift § 327 m Abs. 1 Nr. 1 BGB ein.

c) Erfolglose Nacherfüllung

Außerdem statuiert **§ 327 m Abs. 1 Nr. 3 BGB** ein Recht des Verbrauchers zur Vertragsbeendigung für den Fall, dass sich **trotz des Nacherfüllungsversuchs** des Unternehmers (weiterhin) ein Mangel des digitalen Produkts zeigt. Das betrifft zum einen erfolglose Nacherfüllungsversuche durch den Unternehmer hinsichtlich des durch den Verbraucher (ursprünglich) geltend gemachten Mangels und zum anderen aber **auch** den Fall, dass der Nacherfüllungsversuch hinsichtlich des geltend gemachten Mangels erfolgreich war, sich aber hiernach ein **anderer Mangel** zeigt.[396] In diesem Fall soll der Verbraucher nicht auf einen weiteren Nacherfüllungsversuch verwiesen werden, weil davon auszugehen ist, dass sein Vertrauen in den Unternehmer erschüttert ist.[397]

Die Regelung in **§ 327 m Abs. 1 Nr. 3 BGB** führt dazu, dass der Verbraucher, **abweichend von § 440 S. 2 BGB**, wonach die Nacherfüllung in der Regel nach zwei erfolglosen Nacherfüllungsversuchen als fehlgeschlagen anzusehen ist, **bereits nach** dem **ersten erfolglosen Nacherfüllungsversuch** zurücktreten **kann**. Die Vorschrift ist jedoch **nicht** so zu verstehen, dass ein erfolgloser erster Nacherfüllungsversuch immer und **ausnahmslos** ein Recht zum sofortigen Rücktritt begründet. Vielmehr gilt es die Umstände des Einzelfalls zu würdigen.[398] Es gibt aber jedenfalls keine festgesetzte Versuchsanzahl, die dem Unternehmer für sein „Recht zur zweiten Andienung" zusteht. Das entspricht der Sonderbestimmung für den Bereich des Verbrauchsgüterkaufs in **§ 475 d Abs. 1 Nr. 2 BGB**, der ebenfalls von der Regelung für das allgemeine Kaufrecht in § 440 S. 2 BGB abweicht.

Ferner setzt § 327 m Abs. 1 Nr. 3 BGB voraus, dass sich der **Mangel „zeigt"**, was bereits bei Bereitstellung des digitalen Produkts vorliegende, aber noch nicht erkennbare Mängel umfasst.[399]

d) Derart schwerwiegender Mangel

Gemäß **§ 327 m Abs. 1 Nr. 4 BGB** ist der Verbraucher auch für den Fall, dass ein schwerwiegender Mangel vorliegt, zur sofortigen Vertragsbeendigung berechtigt. Für die Beurteilung, ob ein Mangel derart schwerwiegend ist, dass er die sofortige Vertragsbeendigung rechtfertigt, ist eine **Abwägung der widerstreitenden Interessen** von Verbraucher und Unternehmer **im Einzelfall** erforderlich.[400]

---

395 Spindler MMR 2021, 528.

396 Brönneke/Föhlisch/Tonner § 2 Rn. 177.

397 Begr. z. RegE, BT-Drs. 19/27653, S. 68.

398 So Wilke VuR 2021, 283, 290 in Bezug auf § 475 d Abs. 1 Nr. 2 BGB.

399 Begr. z. RegE, BT-Drs. 19/27653, S. 68.

400 Brönneke/Föhlisch/Tonner § 2 Rn. 178.

Beispiel

Wird dem Verbraucher ein Antivirenprogramm bereitgestellt, das selbst mit Viren infiziert ist, wird dadurch das Vertrauen des Verbrauchers in den Unternehmer derart beeinträchtigt, dass er wegen dieses schwerwiegenden Mangels einen Nacherfüllungsversuch nicht abwarten muss.[401]

Außerdem dürften auch Fallgestaltungen, die unter die Regelung des **§ 440 S. 1 Alt. 3 BGB** fallen, ein **Judiz** für Fälle des § 327 m Abs. 1 Nr. 4 BGB liefern. Nach dieser Regelung aus dem allgemeinen Kaufrecht bedarf es nämlich einer Fristsetzung nicht, wenn die Nacherfüllung für den Käufer unzumutbar ist.

e) Verweigerung der ordnungsgemäßen Nacherfüllung

Nach **§ 327 m Abs. 1 Nr. 5 BGB** kann der Verbraucher den Vertrag ferner beenden, wenn der Unternehmer eine Nacherfüllung unter den Bedingungen des § 327 l Abs. 1 S. 2 BGB **verweigert**. Dabei kommt es nicht darauf an, ob die Verweigerung der Nacherfüllung durch den Unternehmer **berechtigt oder unberechtigt** war.[402]

Hinweis: Ist die Verweigerung des Unternehmers berechtigt, so geht der Nacherfüllungsanspruch des Verbrauchers unter und der Weg für die Geltendmachung der Rechtsbehelfe der zweiten Stufe wird durch § 327 m Abs. 1 Nr. 5 BGB eröffnet. Im Fall der unberechtigten Verweigerung hat der Verbraucher die Wahl, entweder seinen materiellen Nacherfüllungsanspruch durchzusetzen oder auf die weiteren Rechtsbehelfe zurückzugreifen. Die Frage, ob die Verweigerung des Unternehmers in diesem Sinne berechtigt ist oder nicht, spielt für die Anwendung von § 327 m Abs. 1 Nr. 5 BGB jedoch keine Rolle.[403]

Außerdem ist – abweichend von § 323 Abs. 2 Nr. 1 BGB – **nicht** erforderlich, dass der Unternehmer die ordnungsgemäße Nacherfüllung **ernsthaft und endgültig** verweigert hat.

f) Offensichtlich keine ordnungsgemäße Nacherfüllung

Schließlich ergänzt die Regelung in § 327 m Abs. 1 **Nr. 6 BGB** die Vorschrift des § 327 m Abs. 1 Nr. 5 BGB dahingehend, dass der Verbraucher den Vertrag auch dann beenden kann, wenn zwar keine ausdrückliche Weigerung des Unternehmers vorliegt, es aber doch **anhand der Umstände offensichtlich** ist, dass dieser nicht gemäß § 327 l Abs. 1 S. 2 BGB nacherfüllen wird. Die Vorschrift ist wertungsmäßig mit der Regelung in § 323 Abs. 4 BGB vergleichbar.[404] Danach werden nur solche Fälle erfasst, in denen aufgrund einer gegenwärtigen Tatsachengrundlage objektiv und mit **an Sicherheit grenzender Wahrscheinlichkeit** prognostiziert werden kann, dass eine Vertragsverletzung eintre-

---

401 Begr. z. RegE, BT-Drs. 19/27653, S. 68.

402 Spindler MMR 2021, 528, 529.

403 Begr. z. RegE, BT-Drs. 19/27653, S. 69.

404 Brönneke/Föhlisch/Tonner § 2 Rn. 180.

ten wird. Dagegen reichen bloße Zweifel an der Leistungsfähigkeit des Schuldners nicht aus.[405]

§ 327 o BGB (neu)

(1) [1]Die Beendigung des Vertrags erfolgt durch Erklärung gegenüber dem Unternehmer, in welcher der Entschluss des Verbrauchers zur Beendigung zum Ausdruck kommt. [2]§ 351 ist entsprechend anzuwenden.

(2) [1]Im Fall der Vertragsbeendigung hat der Unternehmer dem Verbraucher die Zahlungen zu erstatten, die der Verbraucher zur Erfüllung des Vertrags geleistet hat. [2]Für Leistungen, die der Unternehmer aufgrund der Vertragsbeendigung nicht mehr zu erbringen hat, erlischt sein Anspruch auf Zahlung des vereinbarten Preises.

(3) [1]Abweichend von Absatz 2 Satz 2 erlischt bei Verträgen über die dauerhafte Bereitstellung eines digitalen Produkts der Anspruch des Unternehmers auch für bereits erbrachte Leistungen, jedoch nur für denjenigen Teil des Bereitstellungszeitraums, in dem das digitale Produkt mangelhaft war. [2]Der gezahlte Preis für den Zeitraum, für den der Anspruch nach Satz 1 entfallen ist, ist dem Verbraucher zu erstatten.

(4) Für die Erstattungen nach den Absätzen 2 und 3 ist § 327 n Absatz 4 Satz 2 bis 5 entsprechend anzuwenden.

(5) [1]Der Verbraucher ist verpflichtet, einen vom Unternehmer bereitgestellten körperlichen Datenträger an diesen unverzüglich zurückzusenden, wenn der Unternehmer dies spätestens 14 Tage nach Vertragsbeendigung verlangt. [2]Der Unternehmer trägt die Kosten der Rücksendung. [3]§ 348 ist entsprechend anzuwenden.

2. Vertragsbeendigungserklärung

Die Beendigung des Vertrags gemäß § 327 m Abs. 1 BGB ist ein Gestaltungsrecht des Verbrauchers, das durch **Erklärung gegenüber dem Unternehmer** erfolgt. In der Erklärung muss der Entschluss des Verbrauchers zur Beendigung zum Ausdruck kommen, vgl. **§ 327 o Abs. 1 S. 1 BGB**. Das bedeutet jedoch weder das der Verbraucher zwingend das Wort „Vertragsbeendigung" verwenden muss noch das er seinen Entschluss begründen muss.[406] Außerdem enthält die Richtlinienvorgabe aus Art. 15 DIRL auch keine Formerfordernisse. Vor diesem Hintergrund ist grundsätzlich **auch** eine mündliche und **konkludente** Vertragsbeendigung denkbar.[407]

Beispiel

Das bloße Deinstallieren des digitalen Produkts reicht regelmäßig nicht aus, um den Entschluss des Verbrauchers zur Vertragsbeendigung konkludent zum Ausdruck zu bringen.[408]

---

405 OLG Köln BeckRS 2013, 16288.

406 Begr. z. RegE, BT-Drs. 19/27653, S. 71.

407 Brönneke/Föhlisch/Tonner § 2 Rn. 199.

408 Begr. z. RegE, BT-Drs. 19/27653, S. 71.

Sind bei einem digitalen Vertrag auf der einen oder der anderen Seite **mehrere beteiligt**, so kann das Recht zur Vertragsbeendigung nur von allen und gegen alle ausgeübt werden, vgl. § 327 o Abs. 1 S. 2 i.V.m. § 351 S. 1 BGB.

3. Ausschluss wegen Unerheblichkeit

Nach **§ 327 m Abs. 2 S. 1 BGB** ist das Recht des Verbrauchers zur Vertragsbeendigung ausgeschlossen, wenn der **Mangel des digitalen Produkts unerheblich** ist. Das entspricht der Regelung in § 323 Abs. 5 S. 2 BGB, wonach ein Rücktritt wegen Unerheblichkeit ausgeschlossen ist. Danach ist für die Beurteilung der Frage, ob ein geringfügiger Mangel vorliegt, auf den **Zeitpunkt der Erklärung** des Verbrauchers abzustellen, und nicht etwa auf die erst nachträglich im Zuge der Mangelbegutachtung zur Mängelursache und deren Beseitigung gewonnenen Erkenntnisse. Denn ein zum Zeitpunkt der Erklärung erheblicher Mangel wird nicht dadurch unerheblich, dass es dem Unternehmer möglicherweise zu einem späteren Zeitpunkt noch hätte gelingen können, das digitale Produkt in einen der geforderten Beschaffenheit entsprechenden Zustand zu versetzen.

Ob ein Mangel unerheblich ist, ist durch eine umfassende Interessenabwägung unter Berücksichtigung aller **Umstände des Einzelfalls** zu ermitteln. Hat der Verkäufer den Mangel des digitalen Produkts arglistig verschwiegen, dürft regelmäßig eine Unerheblichkeit zu verneinen sein.

Der **Vorbehalt der Erheblichkeit** des Mangels greift gemäß **§ 327 m Abs. 2 S. 2 BGB** nicht bei solchen Verträgen, bei denen der Verbraucher **ausschließlich** i.S.d. § 327 Abs. 3 BGB mit „**seinen Daten bezahlt**". Hat der Verbraucher in einem solchen Fall jedoch ergänzend zu den Daten auch einen Preis gezahlt hat, bleibt es beim Vorbehalt der Erheblichkeit.

Die Digitale-Inhalte-Richtlinie enthält hinsichtlich von **Teilleistungen** für die Frage der Vertragsbeendigung keine gesonderten Regelungen. Erbringt der Unternehmer lediglich eine Teilleistungen, stellt sich auch insoweit die Frage, ob der Mangel (weiterhin) erheblich ist.[409] Demnach kommt es für den Vorbehalt der Erheblichkeit, unter dem die Vertragsbeendigung steht, darauf an, ob der Mangel des digitalen Produkts eine ausreichende Umfänglichkeit und Gewichtung in Bezug auf die Gesamtleistung aufweist.[410]

4. Rechtsfolgen

a) Rückerstattung der Leistungen und keine weiteren Zahlungen

Der Unternehmer hat dem Verbraucher im Fall der Vertragsbeendigung gemäß **§ 327 o Abs. 2 S. 1 BGB** die **Zahlungen zu erstatten**, die der Verbraucher zur Erfüllung des digitalen Vertrags geleistet hat. Die Regelung dient der Umsetzung von Art. 16 Abs. 1 UAbs. 1 DIRL.

---

409 Vgl. Begr. z. RegE, BT-Drs. 19/27653, S. 69.

410 Brönneke/Föhlisch/Tonner § 2 Rn. 182.

Außerdem **erlischt** gemäß **§ 327 o Abs. 2 S. 2 BGB** gleichzeitig der **Anspruch** des Unternehmers **auf weitere vereinbarte Zahlungen**. Das gilt sowohl in dem Fall, dass im Rahmen einer einmaligen Bereitstellung die Zahlung noch nicht erfolgt ist, als auch in Bezug auf weitere Zahlungen im Fall von dauerhaften Bereitstellungen.[411] Der deutsche Gesetzgeber hat damit die Richtlinienvorgaben aus Art. 16 Abs. 1 UAbs. 2 DIRL umgesetzt.

*Hintergrund: Anders als die Warenkaufrichtlinie enthält die Digitale-Inhalte-Richtlinie bzgl. der Rechtsfolgen der Gewährleistungsrechte eigene zwingende Vorgaben. Der deutsche Gesetzgeber hat daher von einem Verweis auf die §§ 346 ff. BGB abgesehen. Ein uneingeschränkter Verweis auf die §§ 346 ff. BGB wäre bereits wegen des durch Art. 17 Abs. 3 DIRL bewirkten Ausschlusses eines Wertersatzanspruchs des Unternehmers nicht möglich. Für den Verbraucher besteht demnach **keine Zahlungspflicht für die Nutzung** des digitalen Produkts für den Zeitraum, in dem das digitale Produkt nicht vertragsgemäß war.[412]*

Besondere Bestimmungen zum Schicksal der geschuldeten oder bereits geleisteten Zahlungen für den Fall einer **dauerhaften Bereitstellung** des digitalen Produkts trifft **§ 327 o Abs. 3 BGB**. Gemäß § 327 o Abs. 3 S. 1 BGB entfällt der Anspruch des Unternehmers für den Zeitraum der Mangelhaftigkeit des digitalen Produkts. Daneben tritt gemäß § 327 o Abs. 3 S. 2 BGB die Verpflichtung des Unternehmers **nur den Anteil** des gezahlten Preises zurückzuerstatten, der dem Zeitraum entspricht, in dem das digitale Produkt nicht in vertragsgemäßem Zustand war.

Anders als bei der Minderung entfällt der Vergütungsanspruch des Unternehmers für den relevanten Zeitraum nach § 327 o Abs. 3 BGB **vollständig**, auch wenn die Nutzung des digitalen Produkts nur teilweise beeinträchtigt ist, was jedoch vor dem Hintergrund der Erheblichkeitsschwelle des § 327 m Abs. 2 S. 1 BGB gerechtfertigt ist.[413] Für die weiteren Modalitäten der Erstattung verweist **§ 327 o Abs. 4 BGB** auf die für die Minderung getroffenen Regelungen in § 327 n Abs. 4 S. 2 bis 5 BGB. Danach hat der Unternehmer die Zahlungen **unverzüglich**, auf jeden Fall aber **innerhalb von 14 Tagen** nach dem Zugang der Vertragsbeendigungserklärung zu erstatten, vgl. § 327 o Abs. 4 i.V.m. § 327 n Abs. 4 S. 2 und 3 BGB.

Schließlich ist der Verbraucher gemäß **§ 327 o Abs. 5 BGB** verpflichtet, einen ihm vom Unternehmer bereitgestellten **körperlichen Datenträger** unverzüglich **zurückzusenden**, wenn der Unternehmer dies spätestens 14 Tage nach der Vertragsbeendigung verlangt. Die Regelung dient der Umsetzung von Art. 17 Abs. 2 DIRL. Die Gesetzesbegründung geht davon aus, dass die Regelung nur **geringe praktische Bedeutung** haben wird, weil der körperliche Datenträger als solcher in der Regel für den Unternehmer keinen Wert hat.[414] Außerdem werden heute digitale Inhalte kaum noch mittels einer DVD oder einer CD-ROM, sondern zumeist per Download bereitgestellt.[415]

---

411 Begr. z. RegE, BT-Drs. 19/27653, S. 71.

412 Begr. z. RegE, BT-Drs. 19/27653, S. 71.

413 Vgl. Begr. z. RegE, BT-Drs. 19/27653, S. 72.

414 Begr. z. RegE, BT-Drs. 19/27653, S. 72.

415 Brönneke/Föhlisch/Tonner § 2 Rn. 204.

Sollte das im Einzelfall anders sein, hat der Unternehmer zwar gemäß § 327 o Abs. 5 S. 1 BGB die Möglichkeit, die **Rücksendung** vom Verbraucher zu fordern, ihn trifft dann aber nach § 327 o Abs. 5 S. 2 BGB auch die **Kostentragungspflicht** dafür. Wobei zu beachten ist, dass der Unternehmer die Rücksendung auch selber organisieren und dem Verbraucher die notwendigen Mittel zur Verfügung stellen kann, um die Kosten hierfür gering zu halten.[416] Da sich im Fall des § 327 o Abs. 5 BGB die Verpflichtungen des Verbrauchers und des Unternehmers gegenüberstehen, ist nach § 327 o Abs. 5 S. 3 BGB die Zug-um-Zug Regelung des § 348 BGB entsprechend anzuwenden.

b) Vertragsbeendigung bei Paketverträgen

Für den Fall, dass die Voraussetzungen des § 327 m Abs. 1 BGB vorliegen, enthält **§ 327 m Abs. 4 S. 1 BGB** ein besonderes Vertragslösungsrecht, von dem der Verbraucher Gebrauch machen kann. Die Vorschrift entspricht der Parallelregelung in § 327 c Abs. 6 BGB. Dafür ist nach § 327 m Abs. 4 S. 1 BGB erforderlich, dass ein Mangel eines in einem **Paketvertrag nach § 327 a Abs. 1 BGB** enthaltenen digitalen Produkts die Verwendbarkeit der weiteren Bestandteile des Pakets derart beeinträchtigt, dass der Verbraucher an diesen **weiteren Leistungen kein Interesse** hat.

Für die **Beurteilung des Interesses** kann auf die Judikatur zum entsprechenden Tatbestandsmerkmal in § 323 Abs. 5 S. 1 BGB rekurriert werden.[417] Danach bestimmt sich das Interesse des Verbrauchers objektiv, wenngleich unter Beachtung der individuellen Situation des Verbrauchers.[418] Ob dieses Interesse vom Unternehmer erkannt wurde oder für ihn auch nur erkennbar war, spielt keine Rolle.[419]

Nach **§ 327 m Abs. 4 S. 2 BGB** sind vom dem besonderen Vertragsauflösungsrecht gemäß § 327m Abs. 4 S. 1 BGB allerdings Paketverträge ausgenommen, bei denen der andere Bestandteil ein elektronischer Kommunikationsdienst nach **§ 3 Nr. 61 TKG** ist, weil dafür **spezielle Regelungen** bestehen.

c) Vertragsbeendigung bei verbundenen Verträgen

Außerdem räumt **§ 327 m Abs. 5 BGB** dem Verbraucher ebenfalls ein besonderes Vertragslösungsrecht bei verbundenen Verträgen gemäß § 327 a Abs. 2 BGB ein. Die Vorschrift entspricht der Parallelregelung in § 327 c Abs. 7 BGB. Liegen die Voraussetzungen für eine Vertragsbeendigung nach § 327 m Abs. 1 BGB vor, kann sich der Verbraucher auch von den anderen Bestandteilen eines Vertrags über eine **Sache mit digitalen Elementen**, der kein Kaufvertrag ist (§ 327 a Abs. 2 BGB), lösen, wenn die Sache selbst wegen der Mangelhaftigkeit des digitalen Produkts die Anforderungen an die **gewöhnliche Verwendung nicht erfüllt**.

---

416 Vgl. Begr. z. RegE, BT-Drs. 19/27653, S. 72.

417 Begr. z. RegE, BT-Drs. 19/27653, S. 69.

418 BGH NJW 1990, 3011, 3013.

419 Vgl. BGH NJW 1990, 3011, 3011.

III. Minderung

Die Regelung des **§ 327 n BGB** enthält die Voraussetzungen und Modalitäten für eine Minderung des Preises durch den Verbraucher bei Vorliegen eines Produkt- oder Rechtsmangels des bereitgestellten digitalen Produkts. Der deutsche Gesetzgeber setzt damit die Richtlinienvorgaben aus **Art. 14 Abs. 4 und 5 DIRL** um.

---

§ 327 n BGB (neu)

(1) [1]Statt den Vertrag nach § 327 m Absatz 1 zu beenden, kann der Verbraucher den Preis durch Erklärung gegenüber dem Unternehmer mindern. [2]Der Ausschlussgrund des § 327 m Absatz 2 Satz 1 findet keine Anwendung. [3]§ 327 o Absatz 1 ist entsprechend anzuwenden.

(2) [1]Bei der Minderung ist der Preis in dem Verhältnis herabzusetzen, in welchem zum Zeitpunkt der Bereitstellung der Wert des digitalen Produkts in mangelfreiem Zustand zu dem wirklichen Wert gestanden haben würde. [2]Bei Verträgen über die dauerhafte Bereitstellung eines digitalen Produkts ist der Preis unter entsprechender Anwendung des Satzes 1 nur anteilig für die Dauer der Mangelhaftigkeit herabzusetzen.

(3) Die Minderung ist, soweit erforderlich, durch Schätzung zu ermitteln.

(4) [1]Hat der Verbraucher mehr als den geminderten Preis gezahlt, so hat der Unternehmer den Mehrbetrag zu erstatten. [2]Der Mehrbetrag ist unverzüglich, auf jeden Fall aber innerhalb von 14 Tagen zu erstatten. [3]Die Frist beginnt mit dem Zugang der Minderungserklärung beim Unternehmer. [4]Für die Erstattung muss der Unternehmer dasselbe Zahlungsmittel verwenden, das der Verbraucher bei der Zahlung verwendet hat, es sei denn, es wurde ausdrücklich etwas anderes vereinbart und dem Verbraucher entstehen durch die Verwendung eines anderen Zahlungsmittels keine Kosten. [5]Der Unternehmer kann vom Verbraucher keinen Ersatz für die Kosten verlangen, die ihm für die Erstattung des Mehrbetrags entstehen.

---

1. Minderungsrecht

Anstatt den Vertrag nach § 327 m Abs. 1 S. 1 BGB zu beenden, kann der Verbraucher gemäß § 327 n Abs. 1 S. 1 BGB den Preis mindern. Aus der Formulierung der Vorschrift („Statt") wird zum einen deutlich, dass sich die Minderung und die Vertragsbeendigung gegenseitig ausschließen. Zum anderen ergibt sich daraus, dass das **Recht zur Minderung nur** besteht, **wenn** die **Voraussetzungen für eine Vertragsbeendigung** gegeben sind, nämlich

- ein **Verbrauchervertrag über ein digitales Produkt** nach §§ 327, 327 a BGB,

- ein **Produkt- oder Rechtsmangel** gemäß §§ 327 e bis 327 g BGB und

- ein **Vertragsbeendigungsgrund** gemäß § 327 m Abs. 1 Nr. 1 bis 6 BGB.[420]

Eine Minderung nach § 327 n Abs. 1 BGB kommt **nur** in Betracht, **wenn** der **Verbraucher** einen **Preis** zu **zahlen hat**. Demgegenüber ist eine Vertragsbeendigung nach § 327 m BGB auch bei Verträgen möglich, bei denen der Verbraucher dem Unternehmer personenbezogene Daten bereitstellt, was sich aus Art. 14 Abs. 4 DIRL ergibt. Hat der Verbrau-

---

420 Brönneke/Föhlisch/Tonner § 2 Rn. 190.

cher sowohl einen Preis gezahlt als auch personenbezogene Daten bereitgestellt, ist er insoweit anteilig zur Minderung berechtigt.[421]

2. Minderungserklärung

Die Minderung gemäß § 327 n BGB ist – im Gegensatz zur Minderung im Mietrecht (vgl. § 536 BGB) – ein **Gestaltungsrecht**, das der Verbraucher durch Erklärung gegenüber dem Unternehmer ausüben muss. Darin muss der Entschluss des Verbrauchers zur Minderung des Preises zum Ausdruck kommen, vgl. § 327 n Abs. 1 S. 3 i.V.m. § 327 o Abs. 1 S. 1 BGB. Sind bei einem digitalen Vertrag auf der einen oder der anderen Seite **mehrere beteiligt**, so kann das Minderungsrecht nur von allen und gegen alle ausgeübt werden, vgl. § 327 n Abs. 1 S. 3 i.V.m. § 327 o Abs. 1 S. 2 i.V.m. § 351 S. 1 BGB.

3. Kein Ausschluss wegen Unerheblichkeit

Die Regelung in **§ 327 n Abs. 1 S. 2 BGB** stellt klar, dass das Recht zur Minderung – im Gegensatz zur Vertragsbeendigung – für den Verbraucher **auch** dann gegeben ist, **wenn** der **Mangel nur unerheblich** ist.

4. Rechtsfolgen

Gemäß **§ 327 n Abs. 2 BGB** ist der Preis in dem Verhältnis herabzusetzen, in dem zum Zeitpunkt der Bereitstellung der Wert des digitalen Produkts in mangelfreiem Zustand zum wirklichen Wert gestanden haben würde. Entscheidend ist somit die **objektive Wertminderung**; das dem Vertrag zugrundeliegende Äquivalenzverhältnis von Preis und Leistung soll insoweit erhalten bleiben.[422]

Hinweis: Bezugspunkt für den heranzuziehenden Wert ist – abweichend von den bisherigen Regelungen im Kauf- und Werkvertragsrecht, bei denen „die Zeit des Vertragsschlusses" maßgeblich ist – der ***Zeitpunkt der Bereitstellung.*** *Da der Zeitraum zwischen Vertragsschluss und Bereitstellung des digitalen Produkts mit Blick auf § 327 b Abs. 1 BGB jedoch in der Regel sehr kurz ist, dürfte das keine Besonderheiten mit sich bringen.*[423]

Bei Verträgen über die **dauerhafte Bereitstellung** von digitalen Produkten betrifft die Minderung nach § 327 n Abs. 2 S. 2 BGB nur den Zeitraum der Mangelhaftigkeit, es kommt also nur zu einer **anteiligen** Anwendung der Formel aus § 327 n Abs. 2 S. 1 BGB. Ferner besteht gemäß § 327 n Abs. 3 BGB – wie auch in § 441 Abs. 3 S. 2 BGB vorgesehen – die **Möglichkeit zur Schätzung** der Minderungshöhe.

Hat der Verbraucher mehr als den geminderten Preis gezahlt, so hat der Unternehmer – in Umsetzung der Vorgaben aus Art. 18 Abs. 1 DIRL – den **Mehrbetrag** unverzüglich, auf jeden Fall aber **innerhalb von 14 Tagen zu erstatten**, § 327 n Abs. 4 S. 1 BGB. Eine entsprechende zusätzliche Aufforderung des Verbrauchers hierzu ist nicht erforderlich.[424]

421　Begr. z. RegE, BT-Drs. 19/27653, S. 70.

422　Vgl. Begr. z. RegE, BT-Drs. 19/27653, S. 70.

423　Begr. z. RegE, BT-Drs. 19/27653, S. 70.

424　Brönneke/Föhlisch/Tonner § 2 Rn. 194.

Die **Frist beginnt** gemäß § 327 n Abs. 4 S. 3 BGB **mit** dem **Zugang der Minderungserklärung** beim Unternehmer. Außerdem bestimmt § 327 n Abs. 4 S. 4 BGB, dass der Unternehmer für die Erstattung **dasselbe Zahlungsmittel** verwenden muss, das der Verbraucher bei der Zahlung verwendet hat, es sei denn, es wurde ausdrücklich etwas anderes vereinbart und dem Verbraucher entstehen durch die Verwendung eines anderen Zahlungsmittels keine Kosten. Des Weiteren kann der Unternehmer vom Verbraucher keinen Ersatz für die Kosten verlangen, die dem Unternehmer selbst für die Erstattung des Mehrbetrags entstehen, vgl. § 327 n Abs. 4 S. 5 BGB.

IV. Schadensersatz und Ersatz vergeblicher Aufwendungen

Der Verbraucher kann vom Unternehmer wegen eines Mangels des digitalen Produkts gemäß **§ 327 i Nr. 3 BGB**

- nach **§ 280 Abs. 1 BGB** Schadensersatz **neben** der Leistung oder

- gemäß **§ 327 m Abs. 3 BGB** Schadenersatz **statt** der Leistung oder

- nach **§ 284 BGB** Ersatz **vergeblicher Aufwendungen** verlangen.

1. Schadensersatz neben der Leistung

Der Verbraucher kann gegen den Unternehmer einen Schadensersatzanspruch aus den **§§ 327 i Nr. 3, 280 Abs. 1 BGB** haben. Das setzt

- einen **Verbrauchervertrag über ein digitales Produkt** (§§ 327, 327 a BGB),

- einen **Produkt- oder Rechtsmangel** des digitalen Produkts (§§ 327 e bis g BGB)

- und vermutetes **Vertretenmüssen** (§ 280 Abs. 1 BGB) voraus.

Mit diesem Anspruch kann der Verbraucher Ersatz aller Schäden verlangen, die auf der Verletzung der Pflicht zur mangelfreien Bereitstellung beruhen und nicht Schadensersatz statt der Leistung sind. Da die gemäß den §§ 327 Nr. 3, 280 Abs. 1 BGB zu ersetzenden Schäden durch die mangelhafte Bereitstellung verursacht sein müssen und damit Folge des Mangels sind, werden sie auch **Mangelfolgeschäden** genannt.

*Hinweis: Die Vorschrift des § 327 c Abs. 2 S. 1 BGB enthält einen pauschalen Verweis auf § 280 BGB, der einen **Verweis auf § 280 Abs. 2 BGB** mit Blick auf den Verzögerungsschaden nach **§ 286 BGB** mit umfasst, was die Gesetzesbegründung ausdrücklich klarstellt.[425] Auch die § 327 i BGB ähnelnde Regelung in § 437 BGB verweist in Nummer 3 der Vorschrift pauschal auf § 280 BGB, was ebenfalls als Verweis auf § 280 Abs. 2 BGB und damit auch auf § 286 BGB gewertet wird.[426] Demgegenüber verweist **§ 327 i Nr. 3 BGB nur** auf **Absatz 1 des § 280 BGB**.*

---

425 Begr. z. RegE, BT-Drs. 19/27653, S. 51.

426 Hk-BGB/Saenger § 437 Rn. 13; Jauernig/Berger § 437 Rn. 16; BT-Drs. 14/6040, S. 225.

2. Schadensersatz statt der Leistung

Der Verbraucher kann vom Unternehmer über den Verweis in **§ 327 i Nr. 3 BGB** gemäß § 327 m Abs. 3 BGB auch Schadensersatz statt der Leistung verlangen. Die Vorschrift des **§ 327 m Abs. 3 BGB** ist die **zentrale und einzige Anspruchsgrundlage für** alle sich aus der Verletzung der Pflicht des Unternehmers zur mangelfreien Leistung ergebenden Ansprüche auf **Schadensersatz statt der Leistung**. In § 327 m Abs. 3 S. 1 BGB wird dazu auf die in § 327 m Abs 1 Nr. 1 bis 6 BGB aufgeführten Vertragsbeendigungsgründe Bezug genommen, um die Fälle, in denen der Verbraucher zum Schadensersatz statt der Leistung berechtigt ist, **abschließend** zu umschreiben. Die in § 327 m Abs. 1 Nr. 1 bis 6 BGB aufgezählten Gründe für eine Vertragsbeendigung sind teilweise mit einer **nicht ordnungsgemäßen** und teilweise mit einer **ausgeschlossenen Nacherfüllung** vergleichbar. Ein Rückgriff auf die §§ 281, 283 und 311 a BGB als Anspruchsgrundlage ist deshalb wegen der Spezialität des § 327 m Abs. 3 S. 1 BGB ausgeschlossen.[427] Insoweit ergeben sich nämlich alle relevanten Anküpfungspunkte für Pflichtverletzungen des Unternehmers aus § 327 m Abs. 1 Nr. 1 bis 6 BGB.[428]

Hinweis: Dagegen untergliedert sich der Schadensersatz statt der Leistung im kaufrechtlichen Gewährleistungsrecht über den Verweis in § 437 Nr. 3 BGB in drei eigenständige Anspruchsgrundlagen, nämlich bei einem anfänglichen Leistungshindernis § 311 a Abs. 2 BGB, bei einem nachträglichen Leistungshindernis §§ 280 Abs. 1 und 3, 283 BGB und bei einem erfolglosen Ablauf einer dem Verkäufer zur Nacherfüllung gesetzten Frist oder deren Entbehrlichkeit §§ 280 Abs. 1 und 3, 281 BGB. Auch die ursprüngliche Entwurfsfassung des § 327 m Abs. 3 BGB sah noch eine sehr an § 437 Nr. 3 BGB orientierte Verweisungstechnik vor, die Vorschrift wurde dann aber schließlich durch den Rechtssausschuss des Bundestages wesentlich umgestaltet.[429]

Aus dem Verweis auf **§ 280 Abs. 1 BGB** folgt ferner, dass der Schadensersatzanspruch des Verbrauchers ein Vertretenmüssen des Unternehmers erfordert, das gemäß § 280 Abs. 1 S. 2 BGB vermutet wird.[430] Demnach muss ein Schadensersatzanspruch statt der Leistung aus den **§§ 327 i Nr. 3, 327 m Abs. 3 BGB** die folgenden Voraussetzungen erfüllen:

- **Verbrauchervertrag über ein digitales Produkt** (§§ 327, 327 a BGB)

- **Produkt- oder Rechtsmangel** zum relevanten Zeitpunkt (§§ 327 e bis 327 g BGB)

- Vorliegen eines **Vertragsbeendigungsgrundes** (§ 327 m Abs. 1 Nr. 1 bis 6 BGB)

- **Vertretenmüssen** des Unternehmers, das **vermutet** wird (§ 280 Abs. 1 S. 2 BGB)

Ist der **Mangel unerheblich**, ist der Verbraucher gemäß § 327 m Abs. 2 S. 1 BGB nicht zur Vertragsbeendigung berechtigt, hat aber gleichwohl einen Anspruch auf Schadensersatz statt der Leistung. Ein Anspruch auf Schadensersatz statt der **ganzen** Leistung

---

427 Weiß ZVertriebsR 2021, 208, 212.

428 Vgl. Bericht des Rechtsausschusses, BT-Drs. 19/31116, S. 11.

429 Bericht des Rechtsausschusses, BT-Drs. 19/31116, S. 11.

430 Hk-BGB/Schulze § 327m Rn. 13.

("großer Schadensersatz") ist indes wegen der in **§ 327 m Abs. 3 S. 2 BGB** angeordneten entsprechenden Anwendung des **§ 281 Abs. 1 S. 3 BGB** regelmäßig ausgeschlossen.[431] Der Verbraucher kann dann lediglich den „kleinen Schadensersatz" geltend machen. Zu beachten ist dabei, dass der deutsche Gesetzgeber bewusst von einem Verweis auf **§ 281 Abs.1 S. 2 BGB** in § 327 m Abs. 3 S. 2 BGB abgesehen hat. Eine differenzierende Behandlung von Teilleistungen erscheine nämlich nicht notwendig. Die Digitale-Inhalte-Richtlinie stellt die „Quantität" im Rahmen der subjektiven und objektiven Anforderungen den anderen dort genannten Konformitätskriterien gleich, sodass sich eine unterschiedliche Behandlung von Teilleistungen im Rahmen der Rechtsbehelfe des Verbrauchers verbiete. Allerdings können wegen des Verweises auf § 281 Abs. 1 S. 3 BGB in § 327 m Abs. 3 S. 2 BGB die zur Auslegung des § 281 Abs. 1 S. 2 BGB entwickelten Maßstäbe bei der Prüfung der Frage der Unerheblichkeit der Pflichtverletzung herangezogen werden.[432]

Die in **§ 327 m Abs. 3 S. 2 BGB** angeordnete entsprechende Anwendbarkeit von **§ 281 Abs. 4 BGB** stellt sicher, dass in den Fällen, in denen der Anspruch auf Nacherfüllung noch nicht von Gesetzes wegen ausgeschlossen ist, ein Ausschluss des Anspruchs auf Nacherfüllung erfolgt, sodass ein nebeneinander von Nacherfüllungs- und Schadensersatzansprüchen **nicht** möglich ist.[433] Demgegenüber sorgt die Regelung zur entsprechenden Anwendbarkeit von § 325 BGB in **§ 327 m Abs. 3 S. 4 BGB** dafür, dass die Vertragsbeendigung neben den von § 327 m Abs. 3 BGB erfassten Schadensersatzansprüchen möglich bleibt.[434]

Verlangt der Verbraucher Schadensersatz **statt der ganzen Leistung**, so ist der Unternehmer gemäß **§ 327 m Abs. 3 S. 3 BGB** gegenüber dem Verbraucher zur **Rückforderung** des Geleisteten nach den §§ 327 o und 327 p BGB berechtigt. Die Regelung des § 327 m Abs. 3 S. 3 BGB ist das Äquivalent zu § 281 Abs. 5 BGB, auf den der deutsche Gesetzgeber wegen der besonderen Bestimmungen der Digitale-Inhalte-Richtlinie zu den Folgen der Vertragsbeendigung nicht zurückgreifen konnte.[435]

3. Ersatz vergeblicher Aufwendungen

Die Regelung in § 327 i Nr. 3 BGB gewährt dem Verbraucher auch das Recht bei einem Mangel des digitalen Produkts vom Unternehmer **Aufwendungsersatz gemäß § 284 BGB** zu verlangen.[436] Aufwendungsersatz ist allein eine Alternative zum Schadensersatz statt der Leistung und nicht zum Schadensersatz schlechthin. Demnach müssen für einen Anspruch des Verbrauchers aus **§§ 327 i Nr. 3, 327 m Abs. 3, 284 BGB** die folgenden Voraussetzungen vorliegen:

---

431 Brönneke/Föhlisch/Tonner § 2 Rn. 185.

432 Bericht des Rechtsausschusses, BT-Drs. 19/31116, S. 11.

433 Bericht des Rechtsausschusses, BT-Drs. 19/31116, S. 11.

434 Hk-BGB/Schulze § 327m Rn. 15.

435 Begr. z. RegE, BT-Drs. 19/27653, S. 69.

436 Weiß ZVertriebsR 2021, 208, 212.

- **Verbrauchervertrag über ein digitales Produkt** (§§ 327, 327 a BGB)

- **Produkt- oder Rechtsmangel** zum relevanten Zeitpunkt (§§ 327 e bis 327 g BGB)

- Vorliegen eines **Vertragsbeendigungsgrundes** (§ 327 m Abs 1 Nr. 1 bis 6 BGB)

- **Vertretenmüssen** des Unternehmers, das **vermutet** wird (§ 280 Abs. 1 S. 2 BGB)

Bezweckt wird mit der **Alternativstellung gemäß § 284 BGB** („Anstelle"), dass der Geschädigte wegen ein und demselben Vermögensnachteil nicht sowohl Schadensersatz statt der Leistung als auch Aufwendungsersatz und damit **doppelte Kompensation** verlangen kann. Das schließt aber nicht aus, dass in Bezug auf unterschiedliche Schadensposten ein Aufwendungsersatzanspruch neben einem Schadensersatzanspruch besteht.

Vergebliche Aufwendungen sind **freiwillige Vermögensopfer**, die der Verbraucher im Vertrauen auf den Erhalt der Leistung erbracht hat, die sich aber wegen nicht vertragsgemäßen Bereitstellung des digitalen Produkts durch den Unternehmer **als nutzlos erweisen**.

> **Beispiele**
>
> Darlehensaufnahme zur Preisfinanzierung; Vertragskosten, wie etwa die Kosten für die Versendung oder den Download des digitalen Produkts

Aufwendungen, die auch bei ordnungsgemäßer Erfüllung **vergeblich gewesen wären**, sind hingegen nicht ersatzfähig, denn § 284 BGB schließt im letzten Halbsatz die Aufwendungen aus, die ihren Zweck auch ohne die Pflichtverletzung des Schuldners verfehlt hätten.

Rechte des Verbrauchers bei einem Mangel des digitalen Produkts		
§ 327 i Nr. 1 BGB Anspruch auf **Nacherfüllung** (§ 327 l BGB)	**§ 327 i Nr. 2 BGB** **Vertragsbeendigung** oder **Minderung** (§§ 327 m, 327 n BGB)	**§ 327 i Nr. 3 BGB** **Schadensersatz** oder **Aufwendungsersatz** (§§ 280 Abs. 1, 327 m Abs. 3, 284 BGB)

V. Verjährung

Die Absätze 1 bis 4 des **§ 327 j BGB** regeln die Verjährung der Ansprüche auf Nacherfüllung, Schadensersatz und Ersatz vergeblicher Aufwendungen gemäß § 327 i Abs. 1 und 3 BGB. Außerdem enthält § 327 j Abs. 5 BGB einen Verweis auf § 218 BGB, der für die in § 327 i Abs. 2 BGB geregelten Gestaltungsrechte sowohl der Vertragsbeendigung als auch der Minderung entsprechende Anwendung finden soll. Die Vorschrift dient der Umsetzung der Vorgaben aus **Art. 11 DIRL**.

§ 327 j BGB (neu)

(1) [1]Die in § 327 i Nummer 1 und 3 bezeichneten Ansprüche verjähren in zwei Jahren. [2]Die Verjährung beginnt mit der Bereitstellung.

(2) Im Fall der dauerhaften Bereitstellung verjähren die Ansprüche nicht vor Ablauf von zwölf Monaten nach dem Ende des Bereitstellungszeitraums.

(3) Ansprüche wegen einer Verletzung der Aktualisierungspflicht verjähren nicht vor Ablauf von zwölf Monaten nach dem Ende des für die Aktualisierungspflicht maßgeblichen Zeitraums.

(4) Hat sich ein Mangel innerhalb der Verjährungsfrist gezeigt, so tritt die Verjährung nicht vor dem Ablauf von vier Monaten nach dem Zeitpunkt ein, in dem sich der Mangel erstmals gezeigt hat.

(5) Für die in § 327 i Nummer 2 bezeichneten Rechte gilt § 218 entsprechend.

Nach **§ 327 j Abs. 1 S. 1 BGB** verjähren die in § 327 i Nr. 1 und 3 BGB genannten Ansprüche (Nacherfüllung, Schadensersatz und Ersatz vergeblicher Aufwendungen) in **zwei Jahren**, wobei der Lauf der Verjährungsfrist mit der Bereitstellung des digitalen Produkts beginnt (§ 327 j Abs. 1 S. 2 BGB). Die Verjährungsfrist des § 327 j Abs. 1 BGB ist eine Grundregel, die nicht nur für die einmalige Bereitstellung, sondern auch für eine Reihe von Bereitstellungen und für die dauerhafte Bereitstellung gilt. Geht es um eine **Reihe von Bereitstellungen** ist für den Beginn der Verjährungsfrist gemäß § 327 j Abs. 1 S. 2 BGB nicht stets an die erste der Bereitstellungen anzuknüpfen, sondern vielmehr an diejenige Bereitstellung, deren Mangelhaftigkeit geltend gemacht wird.[437]

Hintergrund: Die in § 327 j Abs. 1 BGB vorgesehene Verjährungsfrist von zwei Jahren entspricht dem **Mindestzeitraum***, den Art. 11 Abs. 2 UAbs. 2 DIRL für die Verjährung vorgibt. Der deutsche Gesetzgeber hätte also einen längeren Zeitraum vorsehen können. Er hat davon jedoch abgesehen, da die Besonderheiten von digitalen Produkten eine über diese zwei Jahre hinausreichende Ausdehnung der Verjährungsfrist im Regelfall nicht erforderlich erscheinen lassen. Aufgrund der Beweisschwierigkeiten des Verbrauchers dürfe die Dauer, für welche die Beweislastumkehr gilt, für die Geltendmachung von Gewährleistungsansprüchen von größerer Bedeutung sein.*[438]

Im Fall der **dauerhaften Bereitstellung** eines digitalen Produkts verjähren die in § 327 i Nr. 1 und 3 BGB genannten Ansprüche gemäß **§ 327 j Abs. 2 BGB** nicht vor **Ablauf von 12 Monaten** nach dem Ende des Bereitstellungszeitraums. Dabei ist zu beachten, dass die Zwölf-Monatsfrist der Ablaufhemmung in § 327 j Abs. 2 BGB die zweijährige Verjährungsfrist nach § 327 j Abs. 1 BGB keinesfalls verkürzt, also auch dann nicht, wenn bei einem kürzeren Bereitstellungszeitraum die Ablaufhemmung bereits innerhalb der Verjährungsfrist abläuft.[439] Das ergibt sich gesetzestechnisch aus der Formulierung „nicht

---

437 Brönneke/Föhlisch/Tonner § 2 Rn. 153.

438 Begr. z. RegE, BT-Drs. 19/27653, S. 62.

439 Brönneke/Föhlisch/Tonner § 2 Rn. 153.

vor Ablauf". Sinn und Zweck der Vorschrift ist es vielmehr bei längeren Bereitstellungs-zeiträumen die Verjährung über die zweijährige Frist des § 327 j Abs. 1 BGB hinaus zu verlängern.

Außerdem bestimmt **§ 327 j Abs. 3 BGB**, dass **Ansprüche wegen** einer **Verletzung der Aktualisierungspflicht** (§ 327 f BGB) nicht vor Ablauf von zwölf Monaten nach dem Ende des für die Aktualisierungspflicht maßgeblichen Zeitraums verjähren. Hinsichtlich des für die Aktualisierungspflicht maßgeblichen Zeitraums ist zu differenzieren. Der maßgebliche Zeitraum ist gemäß **§ 327 f Abs. 1 S. 3 BGB** bei einem Vertrag über die dauerhafte Bereitstellung eines digitalen Produkts der Bereitstellungszeitraum und in allen anderen Fällen der Zeitraum, den der Verbraucher aufgrund der Art und des Zwecks des digitalen Produkts und unter Berücksichtigung der Umstände und der Art des Vertrags erwarten kann.

Mithin fallen bei einem Vertrag über die **dauerhafte Bereitstellung** eines digitalen Pro-dukts das Ende der Frist nach Absatz 2 und das Fristende nach Absatz 3 des § 327 j BGB zeitlich zusammen.[440] Da aber gemäß § 327 j Abs. 3 BGB bei Verträgen mit **einmaliger Bereitstellung** oder **einer Reihe von Bereitstellungen** für den Beginn der zwölfmona-tigen Frist auf das Ende des Zeitraums abzustellen ist, innerhalb dessen der Verbraucher die Updates erwarten kann (§ 327 f Abs. 1 S. 3 Nr. 2 BGB), kann sich dort die normale Ver-jährungsfrist erheblich verlängern und mit großen Unsicherheiten verbunden sein, weil sie von den schwer zu bestimmenden Erwartungen des Verbrauches abhängt.[441]

Die Regelung des **§ 327 j Abs. 4 BGB** sieht eine **Ablaufhemmung** vor, derzufolge die Verjährung **nicht früher als vier Monate** nach dem Zeitpunkt eintritt, zu dem sich der Mangel erstmals gezeigt hat. Dem Verbraucher soll damit die Möglichkeit gegeben wer-den, seine Rechte noch ausreichend wahrzunehmen, wenn der Mangel erst kurz vor dem Ablauf der Verjährungsfrist offenbar wird.[442]

Da es sich bei der **Vertragsbeendigung** und der **Minderung** – anders als bei Nacherfül-lung und Schadens- oder Aufwendungsersatz – nicht um Ansprüche, sondern um Ge-staltungsrechte handelt, sind die Verjährungsfristen des § 327 j BGB nicht unmittelbar anwendbar. Deshalb ist nach dem Verweis in **§ 327 j Abs. 5 BGB** für die Vertragsbeen-digung und die Minderung die Vorschrift des **§ 218 BGB** („**Quasiverjährung**") entspre-chend heranzuziehen, womit ein Gleichlauf der Gewährleistungsfristen für sämtliche Mängelrechte des Verbrauchers aus § 327 i BGB erreicht wird.[443] Das entspricht der Re-gelungstechnik für das Kaufrecht in § 438 Abs. 4 S. 1 BGB.

---

440 Brönneke/Föhlisch/Tonner § 2 Rn. 156.

441 Spindler MMR 2021, 528, 532.

442 Fellner MDR 2021, 976, 979.

443 Spindler MMR 2021, 528, 532.

E. Weitere Nutzung nach Vertragsbeendigung

Regelungen für den Zeitraum nach Vertragsbeendigung enthält **§ 327 p BGB**. Die Vorschrift trifft Bestimmungen zur weiteren Nutzung des digitalen Produkts und zum Umfang der Nutzung der Inhalte des Verbrauchers für den Unternehmer. Dabei bezieht sich § 327 p BGB jedoch lediglich auf **nicht-personenbezogene Daten**. Die Rechte und Pflichten des Unternehmers als Verantwortlicher und des Verbrauchers als Betroffener in Bezug auf personenbezogene Daten werden dagegen abschließend durch das Datenschutzrecht, insbesondere in der Datenschutz-Grundverordnung geregelt.[444] Der deutsche Gesetzgeber setzt mit § 327 p BGB die Richtlinienvorgaben aus **Art. 16 Abs. 3 und 4 DIRL** sowie aus **Art. 17 Abs. 1 DIRL** um.

§ 327 p BGB (neu)

(1) [1]Der Verbraucher darf das digitale Produkt nach Vertragsbeendigung weder weiter nutzen noch Dritten zur Verfügung stellen. [2]Der Unternehmer ist berechtigt, die weitere Nutzung durch den Verbraucher zu unterbinden. [3]Absatz 3 bleibt hiervon unberührt.

(2) [1]Der Unternehmer darf die Inhalte, die nicht personenbezogene Daten sind und die der Verbraucher bei der Nutzung des vom Unternehmer bereitgestellten digitalen Produkts bereitgestellt oder erstellt hat, nach der Vertragsbeendigung nicht weiter nutzen. [2]Dies gilt nicht, wenn die Inhalte

1. außerhalb des Kontextes des vom Unternehmer bereitgestellten digitalen Produkts keinen Nutzen haben,

2. ausschließlich mit der Nutzung des vom Unternehmer bereitgestellten digitalen Produkts durch den Verbraucher zusammenhängen,

3. vom Unternehmer mit anderen Daten aggregiert wurden und nicht oder nur mit unverhältnismäßigem Aufwand disaggregiert werden können oder

4. vom Verbraucher gemeinsam mit anderen erzeugt wurden, sofern andere Verbraucher die Inhalte weiterhin nutzen können.

(3) [1]Der Unternehmer hat dem Verbraucher auf dessen Verlangen die Inhalte gemäß Absatz 2 Satz 1 bereitzustellen. [2]Dies gilt nicht für Inhalte nach Absatz 2 Satz 2 Nummer 1 bis 3. [3]Die Inhalte müssen dem Verbraucher unentgeltlich, ohne Behinderung durch den Unternehmer, innerhalb einer angemessenen Frist und in einem gängigen und maschinenlesbaren Format bereitgestellt werden.

I. Nutzungsuntersagung für den Verbraucher

Der Verbraucher ist gemäß **§ 327 p Abs. 1 S. 1 BGB** verpflichtet, jede weitere Nutzung des digitalen Produkts nach Vertragsbeendigung zu unterlassen. Außerdem hat es der Verbraucher zu unterlassen, Dritten den Zugang zum digitalen Produkt zu ermöglichen. Dabei ist die Verpflichtung des Verbrauchers nicht auf ein **Unterlassen** beschränkt. Der Verbraucher muss **zudem auch aktiv** dafür Sorge tragen, naheliegende Zugangsmöglichkeiten **für Dritte zu unterbinden** oder durch Löschen digitaler Inhalte und von Kopien derselben einen Zugriff auf diese zu verhindern. [445]

---

444 Fellner MDR 2021, 976, 980.

445 Begr. z. RegE, BT-Drs. 19/27653, S. 73.

Ferner gewährt **§ 327 p Abs. 1 S. 2 BGB** dem Unternehmer spiegelbildlich zur Verpflichtung des Verbrauchers gemäß § 327 p Abs. 1 S. 1 BGB das **Recht**, die **weitere Nutzung** des digitalen Produkts durch den Verbraucher **zu unterbinden**. Von diesem Recht wird vor allem die Möglichkeit umfasst, den Zugang des Verbrauchers zum digitalen Produkt oder dessen Nutzerkonto zu sperren. Davon darf jedoch der Anspruch des Verbrauchers auf Bereitstellung aus § 327 p Abs. 3 BGB nicht beeinträchtigt werden, wie § 327 p Abs. 1 S. 3 BGB klarstellt.[446]

II. Nutzungsuntersagung für den Unternehmer

Der **Umfang und** die **Ausnahmen** der Verpflichtung des Unternehmers, die weitere Verwendung der im Rahmen der Nutzung des digitalen Produkts bereitgestellten oder erstellten Inhalte des Verbrauchers, die keine personenbezogenen Daten sind, zu unterlassen, sind in **§ 327 p Abs. 2 BGB** geregelt. Während es dem Verbraucher einerseits nach § 327 p Abs. 1 S. 1 BGB untersagt ist, das digitale Produkt nach Vertragsbeendigung weiter zu nutzen, ist es dem Unternehmer andererseits gemäß § 327 p Abs. 2 S. 1 BGB untersagt, die Inhalte, die der Verbraucher im Rahmen der Vertragsbeziehung erstellt oder zur Verfügung gestellt hat, weiter zu nutzen.

Hinsichtlich der personenbezogenen Daten des Verbrauchers, kann sich eine Verpflichtung des Unternehmers zur Löschung der Daten bereits aus der Datenschutz-Grundverordnung ergeben. Für **sonstige Inhalte** gilt § 327 p Abs. 2 S. 1 BGB **im vertragsrechtlichen Bereich**. Dabei ist der Begriff der Inhalte grundsätzlich weiter zu verstehen als der Begriff der digitalen Inhalte, wobei nur selten Inhalte bei der Nutzung von digitalen Inhalten auf nicht-digitalem Wege entstehen. Darunter dürften in erster Linie 3D-Drucke fallen, die mit Hilfe digitaler Inhalte erstellt worden sind.[447] Jedenfalls gilt § 327 p Abs. 2 BGB nur für solche Inhalte, die **keine personenbezogenen Daten** i.S.v. Art. 4 Nr. 1 DSGVO sind oder solche enthalten.[448]

> **Beispiel**
>
> Digitale Bilder, Video- und Audiodateien oder auf mobilen Geräten erstellte Inhalte, was allerdings nur für den Fall gilt, dass sich auch unter Zuhilfenahme von Metadaten kein Personenbezug herstellen lässt.[449]

Die Inhalte müssen ferner **bei der Nutzung** vom Verbraucher **bereitgestellt oder erstellt** worden sein. Die Inhalte können mithin zum einen vom Verbraucher mittels der digitalen Produkte erstellt worden sein. Zum anderen sind aber auch vom Verbraucher anderweitig oder von Dritten erstellte Inhalte umfasst, die lediglich vom Verbraucher bei der Nutzung des digitalen Produkts bereitgestellt wurden.

---

446 Brönneke/Föhlisch/Tonner § 2 Rn. 207.

447 Spindler MMR 2021, 528, 530.

448 Fellner MDR 2021, 976, 980.

449 Begr. z. RegE, BT-Drs. 19/27653, S. 73.

Die Regelung in **§ 327 p Abs. 2 S. 2 BGB** enthält **Ausnahmen von der Unterlassungspflicht** des Unternehmers gemäß § 327 p Abs. 2 S. 1 BGB. Dabei handelt es sich um die Fälle, in denen der Unternehmer Inhalte des Verbrauchers, die keine personenbezogenen Daten sind, weiternutzen darf.

Die Ausnahme in **§ 327 p Abs. 2 S. 2 Nr. 1 BGB** betrifft Fälle, in denen die Inhalte in keiner anderen Art und Weise sinnvoll genutzt werden können als in dem **vom Unternehmer bereitgestellten Umfeld**.

> **Beispiel**
>
> Ein vom Unternehmer vorgegebenes und vom Verbraucher lediglich ausgewähltes Profilbild für den Charakter eines Computerspiels.

Diese Ausnahmevorschrift ist dagegen nicht einschlägig, wenn eine **Konvertierung** der betroffenen Inhalte und damit eine Weiterverwendung in anderen digitalen Produkten technisch möglich ist. Die Unternehmer könnten nämlich sonst den Anspruch des Verbrauchers aus § 327 p Abs. 3 S. 1 BGB praktisch leerlaufen lassen, indem sie **proprietäre Lösungen** wählen.[450]

Ferner sieht **§ 327 p Abs. 2 S. 2 Nr. 2 BGB** eine Ausnahme für Inhalte vor, deren Verwendungsmöglichkeiten sich **ausschließlich** auf das **vertragsgegenständliche digitale Produkt** beschränken.

> **Beispiel**
>
> Eine vom Nutzer vorgenommene Anpassung der Benutzeroberfläche des digitalen Produkts.[451]

Eine weitere Ausnahme besteht gemäß **§ 327 p Abs. 2 S. 2 Nr. 3 BGB** für Inhalte, die der Unternehmer **mit anderen Daten zusammengeführt** hat. Während dabei das Wort aggregiert mit anderen Daten „verbunden" bedeutet, meint disaggregiert die Umkehr dieser Verbindung. Daten sind beispielsweise nicht oder nur mit unverhältnismäßigem Aufwand zu disaggregieren, wenn der Unternehmer Vorkehrungen treffen muss, die seinen finanziellen Aufwand verdoppeln.[452]

Hintergrund der Ausnahme in **§ 327 p Abs. 2 S. 2 Nr. 4 BGB** ist, dass insbesondere digitale Dienstleistungen die **gemeinsame Erstellung** von Inhalten durch mehrere Nutzer oder deren nachträgliche Veränderung oder Ergänzung durch andere Nutzer ermöglichen. Diese Inhalte soll der Unternehmer vor allem zugunsten anderer Nutzer weiterverwenden dürfen.

450　Vgl. Begr. z. RegE, BT-Drs. 19/27653, S. 74.

451　Brönneke/Föhlisch/Tonner § 2 Rn. 211.

452　Begr. z. RegE, BT-Drs. 19/27653, S. 74.

Beispiele

1. Ein gemeinsam erzeugter Inhalt gemäß § 327 p Abs. 2 S. 2 Nr. 4 BGB kann eine im Rahmen eines Online-Computerspiels durch mehrere Nutzer erstellte Spiellandschaft sein.

2. Dagegen kann das bloße Teilen oder Kommentieren eines Inhalts im Rahmen eines sozialen Netzwerks, etwa das Kommentieren eines Beitrags auf Instagram, nicht ausreichen, um ein gemeinsames Erzeugen i.S.d. § 327 p Abs. 2 S. 2 Nr. 4 BGB anzunehmen.[453]

Während der **Personenkreis**, der die Inhalte gemeinsam mit dem Verbraucher erstellt haben kann, nicht eingeschränkt ist, kommt es bei der Möglichkeit zur Weiternutzung nur auf den Verbraucher an.[454]

III. Anspruch auf Bereitstellung

Der Verbraucher hat gemäß **§ 327 p Abs. 3 S. 1 BGB** einen Anspruch darauf, die von ihm, im Rahmen der Nutzung des digitalen Produkts, bereitgestellten oder erstellten Inhalte, die keine personenbezogenen Daten sind, vom Unternehmer zu erhalten. Ist der Unternehmer wegen entgegenstehender rechtlicher Vorgaben an der Erfüllung dieses Anspruchs gehindert, kann er sich auf eine eventuell vorliegende rechtliche Unmöglichkeit nach § 275 Abs. 1 BGB berufen. Ausnahmen vom in § 327 p Abs. 3 S. 1 BGB vorgesehenen Anspruch enthält **§ 327 p Abs. 3 S. 2 BGB**, der auf die in **§ 327 p Abs. 2 S. 2 Nr. 1 bis 3 BGB** geregelten Tatbestände verweist. Diese Ausnahmen sind eng auszulegen, um die praktische Wirksamkeit der verbraucherschützenden Zielsetzung des Anspruchs nicht leerlaufen zu lassen.[455]

Nähere **Modalitäten** für die Erfüllung des Anspruchs aus § 327 p Abs. 3 S. 1 BGB regelt **§ 327 p Abs. 3 S. 3 BGB**. Danach müssen die Inhalte dem Verbraucher unentgeltlich, ohne Behinderung durch den Unternehmer, innerhalb einer angemessenen Frist und in einem gängigen und maschinenlesbaren Format bereitgestellt werden.

Dabei bezieht sich die **Unentgeltlichkeit** jedoch nicht auf solche Kosten, die allein in der Sphäre des Verbrauchers entstehen und nicht mit der Wiedererlangung der Inhalte zusammenhängen.[456]

Beispiele

Kosten wie Internetverbindungskosten, die durch die digitale Umgebung des Verbrauchers bedingt sind, fallen nicht unter § 327 p Abs. 3 S. 3 BGB, weil diese Kosten nicht spezifisch mit der Wiedererlangung der Inhalte zusammenhängen.

---

453 Brönneke/Föhlisch/Tonner § 2 Rn. 213.

454 Begr. z. RegE, BT-Drs. 19/27653, S. 74.

455 Vgl. Begr. z. RegE, BT-Drs. 19/27653, S. 75.

456 Fellner MDR 2021, 976, 980.

Die Erfüllung des Anspruchs setzt außerdem voraus, dass der Verbraucher die **Inhalte ohne Behinderung** durch den Unternehmer **wiedererlangen** kann. Unter den Begriff der Behinderung fällt jede rechtliche oder technische Hürde, durch die ein Verantwortlicher den Datenzugriff, die Datenübertragung oder die Datenwiederverwendung vonseiten der betroffenen Person verlangsamen oder verhindern möchte. Davon wird etwa die absichtliche Verschleierung von Daten umfasst.[457]

Zudem muss der Unternehmer den Anspruch gemäß § 327 p Abs. 3 S. 3 BGB **innerhalb** einer **angemessenen Frist** erfüllen. Anhaltspunkte – zumindest für die Höchstdauer der Frist – lassen sich aus Art. 12 Abs. 3 S. 1 DSGVO ableiten, in dem ein Zeitraum von höchstens einem Monat nach Eingang des Antrags angegeben wird.[458]

Der Unternehmer muss die Daten ferner in einem **gängigen und maschinenlesbaren Format** bereitstellen. Der Begriff „gängig", der auch in Art. 20 DSGVO verwendet wird, lässt sich inhaltlich mit „allgemein-gebräuchlich" gleichsetzen. Der Unternehmer wird damit zur **Verwendung offener Formate** angehalten, proprietäre Formate können nämlich nicht als allgemein-gebräuchlich oder gängig qualifiziert werden. Deshalb muss der Unternehmer **ggf.** eine **Konvertierung** der betreffenden Inhalte in ein gängiges Format ermöglichen.[459]

Die Digitale-Inhalte-Richtlinie regelt nicht, **wie lange der Unternehmer** die dem Anspruch nach § 327 p Abs. 3 BGB unterliegenden **Inhalte speichern** muss. Angemessen erscheint eine Abwägung unter Berücksichtigung des Speicheraufwands für den Verbraucher einerseits und der Bedeutung der Inhalte für den Verbraucher andererseits. Löscht der Unternehmer die Inhalte vor Ablauf einer angemessenen Speicherfrist, macht er sich nach § 280 Abs. 1 BGB schadensersatzpflichtig, weil er den Anspruch des Verbrauchers vereitelt hat.[460]

F. Änderungen des digitalen Produkts

Der Unternehmer ist gemäß § 327 f BGB zu Aktualisierungen im Sinne von Updates verpflichtet. Eine Verpflichtung zu **Upgrades**, also Änderungen des digitalen Produkts besteht dagegen nicht. Allerdings kann der Unternehmer unter den engen Voraussetzungen des § 327 r BGB einseitig Änderungen des digitalen Produkts initiierten. Die Regelung ist **beschränkt auf dauerhafte Bereitstellungen**, also beispielsweise Software-as-a-Service-Verträge oder Verträge über die Zurverfügungstellung von Cloud-Speicherplatz.[461] Denn gerade bei diesen Bereitstellungen kann sich nämlich im Verlauf der vertraglichen Beziehung das Bedürfnis zur Anpassung des digitalen Produkts ergeben. Während der Unternehmer in der Regel nur eine Version eines digitalen Produkts für alle Nutzer anbieten will, hat der Verbraucher den berechtigten Wunsch, gewohnte Funk-

---

457 Begr. z. RegE, BT-Drs. 19/27653, S. 75.
458 Begr. z. RegE, BT-Drs. 19/27653, S. 75.
459 Fellner MDR 2021, 976, 980.
460 Brönneke/Föhlisch/Tonner § 2 Rn. 215.
461 Wendehorst NJW 2021, 2913, 2919.

tionalitäten eines digitalen Produkts beibehalten zu wollen. Die Vorschrift des § 327 r BGB soll daher dem Interessenausgleich zwischen Unternehmern und Verbrauchern dienen.[462] Der deutsche Gesetzgeber hat damit die Vorgaben aus **Art. 19 DIRL** umgesetzt.

---

§ 327 r BGB (neu)

(1) Bei einer dauerhaften Bereitstellung darf der Unternehmer Änderungen des digitalen Produkts, die über das zur Aufrechterhaltung der Vertragsmäßigkeit nach § 327 e Absatz 2 und 3 und § 327 f erforderliche Maß hinausgehen, nur vornehmen, wenn

1. der Vertrag diese Möglichkeit vorsieht und einen triftigen Grund dafür enthält,

2. dem Verbraucher durch die Änderung keine zusätzlichen Kosten entstehen und

3. der Verbraucher klar und verständlich über die Änderung informiert wird.

(2) [1]Eine Änderung des digitalen Produkts, welche die Zugriffsmöglichkeit des Verbrauchers auf das digitale Produkt oder welche die Nutzbarkeit des digitalen Produkts für den Verbraucher beeinträchtigt, darf der Unternehmer nur vornehmen, wenn er den Verbraucher darüber hinaus innerhalb einer angemessenen Frist vor dem Zeitpunkt der Änderung mittels eines dauerhaften Datenträgers informiert. [2]Die Information muss Angaben enthalten über:

1. Merkmale und Zeitpunkt der Änderung sowie

2. die Rechte des Verbrauchers nach den Absätzen 3 und 4.

[3]Satz 1 gilt nicht, wenn die Beeinträchtigung der Zugriffsmöglichkeit oder der Nutzbarkeit nur unerheblich ist.

(3) [1]Beeinträchtigt eine Änderung des digitalen Produkts die Zugriffsmöglichkeit oder die Nutzbarkeit im Sinne des Absatzes 2 Satz 1, so kann der Verbraucher den Vertrag innerhalb von 30 Tagen unentgeltlich beenden. [2]Die Frist beginnt mit dem Zugang der Information nach Absatz 2 zu laufen. [3]Erfolgt die Änderung nach dem Zugang der Information, so tritt an die Stelle des Zeitpunkts des Zugangs der Information der Zeitpunkt der Änderung.

(4) Die Beendigung des Vertrags nach Absatz 3 Satz 1 ist ausgeschlossen, wenn

1. die Beeinträchtigung der Zugriffsmöglichkeit oder der Nutzbarkeit nur unerheblich ist oder

2. dem Verbraucher die Zugriffsmöglichkeit auf das unveränderte digitale Produkt und die Nutzbarkeit des unveränderten digitalen Produkts ohne zusätzliche Kosten erhalten bleiben.

(5) Für die Beendigung des Vertrags nach Absatz 3 Satz 1 und deren Rechtsfolgen sind die §§ 327 o und 327 p entsprechend anzuwenden.

(6) Die Absätze 1 bis 5 sind auf Paketverträge, bei denen der andere Bestandteil des Paketvertrags die Bereitstellung eines Internetzugangsdienstes oder eines öffentlich zugänglichen nummerngebundenen interpersonellen Telekommunikationsdienstes im Rahmen eines Paketvertrags im Sinne des § 66 Absatz 1 des Telekommunikationsgesetzes zum Gegenstand hat, nicht anzuwenden.

I. Änderungsvoraussetzungen

In **§ 327 r Abs. 1 BGB** sind die Voraussetzungen geregelt, nach denen der Unternehmer die Möglichkeit hat, die vertraglich vereinbarte Leistung im Rahmen von dauerhaften Bereitstellungen eines digitalen Produkts zu ändern. Die Vorschrift gilt für **alle Arten**

---

462 Vgl. Begr. z. RegE, BT-Drs. 19/27653, S. 77.

von Änderungen, also auch für solche, die aus Sicht des Verbrauchers günstig oder zumindest neutraler Natur sind. Für Änderungen, die für den Verbraucher nachteilig sind, enthalten die weiteren Absätze des § 327 r BGB ergänzende Regelungen. Dagegen findet § 327 r BGB **keine Anwendung**, wenn die Vertragsparteien etwa anlässlich der Veröffentlichung einer neuen Version des digitalen Produkts einen **neuen Vertrag** schließen.[463]

Der Unternehmer darf **gemäß § 327 r Abs. 1 BGB Änderungen** des digitalen Produkts, die über das zur Aufrechterhaltung der Vertragsmäßigkeit nach § 327 e Abs. 2 und 3 und § 327 f erforderliche Maß hinausgehen, **nur vornehmen, wenn**

- der Vertrag diese **Möglichkeit vorsieht** und einen **triftigen Grund** dafür enthält (§ 327 r Abs. 1 **Nr. 1** BGB),

- dem Verbraucher durch die Änderung **keine zusätzlichen Kosten** entstehen (§ 327 r Abs. 1 **Nr. 2** BGB) und

- der Verbraucher **klar** und **verständlich** über die Änderung **informiert** wird (§ 327 r Abs. 1 **Nr. 3** BGB).

Die von § 327 r Abs. 1 BGB adressierten **Änderungen** sind von solchen zu **unterscheiden**, die vom Unternehmer ohnehin im Wege der **Aktualisierung** geschuldet sind. In der Praxis kommt es jedoch nicht selten zu Überschneidungen zwischen Änderungen und Aktualisierungen, weil die Unternehmer **Mischformen** von Updates und Upgrades zur Verfügung stellen. Die Unternehmer haben nämlich häufig ein großes Interesse, gewonnene Erkenntnisse, die sie zu einem Update gemäß § 327 f BGB verpflichten, mit der Weitergabe technischer Verbesserungen zu verknüpfen.

Wenn ein Unternehmer eine **neue Version des digitalen Produkts** herausbringt, kann er die Bestandsverträge nicht ohne Weiteres auf die neue Version umstellen, es sei denn, mit der neuen Version werden nicht nur die Anforderungen des § 327 f BGB, sondern auch die des § 327 r BGB erfüllt. Grundsätzlich ist zwar auch eine einvernehmliche Vertragsaufhebung des noch laufenden Vertrags möglich, verbunden mit dem Abschluss eines Vertrags über eine neuere Version, jedoch können die Verbesserungen einer neuen Version unter den Bedingungen des § 327 r BGB auch unter dem bestehenden Vertrag bereitgestellt werden.[464]

Bei **Überschneidungen** zwischen Änderungen und Aktualisierungen sind hinsichtlich derjenigen Elemente der Aktualisierung, die nicht der Erfüllung einer Aktualisierungspflicht nach § 327 e Abs. 2 Nr. 3 BGB oder § 327 e Abs. 3 Nr. 5 i.V.m. § 327 f BGB dienen, die Voraussetzungen von § 327 r BGB anzuwenden.[465]

Die **Änderungsmöglichkeit** muss gemäß **§ 327 r Abs. 1 Nr. 1 BGB** vertraglich vereinbart sein. Die Vorschrift des § 327 r BGB enthält Vorgaben, welche die Möglichkeiten des Unternehmers zur **vertraglichen Vereinbarung** einseitiger Änderungen beschränken.

---

463 Begr. z. RegE, BT-Drs. 19/27653, S. 77.

464 Brönneke/Föhlisch/Tonner § 2 Rn. 219.

465 Begr. z. RegE, BT-Drs. 19/27653, S. 77.

Ein neues gesetzliches Änderungsrecht – neben dem bereits vertraglich bestehenden – wird damit gerade nicht geschaffen.[466]

Ferner muss nach § 327 r Abs. 1 Nr. 1 BGB vorgesehen sein, dass der Unternehmer bei Vorliegen eines **triftigen Grundes** zur Vertragsänderung berechtigt sein soll, und dieser Grund muss **auch vorliegen**.

Beispiele

1. Änderungen, die nötig sind, um das digitale Produkt an eine neue technische Umgebung (etwa ein neues Betriebssystem) oder an erhöhte Nutzerzahlen anzupassen.[467]

2. Änderungen des Funktionsumfangs einer Software oder des verfügbaren Angebots an Inhalten bei Streaming-Plattformen.[468]

Solche Änderungsvereinbarungen sind häufig Gegenstand von **Allgemeinen Geschäftsbedingungen** (AGB). Die diesbezüglichen Bestimmungen über die Einbeziehungs- und Inhaltskontrolle (§§ 305 ff. BGB) bleiben durch die Regelungen in den §§ 327 ff. BGB, insbesondere durch § 327 r BGB, unberührt.

Gemäß **§ 327 r Abs. 1 Nr. 2 BGB** muss gewährleistet sein, dass die Verbraucher in keinem Fall irgendwelche weiteren Kosten tragen müssen, die allein durch die Änderungen begründet sind. Dabei ist die Formulierung „**keine zusätzlichen Kosten**" nicht dahin zu verstehen, dass § 327 r Abs. 1 BGB nur auf solche Verbraucherverträge über digitale Produkte anwendbar sei, welche gegen einen Preis bereitgestellt werden.[469]

Außerdem muss der Verbraucher gemäß **§ 327 r Abs. 1 Nr. 3 BGB** in **klarer und verständlicher Weise informiert** werden. Dabei bedeutet, dass der Verbraucher informiert werden muss, dass er in Kenntnis gesetzt wird. Für die Auslegung der verwendeten Begriffe **klar und verständlich** kann auf die Rechtsprechung zu § 307 Abs. 1 S. 2 BGB rekurriert werden.[470] Danach müssen die Voraussetzungen und Rechtsfolgen im Rahmen des Möglichen so genau umrissen sein, dass keine ungerechtfertigten Spielräume bleiben.[471] Außerdem ist dabei auf die Kenntnismöglichkeit eines typischerweise bei Verträgen der geregelten Art zu erwartenden durchschnittlichen Vertragspartners abzustellen.[472]

Zu beachten ist schließlich, dass der Verbraucher im Rahmen des § 327 r Abs. 1 BGB – anders als bei § 327 r Abs. 2 BGB – den Verbraucher **nicht zwingend im Voraus** über

---

466 Begr. z. RegE, BT-Drs. 19/27653, S. 77.

467 Brönneke/Föhlisch/Tonner § 2 Rn. 222.

468 Pech GRUR-Prax 2021, 547, 548.

469 Vgl. Begr. z. RegE, BT-Drs. 19/27653, S. 77.

470 Begr. z. RegE, BT-Drs. 19/27653, S. 77.

471 BGH NJW 2008, 1438.

472 BGH NJW 1991, 3025.

die Änderung informieren muss. Eine **zeitgleiche Information** des Verbrauchers genügt, wie sich aus Art. 19 Abs. 1 DIRL ergibt.

II. Zusätzliche Voraussetzungen bei benachteiligenden Änderungen

Die Regelungen in **§ 327 r Abs. 2 BGB** enthalten über die Voraussetzungen des § 327 r Abs. 1 BGB hinausgehende („darüber hinaus"), zusätzliche Voraussetzungen für Änderungen, die den Verbraucher benachteiligen. Solche Änderungen sind nur dann zulässig, wenn der Verbraucher **rechtzeitig** im Voraus **informiert** wird und sich die Information auf einem **dauerhaften Datenträger** befindet.

Nachteilig ist die Änderung des digitalen Produkts, wenn die **Zugriffsmöglichkeit** des Verbrauchers auf das digitale Produkt oder die **Nutzbarkeit** des digitalen Produkts für den Verbraucher **beeinträchtigt** wird. Die Beurteilung, ob eine Änderung für den Verbraucher nachteilig ist, ist ähnlich wie bei § 327 e Abs. 3 Nr. 2 BGB nach einem **objektiven Maßstab** unter Berücksichtigung von Art und Zweck des digitalen Produkts sowie dessen wesentlichen Merkmalen einschließlich Qualität, Funktionalität und Kompatibilität zu ermitteln.[473]

Die **Anforderungen** gemäß § 327 r Abs. 2 S. 1 BGB **gelten nicht**, wenn die Beeinträchtigung der Zugriffsmöglichkeit oder der Nutzbarkeit nur unerheblich ist, vgl. **§ 327 r Abs. 2 S. 3 BGB**. Die Unerheblichkeit ist dabei als Synonym zur Geringfügigkeit zu verstehen.

> **Beispiel**
>
> Eine nur unerhebliche Beeinträchtigung ist die grafische Neugestaltung einer Anwendung, welche keinen Einfluss auf die Funktionalität hat.[474]

Die **Angemessenheit der Frist** gemäß § 327 r Abs. 2 BGB ist einzelfallabhängig und unabhängig von der dreißigtägigen Frist nach § 327 r Abs. 3 BGB zu beurteilen. Ein **dauerhafter Datenträger** ist nach der Legaldefinition in **§ 126 b S. 2 BGB** jedes Medium, das es dem Empfänger ermöglicht, eine auf dem Datenträger befindliche, an ihn persönlich gerichtete Erklärung so aufzubewahren oder zu speichern, dass sie ihm während eines für ihren Zweck angemessenen Zeitraums zugänglich ist, und geeignet ist, die Erklärung unverändert wiederzugeben.

Nach **§ 327 r Abs. 2 S. 2 BGB** muss die Information des Verbrauchers **Angaben** enthalten über:

- die **Merkmale** und den **Zeitpunkt der Änderung** (§ 327 r Abs. 2 S. 2 **Nr. 1** BGB) sowie

- die **Rechte des Verbrauchers**, die diesem nach den Absätzen 3 (unentgeltliches Vertragsbeendigungsrecht) und 4 (Beibehaltung der aktuellen Version) des § 327 r BGB zustehen (§ 327 r Abs. 2 S. 2 **Nr. 2** BGB).

---

473 Brönneke/Föhlisch/Tonner § 2 Rn. 224.

474 Begr. z. RegE, BT-Drs. 19/27653, S. 78 f.

III. Vertragsbeendigungsrecht des Verbrauchers

1. Voraussetzungen der Vertragsbeendigung

Gemäß **§ 327 r Abs. 3 S. 1 BGB** hat der Verbraucher das Recht, den Vertrag im Fall von solchen Änderungen zu beenden, die seinen Zugang zum digitalen Produkt oder dessen Nutzung durch ihn **nicht nur geringfügig beeinträchtigen**. Der Verbraucher kann dann den Vertrag innerhalb von 30 Tagen unentgeltlich beenden. Die Frist beginnt grundsätzlich mit dem Zugang der Information nach § 327 r Abs. 2 BGB zu laufen (§ 327 r Abs. 3 S. 2 BGB). Für den Fall, dass die Änderung nach dem Zugang der Information erfolgt, tritt an die Stelle des Zeitpunkts des Zugangs der Information der Zeitpunkt der Änderung, § 327 r Abs. 3 S. 3 BGB. Mit den Regelungen in § 327 r Abs. 3 S. 2 und 3 BGB soll dem Verbraucher die Möglichkeit gewährt werden, die **Auswirkungen der Änderungen** durch einen ausführlichen Test nachzuvollziehen und sichergestellt werden, dass die Frist unabhängig von der Information durch den Unternehmer zu laufen beginnt.[475]

*Hinweis: Das Vertragsbeendigungsrecht gemäß § 327 r Abs. 3 S. 1 BGB besteht **unabhängig von** den nach § 327 r Abs. 2 BGB **erteilten Informationen**. Selbst wenn der Unternehmer den Verbraucher unvollständig, also statt über sein Recht zur Vertragsbeendigung nur über das Recht, die bisherige Version des digitalen Produkts beizubehalten, informiert hat, kann der Verbraucher nach § 327 r Abs. 3 BGB den Vertrag beenden. Gleiches gilt für den Fall, dass der Unternehmer den Verbraucher gar nicht informiert.[476]*

2. Ausschluss der Vertragsbeendigung

Nach **§ 327 r Abs. 4 BGB** ist das in § 327 r Abs. 3 S. 1 BGB statuierte Vertragsbeendigungsrecht ausgeschlossen, wenn

- die **Beeinträchtigung** der Zugriffsmöglichkeit oder der Nutzbarkeit **nur unerheblich** ist (§ 327 r Abs. 4 **Nr. 1** BGB) oder

- dem Verbraucher die **Zugriffsmöglichkeit** auf das unveränderte digitale Produkt und die **Nutzbarkeit** des unveränderten digitalen Produkts **ohne zusätzliche Kosten erhalten bleiben** (§ 327 r Abs. 4 **Nr. 2** BGB).

Das digitale Produkt ist unverändert, soweit die Funktionsfähigkeit weiter fortbesteht, auch wenn gegebenenfalls Updates erforderlich sind.[477] Ermöglicht der Unternehmer dem Verbraucher, die bislang verwendete Version des digitalen Produkts ohne zusätzliche Kosten **unverändert beizubehalten**, besteht kein Grund zur Vertragsbeendigung. Damit wird den Interessen derjenigen Verbraucher Rechnung getragen, die das digitale Produkt in der bisherigen Form beibehalten wollen. Denn gerade bei der Nutzung von Online-Plattformen, auf denen Verbraucher ein Netzwerk oder eine Reputation aufgebaut haben, besteht in der Regel ein **nachvollziehbares Interesse der Verbraucher an**

---

475 Vgl. Begr. z. RegE, BT-Drs. 19/27653, S. 78.

476 Brönneke/Föhlisch/Tonner § 2 Rn. 226.

477 Brönneke/Föhlisch/Tonner § 2 Rn. 229.

einer **Weiternutzung** des digitalen Produkts, ohne für sie nachteilige Änderungen der Geschäftsbedingungen akzeptieren zu müssen.[478]

3. Rechtsfolgen der Vertragsbeendigung

Für den Fall der Vertragsbeendigung nach § 327 r Abs. 3 S. 1 BGB bestimmt **§ 327 r Abs. 5 BGB**, dass die Regelungen über die Vertragsrückabwicklung nach den §§ 327 o und 327 p BGB entsprechende Anwendung finden. Der Verbraucher erhält danach einen **Anspruch auf Erstattung des Preises**, der dem Zeitraum ab der Änderung des digitalen Produkts entspricht.[479]

Leistungsstörungen gemäß § 327 ff. BGB

Nichtleistung	Schlechtleistung	
§ 327 c BGB	**§ 327 e–g BGB**	**§ 327 r Abs. 3 BGB**
Unterbliebene Bereitstellung	Produkt- oder Rechtsmangel	Beeinträchtigende Änderung

---

IV. Keine Anwendung auf bestimmte Paketverträge

Die Bestimmungen der Absätze 1 bis 5 des § 327 r BGB finden nach **§ 327 r Abs. 6 BGB** keine Anwendung auf Paketverträge i.S.d. § 327 a Abs. 1 BGB, bei denen der andere Bestandteil des Paketvertrags die Bereitstellung eines Internetzugangsdienstes oder eines öffentlich zugänglichen nummerngebundenen interpersonellen Telekommunikationsdienstes im Rahmen eines Paketvertrags im Sinne des § 66 Abs. 1 TKG zum Gegenstand hat.[480]

Beispiel

Das kann etwa bei der Kombination aus einem Internetzugangsvertrag mit einem Videokonferenzdienst der Fall sein.[481]

G. Vertragsrechtliche Folgen datenschutzrechtlicher Erklärungen

Gemäß **§ 327 q Abs. 1 BGB** lassen die Ausübung von datenschutzrechtlichen Betroffenenrechten und die Abgabe datenschutzrechtlicher Erklärungen des Verbrauchers nach Vertragsschluss die **Wirksamkeit des Vertrags** grundsätzlich **unberührt**.

---

478 Vgl. Begr. z. RegE, BT-Drs. 19/27653, S. 78.

479 Begr. z. RegE, BT-Drs. 19/27653, S. 79.

480 Fellner MDR 2021, 976, 981.

481 Vgl. Begr. z. RegE, BT-Drs. 19/27653, S. 79.

§ 327 q BGB (neu)

(1) Die Ausübung von datenschutzrechtlichen Betroffenenrechten und die Abgabe datenschutzrechtlicher Erklärungen des Verbrauchers nach Vertragsschluss lassen die Wirksamkeit des Vertrags unberührt.

(2) Widerruft der Verbraucher eine von ihm erteilte datenschutzrechtliche Einwilligung oder widerspricht er einer weiteren Verarbeitung seiner personenbezogenen Daten, so kann der Unternehmer einen Vertrag, der ihn zu einer Reihe einzelner Bereitstellungen digitaler Produkte oder zur dauerhaften Bereitstellung eines digitalen Produkts verpflichtet, ohne Einhaltung einer Kündigungsfrist kündigen, wenn ihm unter Berücksichtigung des weiterhin zulässigen Umfangs der Datenverarbeitung und unter Abwägung der beiderseitigen Interessen die Fortsetzung des Vertragsverhältnisses bis zum vereinbarten Vertragsende oder bis zum Ablauf einer gesetzlichen oder vertraglichen Kündigungsfrist nicht zugemutet werden kann.

(3) Ersatzansprüche des Unternehmers gegen den Verbraucher wegen einer durch die Ausübung von Datenschutzrechten oder die Abgabe datenschutzrechtlicher Erklärungen bewirkten Einschränkung der zulässigen Datenverarbeitung sind ausgeschlossen.

Eine datenschutzrechtliche Erklärung i.S.d. § 327 q BGB ist insbesondere der auf Art. 7 Abs. 3 DSGVO gestützte Widerruf einer nach Art. 6 Abs. 1 UAbs. 1 a) DSGVO erteilten **Einwilligung in die Datenverarbeitung**. Die Regelung in § 327 q Abs. 1 BGB soll sicherstellen, dass der Verbraucher nicht in der Ausübung seiner durch das Datenschutzrecht gewährten Rechte beschränkt wird, indem er in Unsicherheit über das Schicksal des Vertrags gelassen wird.[482]

Für den Fall, dass die Rechtmäßigkeit der Datenverarbeitung durch Widerruf der Einwilligung oder Widerspruch gegen die Datenverarbeitung eingeschränkt wird oder gänzlich entfällt, enthält **§ 327 q Abs. 2 BGB** ein **besonderes Kündigungsrecht des Unternehmers** bei Verträgen, die ihn zu einer Reihe einzelner Bereitstellungen oder zur **dauerhaften Bereitstellung** eines digitalen Produkts verpflichten. Diese Kündigungsmöglichkeit gilt zum einen für die Fälle einer **Reihe einzelner Bereitstellungen** i.S.d. § 327 b Abs. 5 S. 1 BGB und zum anderen bei der dauerhaften Bereitstellung eines digitalen Produkts nach § 327 b Abs. 5 S. 2 BGB. Denn lediglich in diesen beiden Fällen besteht ein sachlicher Grund, dem Unternehmer die Möglichkeit zu geben, sich vom Vertrag loszusagen.

Dagegen geht der Unternehmer in den Fällen einmaliger Bereitstellungen ein **überschaubares Risiko** ein. Die Möglichkeit, dass der Verbraucher von seinen datenschutzrechtlichen Befugnissen Gebrauch macht, ist bei diesen Verträgen für den Unternehmer nämlich von vornherein absehbar und dürfte in aller Regel einkalkuliert sein.[483]

Ob das Kündigungsrecht des Unternehmers besteht, hängt von einer **Interessenabwägung** ab, in welche die im letzten Halbsatz des § 327 q Abs. 2 BGB formulierten Kriterien einfließen sollen. Zentral aus Sicht des Unternehmers ist dabei der weiterhin zulässige Umfang der Datenverarbeitung, was auch die Fälle einer vollständig ausgeschlossenen Datenverarbeitung umfasst.

---

482 Begr. z. RegE, BT-Drs. 19/27653, S. 76.

483 Brönneke/Föhlisch/Tonner § 6 Rn. 70.

Beispiele

1. Gerade im Fall des Widerrufs einer Einwilligung gemäß Art. 7 Abs. 3 der DSGVO kann sich eine im Vergleich dazu nur eingeschränkte Möglichkeit zur weiteren Datenverarbeitung aus anderen Rechtsgrundlagen ergeben.

2. In die Abwägung der beiderseitigen Interessen sind etwa auch die für die Aufrechterhaltung der konkreten Bereitstellung erforderlichen Aufwendungen des Unternehmers miteinzubeziehen.[484]

Schließlich stellt **§ 327 q Abs. 3 BGB** klar, dass der Unternehmer als Folge der eingeschränkten Datenverarbeitung **keine Ersatzansprüche gegen** den **Verbraucher** geltend machen kann. Die Vorschrift sichert damit die Freiheit des Betroffenen ab, seine datenschutzrechtlichen Betroffenenrechte auszuüben und insbesondere die Einwilligung zurückzuziehen, ohne sich Ersatzansprüchen ausgesetzt zu sehen.

Dabei orientiert sich der Begriff der Ersatzansprüche an der Formulierung in § 548 BGB und umfasst **vor allem vertraglich vereinbarte Vergütungspflichten**, die im Fall einer Bereitstellung digitaler Produkte dann entstehen sollen, wenn der Verbraucher durch die Ausübung datenschutzrechtlicher Befugnisse im Nachhinein den Umfang der zulässigen Datenverarbeitung einschränkt oder vollständig ausschließt. Daneben werden auch gesetzliche Nutzungs- und Schadensersatzansprüche sowie Ansprüche aus Bereicherungsrecht und Geschäftsführung ohne Auftrag (GoA) vom Ausschluss gemäß § 327 q Abs. 3 BGB erfasst, damit der Unternehmer nicht auf diesem Umweg eine Vergütung vom Verbraucher fordern kann.[485] Das könnte den Verbraucher nämlich sonst von der Geltendmachung seiner datenschutzrechtlichen Befugnisse abhalten.

Außerdem wird die Freiheit des Verbrauchers, seine datenschutzrechtlichen Betroffenenrechte ausüben zu können, auch dadurch abgesichert, dass vertragliche Gestaltungen, die eine **anderweitige Vergütung** für die von § 327 q Abs. 3 BGB erfassten Fälle vorsehen, gemäß **§ 327 s BGB** unwirksam sind.

H. Abweichende Vereinbarungen

I. Unabdingbarkeit und Umgehungsverbot

Die Vorschriften über den Verbrauchervertrag über digitale Produkte (§§ 327 bis 327 r BGB) sind gemäß **§ 327 s Abs. 1 BGB** einseitig zwingend, d.h. sie dürfen nicht zum Nachteil des Verbrauchers abbedungen werden. Die Vorschrift orientiert sich an der Parallelregelung in § 476 Abs. 1 S. 1 BGB und dient der Umsetzung der Richtlinienvorgabe aus **Art. 22 Abs. 1 DIRL**. Eine gesonderte Regelung hinsichtlich der Verkürzung von Verjährungsfristen ist – anders als im Kaufrecht – nicht nötig, da sich die Unabdingbarkeit auch diesbezüglich aus § 327 s Abs. 1 BGB ergibt.[486]

---

484 Begr. z. RegE, BT-Drs. 19/27653, S. 76.

485 Spindler MMR 2021, 528, 530.

486 Begr. z. RegE, BT-Drs. 19/27653, S. 80.

> **§ 327 s BGB** (neu)
>
> (1) Auf eine Vereinbarung mit dem Verbraucher, die zum Nachteil des Verbrauchers von den Vorschriften dieses Untertitels abweicht, kann der Unternehmer sich nicht berufen, es sei denn, die Vereinbarung wurde erst nach der Mitteilung des Verbrauchers gegenüber dem Unternehmer über die unterbliebene Bereitstellung oder über den Mangel des digitalen Produkts getroffen.
>
> (2) Auf eine Vereinbarung mit dem Verbraucher über eine Änderung des digitalen Produkts, die zum Nachteil des Verbrauchers von den Vorschriften dieses Untertitels abweicht, kann der Unternehmer sich nicht berufen, es sei denn, sie wurde nach der Information des Verbrauchers über die Änderung des digitalen Produkts gemäß § 327 r getroffen.
>
> (3) Die Vorschriften dieses Untertitels sind auch anzuwenden, wenn sie durch anderweitige Gestaltungen umgangen werden.
>
> (4) Die Absätze 1 und 2 gelten nicht für den Ausschluss oder die Beschränkung des Anspruchs auf Schadensersatz.
>
> (5) § 327 h bleibt unberührt.

Unzulässig sind gemäß § 327 s Abs. 1 BGB **nur** Abweichungen **zum Nachteil des Verbrauchers**, für den Verbraucher günstigere Vereinbarungen sind hingegen zulässig.[487]

Zu beachten ist ferner, dass § 327 s Abs. 1 BGB **nur** für Vereinbarungen zwischen Verbraucher und Unternehmer gilt, die **vor Mitteilung** über den Mangel oder über die unterbliebene Bereitstellung getroffen wurden. Bei der Mitteilung handelt es sich um eine **geschäftsähnliche Handlung**, sodass die Vorschriften über Willenserklärungen auf sie anwendbar sind. Die Mitteilung wird mit Zugang beim Verkäufer wirksam.

Nach der Mitteilung über den Mangel oder die unterbliebene Bereitstellung des digitalen Produkts sind abweichende Vereinbarungen, wie etwa ein Vergleich – in den Grenzen der §§ 134, 138 BGB und gemäß der §§ 305 ff. BGB – erlaubt.

*Hinweis: Die Formulierung der Ausnahme in § 327 s Abs. 1 BGB ist – ebenso wie die des § 476 Abs. 1 S. 1 BGB – nicht sonderlich geglückt: Entscheidend ist nicht, dass dem Unternehmer der Mangel oder die unterbliebene Bereitstellung des digitalen Produkts mitgeteilt wird, sondern dass der Verbraucher Kenntnis davon erlangt hat. Nur dann ist nämlich sichergestellt, dass er den gewährleistungsbeschränkenden Charakter der Vereinbarung auch erkannt hat. Ausgehen muss die Mitteilung daher vom Verbraucher; eine Mitteilung durch einen Dritten reicht nicht aus. Außerdem muss sich die Vereinbarung auf den mitgeteilten Mangel beziehen. **Nur** bzgl. des **mitgeteilten Mangels**, nicht aber wegen anderer (noch verdeckter) Mängel, ist die abweichende Vereinbarung nämlich wirksam.*

Geht man vom Wortlaut des Gesetzes aus, so ist eine abweichende Vereinbarung nicht unwirksam, der Unternehmer kann sich auf sie nur nicht „**berufen**". Unabhängig davon, ob man die verbotswidrige Vereinbarung deshalb tatsächlich für nicht unwirksam hält, wird durch die Formulierung jedenfalls klargestellt, dass eine solche Vereinbarung nicht zur Gesamtnichtigkeit des Vertrags gemäß § 139 BGB führt.

---

487 Brönneke/Föhlisch/Tonner § 2 Rn. 233.

Eine § 327 s Abs. 1 BGB entsprechende Regelung hinsichtlich der **Änderung des digitalen Produkts** gemäß § 327 r BGB trifft **§ 327 s Abs. 2 BGB**. Auch hier ist zu beachten, dass sich die Regelung

- **nur** auf Vereinbarungen **zum Nachteil** des Verbrauchers bezieht und auch

- **nur** solche Vereinbarungen erfasst werden, die der Verbraucher mit dem Unternehmer **vor** der **Information des Verbrauchers** über die Änderung des digitalen Produkts getroffen hat.

Außerdem stellt **§ 327 s Abs. 3 BGB** sicher, dass die mit § 327 s Abs. 1 und 2 BGB bewirkte Unabdingbarkeit nicht durch andere Gestaltungen umgangen werden kann. Dieses **Umgehungsverbot** ist angelehnt an § 476 Abs. 4 BGB und dient der Umsetzung der Richtlinienvorgabe aus Art. 22 Abs. 1 DIRL.

Unter einer anderweitigen Gestaltung ist eine **rechtsgeschäftliche Vereinbarung** zu verstehen, welche die Wirkungen der Vorschriften auf anderem Wege als durch Ausschluss oder Beschränkung beseitigt. Eine entsprechende **Umgehungsabsicht** der Parteien ist **nicht erforderlich**. Ein Umgehungsgeschäft liegt etwa dann vor, wenn ein Unternehmer zum Vertrieb eines digitalen Produkts einen Verbraucher als „**Strohmann**", z.B. als mittelbaren Stellvertreter, einschaltet.

II. Verbleibender Gestaltungsspielraum

Nach § 327 s Abs. 4 BGB ist ein Ausschluss oder die **Beschränkung des Anspruchs auf Schadensersatz** möglich, weil diese Ansprüche von der nach § 327 s Abs. 1 und 2 BGB vorgesehenen Unabdingbarkeit ausgenommen sind. Der deutsche Gesetzgeber konnte diese Ausnahme – die der kaufrechtlichen Parallelvorschrift in § 476 Abs. 3 BGB entspricht – treffen, weil die Digitale-Inhalte-Richtlinie die Regelung von Schadensersatzansprüchen ausdrücklich den Mitgliedstaaten überlässt (vgl. Art. 3 Abs. 10 DIRL und Erwägungsgrund 73). Obwohl § 327 s Abs. 4 BGB vom Wortlaut her nur Schadensersatzansprüche erfasst, gilt die Vorschrift **auch für Aufwendungsersatzansprüche** i.S.d. § 284 BGB, da die Voraussetzungen für Schadensersatz und Aufwendungsersatz identisch sind und nach dem Gesetz nur Schadensersatz oder Aufwendungsersatz verlangt werden kann.

Soweit eine Beschränkung oder der Ausschluss von Schadensersatzansprüchen durch Allgemeine Geschäftsbedingungen (**AGB**) erfolgt, sind insbesondere die strikten Klauselverbote des **§ 309 Nr. 7 BGB** für Schäden aus der Verletzung des Lebens, des Körpers oder der Gesundheit oder für sonstige Schäden, die auf einer grob fahrlässigen Pflichtverletzung beruhen, zu beachten.

Werden unter Verstoß gegen § 327 s Abs. 1 BGB Gewährleistungsansprüche **individualvertraglich** ausgeschlossen, stellt sich die Frage, ob eine derartige Vereinbarung jedenfalls als nach § 327 s Abs. 4 BGB zulässiger Ausschluss der Schadensersatzansprüche auszulegen ist. Überträgt man auf diese Frage die für AGB geltenden Grundsätze, so bleibt der Ausschluss des Schadensersatzanspruchs jedenfalls dann wirksam, wenn die Gewährleistungsrechte **inhaltlich getrennt voneinander** ausgeschlossen werden.

Gemäß **§ 327 s Abs. 5 BGB** bleibt die Vorschrift des § 327 h BGB von den Regelungen in § 327 s BGB unberührt. Daraus folgt, dass eine **Abweichung von bestimmten Produktmerkmalen** unter den strengen Voraussetzungen des § 327 h BGB **möglich** und nicht durch § 327 s BGB ausgeschlossen ist.

2. Abschnitt: Verträge über digitale Produkte zwischen Unternehmern

Die Vorschriften des Untertitel 2 (**§§ 327 t bis 327 u BGB**) enthalten besondere Bestimmungen für Verträge über digitale Produkte zwischen Unternehmern. Der deutsche Gesetzgeber hat mit diesen Bestimmungen die Richtlinienvorgaben aus **Art. 20 DIRL** umgesetzt. Mit der Regelung in einem separaten Untertitel will der Gesetzgeber die klare Abgrenzung der Anwendungsbereiche der jeweiligen Regelungen zur Umsetzung der Richtlinie unterstreichen.[488]

A. Anwendungsbereich

Der Anwendungsbereich von Untertitel 2 ist gemäß **§ 327 t BGB** beschränkt auf

- Verträge **zwischen Unternehmern**, also Business-to-Business (B2B),

- die der **Bereitstellung digitaler Produkte** gemäß der nach den **§§ 327** und **327 a BGB** vom Anwendungsbereich des Untertitels 1 (§§ 327 bis 327 s BGB) erfassten Verbraucherverträge durch den Unternehmer dienen.

Davon werden **sämtliche Verträge** erfasst, die ein Unternehmer mit Vertriebspartnern schließt, um die eigene Leistungspflicht zur Bereitstellung eines digitalen Produkts aus einem vom Anwendungsbereich **des Untertitels 1** erfassten Vertrags erfüllen zu können. Der deutsche Gesetzgeber hat den Anwendungsbereich vor dem Hintergrund der Vielzahl an möglichen Verträgen sehr weit gefasst.[489]

§ 327 t BGB (neu)

[1]Auf Verträge zwischen Unternehmern, die der Bereitstellung digitaler Produkte gemäß der nach den §§ 327 und 327 a vom Anwendungsbereich des Untertitels 1 erfassten Verbraucherverträge dienen, sind ergänzend die Vorschriften dieses Untertitels anzuwenden.

Nicht erfasst werden von Untertitel 1 und damit auch nicht von Untertitel 2 hingegen **Kaufverträge über Waren** mit digitalen Elementen i.S.d. **§ 327 a Abs. 3 BGB**, weil es sich hierbei um Waren handelt, die in einer Weise digitale Produkte enthalten oder mit ihnen verbunden sind, dass die Waren ihre Funktionen ohne diese digitalen Produkte nicht erfüllen können und bei denen **kumulativ** die **Bereitstellung des digitalen Produkts** nach dem Kaufvertrag ebenfalls **geschuldet** ist. Solche Waren unterfallen dem

---

488 Begr. z. RegE, BT-Drs. 19/27653, S. 80.

489 Vgl. Begr. z. RegE, BT-Drs. 19/27653, S. 80.

Kaufrecht und somit sind in Bezug auf den Regress des Verkäufers die §§ 445 a ff. BGB einschlägig.[490]

B. Rückgriff des Unternehmers

In **§ 327 u BGB** wird ein möglicher Rückgriff des Unternehmers bei dem Vertragspartner statuiert, von dem er das digitale Produkt bezogen hat. Hintergrund ist – ebenso wie beim kaufrechtlichen Regressanspruch gemäß § 445 a BGB – die Erwägung, dass derjenige, der für eine Leistungsstörung **verantwortlich ist**, auch die Konsequenzen daraus tragen soll und nicht der letzte Unternehmer beim Vertrieb an den Endkunden.[491]

Allerdings setzt der Regress gemäß § 327 u BGB – abweichend von der Parallelregelung in § 445 a BGB – voraus, dass der letzte Vertrag in der Vertragskette eine Verbrauchervertrag gemäß §§ 327, 327 a BGB ist. Deshalb ordnet § 445 c BGB den **Anwendungsvorrang** des § 327 u BGB **gegenüber** den Regelungen in den **§§ 445 a, 445 b und 478 BGB** für den Fall an, dass der letzte Vertrag in der Lieferkette ein Verbrauchervertrag über die Bereitstellung digitaler Produkte ist.

Regress nur entlang der Vertriebskette möglich

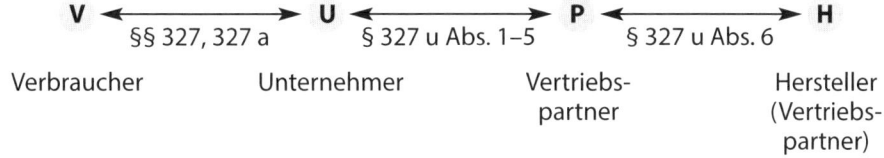

V ←—————→ U ←—————→ P ←—————→ H

| §§ 327, 327 a | § 327 u Abs. 1–5 | § 327 u Abs. 6 |

Verbraucher   Unternehmer   Vertriebs-   Hersteller
partner   (Vertriebs-
partner)

§ 327 u BGB (neu)

(1) [1]Der Unternehmer kann von dem Unternehmer, der sich ihm gegenüber zur Bereitstellung eines digitalen Produkts verpflichtet hat (Vertriebspartner), Ersatz der Aufwendungen verlangen, die ihm im Verhältnis zu einem Verbraucher wegen einer durch den Vertriebspartner verursachten unterbliebenen Bereitstellung des vom Vertriebspartner bereitzustellenden digitalen Produkts aufgrund der Ausübung des Rechts des Verbrauchers nach § 327 c Absatz 1 Satz 1 entstanden sind. [2]Das Gleiche gilt für die nach § 327 l Absatz 1 vom Unternehmer zu tragenden Aufwendungen, wenn der vom Verbraucher gegenüber dem Unternehmer geltend gemachte Mangel bereits bei der Bereitstellung durch den Vertriebspartner vorhanden war oder in einer durch den Vertriebspartner verursachten Verletzung der Aktualisierungspflicht des Unternehmers nach § 327 f Absatz 1 besteht.

(2) [1]Die Aufwendungsersatzansprüche nach Absatz 1 verjähren in sechs Monaten. [2]Die Verjährung beginnt

1. im Fall des Absatzes 1 Satz 1 mit dem Zeitpunkt, zu dem der Verbraucher sein Recht ausgeübt hat,

---

490 Dazu Wendehorst JZ 2021, 974, 980.

491 Brönneke/Föhlisch/Tonner § 5 Rn. 11.

2. im Fall des Absatzes 1 Satz 2 mit dem Zeitpunkt, zu dem der Unternehmer die Ansprüche des Verbrauchers nach § 327 l Absatz 1 erfüllt hat.

(3) § 327 k Absatz 1 und 2 ist mit der Maßgabe entsprechend anzuwenden, dass die Frist mit der Bereitstellung an den Verbraucher beginnt.

(4) [1]Der Vertriebspartner kann sich nicht auf eine Vereinbarung berufen, die er vor Geltendmachung der in Absatz 1 bezeichneten Aufwendungsersatzansprüche mit dem Unternehmer getroffen hat und die zum Nachteil des Unternehmers von den Absätzen 1 bis 3 abweicht. [2]Satz 1 ist auch anzuwenden, wenn die Absätze 1 bis 3 durch anderweitige Gestaltungen umgangen werden.

(5) § 377 des Handelsgesetzbuchs bleibt unberührt.

(6) Die vorstehenden Absätze sind auf die Ansprüche des Vertriebspartners und der übrigen Vertragspartner in der Vertriebskette gegen die jeweiligen zur Bereitstellung verpflichteten Vertragspartner entsprechend anzuwenden, wenn die Schuldner Unternehmer sind.

I. Rückgriffsansprüche

Gemäß **§ 327 u Abs. 1 BGB** hat der Unternehmer einen Regressanspruch gegen denjenigen Vertragspartner, der ihm das digitale Produkt bereitzustellen hatte oder bereitgestellt hat.

Anspruchsgegner des Rückgriffes aus § 327 u Abs. 1 BGB ist der Unternehmer, der sich gegenüber dem Regressnehmenden zur Bereitstellung eines digitalen Produkts verpflichtet hat und den die Legaldefinition in § 327 u Abs. 1 S. 1 BGB als **Vertriebspartner** bezeichnet. Anders als gemäß § 445 a Abs. 1 BGB müssen sowohl der Regressnehmende als auch der Vertriebspartner **Unternehmer (§ 14 BGB)** sein.

Hintergrund: Der deutsche Gesetzgeber hat – ausweislich der Gesetzesbegründung – den Vertragspartner zur besseren Unterscheidung als Vertriebspartner bezeichnet und entsprechend legaldefiniert. Erwägungsgrund 78 der Digitale-Inhalte-Richtlinie unterstreiche, dass sich die Rechte des Unternehmers nach Art. 20 DIRL auf den „Geschäftsverkehr" beschränken sollen. Hintergrund hierfür *sei insbesondere die im Bereich der Erstellung von Software übliche Verwendung von Software-Bestandteilen, die unter einer Open Source-Lizenz i.S.d. § 327 Abs. 6 Nr. 6 BGB stehen. Um diese Art der Lizenzvergabe nicht unattraktiv zu machen, sollten die* **Ersteller und Lizenzgeber** *solcher Software* **vor möglichen Regressansprüchen bewahrt** *werden.*[492]

1. Regress bei unterbliebener Bereitstellung

Der Aufwendungsersatzanspruch des Unternehmers gegen den Vertriebspartner gemäß **§ 327 u Abs. 1 S. 1 BGB** betrifft den Fall einer vom Vertriebspartner verursachten unterbliebenen Bereitstellung. Die erforderliche **Verursachung** durch den Vertriebspartner umfasst sowohl Handlungen als auch Unterlassungen.[493]

---

492 Begr. z. RegE, BT-Drs. 19/27653, S. 80 f.

493 Vgl. Begr. z. RegE, BT-Drs. 19/27653, S. 80 f.

Rechtsfolge des Regressanspruchs ist der Ersatz der Aufwendungen, die dem Unternehmer gegenüber dem Verbraucher wegen **unterbliebener Bereitstellung** des digitalen Produkts nach **§ 327 c Abs. 1 S. 1 BGB** entstanden sind. Nach § 327 c Abs. 1 S. 1 BGB hat der Verbraucher das Recht zur Vertragsbeendigung, wenn der Unternehmer seiner fälligen Verpflichtung zur Bereitstellung des digitalen Produkts auf Aufforderung des Verbrauchers nicht unverzüglich nachkommt. Die Rechtsfolgen der Vertragsbeendigung ergeben sich aus § 327 c Abs. 4 BGB i.V.m. §§ 327 o, 327 p BGB. Danach kann der Verbraucher vom Unternehmer **vor allem Kostenerstattung** gemäß § 327 o Abs. 2 und 3 BGB verlangen.[494] Für diese Aufwendungen kann dann der Unternehmer wiederum im Rahmen des Regresses gemäß § 327 u Abs. 1 S. 1 BGB vom Vertriebspartner Ersatz verlangen.[495]

Hinweis: *Zu beachten ist, dass § 327 u Abs. 1 S. 1 BGB nur auf § 327 c Abs. 1 S. 1 BGB verweist und gerade **nicht** auf die in **§ 327 c Abs. 2 BGB** geregelten Ansprüche des Verbrauchers gegen den Unternehmer auf Schadens- und Aufwendungsersatz. Das bedeutet, dass der Unternehmer Aufwendungen, die ihm wegen dieser Ansprüche des Verbrauchers entstanden sind, nicht gemäß § 327 u Abs. 1 S. 1 BGB vom Vertriebspartner ersetzt verlangen kann.[496] Der Unternehmer kann aber insoweit einen Schadenersatzanspruch gegen den Vertriebspartner haben.*

2. Regress bei Mängelgewährleistung

Außerdem hat der Unternehmer gegen den Vertriebspartner gemäß **§ 327 u Abs. 1 S. 2 BGB** einen Ersatzanspruch für vom Unternehmer getätigte Aufwendungen im Rahmen der Mängelgewährleistung gegenüber dem Verbraucher gemäß **§ 327 l Abs. 1 BGB**. Der Verbraucher kann vom Unternehmer nach § 327 l Abs. 1 BGB wegen eines Produkt- oder Rechtsmangels des digitalen Produkts **Nacherfüllung** verlangen. Ein Unterfall des Produktmangels ist die Verletzung der Aktualisierungspflicht aus § 327 f Abs. 1 BGB. Dabei erfasst der Aufwendungsersatzanspruch aus § 327 u Abs. 1 S. 2 BGB allerdings die **Aktualisierungspflicht nur** im Hinblick auf **objektive Anforderungen**, da eine vertragliche Vereinbarung zwischen Unternehmer und Verbraucher über eine Aktualisierung dem Vertriebspartner nicht zuzurechnen ist.[497]

Voraussetzung des Regresses nach § 327 u Abs. 1 S. 2 BGB ist grundsätzlich, dass der **Mangel** bereits **zum Zeitpunkt der Bereitstellung** des digitalen Produkts an den Verbraucher vorgelegen haben muss. Eine Ausnahme gilt jedoch für die Verletzung der Aktualisierungspflicht, bei der naturgemäß nicht auf den Zeitpunkt der Bereitstellung des digitalen Produkts abgestellt werden kann.

Hinweis: *Auch hier ist der **beschränkte Umfang des Regresses** zu beachten. Der Unternehmer kann gemäß § 327 u Abs. 1 S. 2 BGB nur den Ersatz seiner Aufwendungen gegenüber dem Verbraucher in Bezug auf die Nacherfüllung (§ 327 l BGB) verlangen. Kosten die der Un-*

---

494 Weiß ZVertriebsR 2021, 208, 213.

495 Brönneke/Föhlisch/Tonner § 5 Rn. 20.

496 Wendehorst NJW 2021, 2913, 2919.

497 Begr. z. RegE, BT-Drs. 19/27653, S. 80 f.

ternehmer dem Verbraucher gegenüber zu tragen hat, die aber über die Ansprüche des Verbrauchers aus § 327 I BGB hinausgehen, also z.B. Schadensersatz für Verzögerungen, die bei der Nacherfüllung aufgetreten sind, werden vom Regressanspruch des § 327 u Abs. 1 S. 2 BGB nicht erfasst. Der Unternehmer kann insofern aber einen Anspruch auf Schadensersatz gegen den Vertriebspartner haben.

In Bezug auf den Nachweis des Mangels ist **§ 327 u Abs. 3 BGB** zu beachten, wonach die **Beweislastregelungen** des § 327 k Abs. 1 und 2 BGB auch hinsichtlich des Anspruchs des Unternehmers nach § 327 u Abs. 1 BGB Anwendung finden. Unter bestimmten Bedingungen sieht **§ 327 k BGB** eine Beweislastumkehr zulasten des Unternehmers vor, derzufolge die Mangelhaftigkeit des digitalen Produkts vermutet wird. Diese zugunsten des Verbrauchers geltende Beweiserleichterung nach § 327 k BGB soll sich **nicht lediglich zulasten des Unternehmers** (im Verhältnis zum Verbraucher) auswirken, sondern auch innerhalb der Vertriebskette und damit gegenüber dem Vertriebspartner auch zugunsten des Unternehmers gelten. Zudem sollen dem Unternehmer keine Nachteile daraus erwachsen, dass die einjährige Vermutungsfrist des § 327 k BGB im Zeitpunkt der Inanspruchnahme des Unternehmers im Verhältnis zum Vertriebspartner bereits abgelaufen ist („Ladenhüterproblem"). Anderenfalls bestünde die Gefahr, dass der Unternehmer sowohl im Verhältnis zum Verbraucher als auch gegenüber dem Vertriebspartner beweisbelastet ist, was die Durchsetzung des Rückgriffsanspruchs erschweren oder praktisch ausschließen könnte.[498]

II. Verjährung

Die Verjährung der Ansprüche nach § 327 u Abs. 1 BGB ist in **§ 327 u Abs. 2 BGB** nach dem Vorbild des § 445 b Abs. 1 BGB geregelt. Danach verjähren die Aufwendungsersatzansprüche des Unternehmers in **sechs Monaten**, vgl. § 327 u Abs. 2 S. 1 BGB.

Dabei **beginnt** gemäß **§ 327 u Abs. 2 S. 2 BGB** die Verjährung

- im Fall des Regresses gemäß **§ 327 u Abs. 1 S. 1 BGB** mit dem **Zeitpunkt**, zu dem der Verbraucher sein **Recht ausgeübt** hat (§ 327 u Abs. 2 S. 2 **Nr. 1** BGB) und

- im Fall des Rückgriffs nach **§ 327 u Abs. 1 S. 2 BGB** mit dem **Zeitpunkt**, zu dem der Unternehmer die Ansprüche des Verbrauchers nach § 327 I Abs. 1 BGB erfüllt hat (§ 327 u Abs. 2 S. 2 **Nr. 2** BGB).

Die Anknüpfung des Verjährungsbeginns an den Zeitpunkt der Erfüllung gemäß **§ 327 u Abs. 2 S. 2 Nr. 2 BGB** ist insbesondere relevant bei der Verletzung einer Aktualisierungspflicht, die für den Unternehmer gemäß § 327 f Abs. 1 BGB auch über die Gewährleistungsfrist von zwei Jahren hinaus gegenüber dem Verbraucher bestehen kann.[499]

---

498   Begr. z. RegE, BT-Drs. 19/27653, S. 81.

499   Vgl. Begr. z. RegE, BT-Drs. 19/27653, S. 81.

III. Unabdingbarkeit und Umgehungsverbot

Der Vertriebspartner kann sich gemäß **§ 327 u Abs. 4 S. 1 BGB** nicht auf eine Vereinbarung berufen,

- die er **vor Geltendmachung** der in § 327 u Abs. 1 BGB geregelten Ansprüche auf Aufwendungsersatz mit dem Unternehmer getroffen hat und

- die **zum Nachteil des Unternehmers** von den Absätzen 1 bis 3 des § 327 u BGB abweicht.

Damit werden die in § 327 u Abs. 1 bis 3 BGB getroffenen Regelungen zugunsten des Unternehmers **einseitig zwingend** ausgestaltet. Die Digitale-Inhalte-Richtlinie gibt eine solche zwingende Ausgestaltung des Unternehmerregresses nicht vor. Denn Art. 22 DIRL, der die grundsätzliche Unabdingbarkeit der Richtlinienbestimmungen vorsieht, betrifft ausschließlich Vertragsklauseln, die sich zum Nachteil des Verbrauchers auswirken. Der deutsche Gesetzgeber hat sich gleichwohl dafür entschieden, zum Schutz des Unternehmers eine zwingende Ausgestaltung vorzusehen, **weil** der **Unternehmer im Verhältnis zu den Vertriebspartnern** in der Regel die **strukturell unterlegene Vertragspartei** ist.[500]

Geht man vom Wortlaut des Gesetzes aus, so ist eine abweichende Vereinbarung nicht unwirksam, der Unternehmer kann sich auf sie nur nicht „**berufen**". Unabhängig davon, ob man die verbotswidrige Vereinbarung deshalb tatsächlich für nicht unwirksam hält, wird durch die Formulierung jedenfalls klargestellt, dass eine solche Vereinbarung nicht zur Gesamtnichtigkeit des Vertrags gemäß § 139 BGB führt.

Nach der Geltendmachung des Aufwendungsersatzanspruchs durch den Unternehmer sind abweichende Vereinbarungen mit dem Vertriebspartner, wie etwa ein Vergleich – in den Grenzen der §§ 134, 138 BGB und gemäß der §§ 305 ff. BGB – erlaubt. Ferner sind auch bereits vor der Geltendmachung von § 327 u Abs. 1 bis 3 BGB abweichende Vereinbarungen **zugunsten** des Unternehmers zulässig.

Außerdem stellt **§ 327 u Abs. 4 S. 2 BGB** sicher, dass die mit § 327 u Abs. 4 S. 1 BGB bewirkte Unabdingbarkeit nicht durch andere Gestaltungen umgangen werden kann. Unter einer anderweitigen Gestaltung ist eine **rechtsgeschäftliche Vereinbarung** zu verstehen, welche die Wirkungen der Vorschriften auf anderem Wege als durch Ausschluss oder Beschränkung beseitigt. Eine entsprechende **Umgehungsabsicht** der Parteien ist **nicht erforderlich**.

IV. Beachtung der Rügeobliegenheiten

Mit dem Hinweis in **§ 327 u Abs. 5 BGB** wird klargestellt, dass die Rügelast nach § 377 HGB durch die Regelungen in § 327 u BGB unberührt bleibt. Die Untersuchungs- und Rügeobliegenheiten beim beiderseitigen Handelskauf gelten also ebenso weiter wie die sich aus **§ 377 HGB** ergebende Genehmigungsfiktion. Eine Verletzung der Obliegenheiten des § 377 HGB kann mithin das Entstehen von Regressketten verhindern

---

500 Begr. z. RegE, BT-Drs. 19/27653, S. 81.

oder solche Ketten unterbrechen. Das kann insbesondere für die von § 327 Abs. 5 BGB erfassten digitalen Inhalte auf körperlichen Datenträgern relevant sein.[501]

Problematisch ist, ob der Unternehmer seinem Vertriebspartner den durch den Verbraucher angezeigten Mangel **unverzüglich anzeigen** muss. Nach § 377 Abs. 3 HGB erstreckt sich die Anzeigepflicht des § 377 Abs. 1 HGB auch auf Fälle, in denen sich der Mangel erst später zeigt. Macht der Verbraucher gegenüber dem Unternehmer Mängelrechte geltend, zeigt sich hierin ein Mangel des Produkts.

V. Erstreckung auf die Lieferkette

Der Vertriebspartner hat gemäß **§ 327 u Abs. 6 BGB** selbst wiederum einen entsprechenden Anspruch nach § 327 u Abs. 1 BGB gegen denjenigen Unternehmer, der ihm das digitale Produkt bereitgestellt hat. Denn § 327 u Abs. 6 BGB erklärt insoweit **§ 327 u Abs. 1 bis 5 BGB für entsprechend anwendbar**. Das gilt jedoch – ebenso wie bei der Parallelregelung in § 478 Abs. 3 BGB – nur für den Fall, dass die jeweiligen Schuldner Unternehmer gemäß § 14 BGB sind.

Es ist also ausschließlich ein **Kettenregresses entlang** der **Vertriebskette** möglich.[502] Der deutsche Gesetzgeber hat sich nämlich gegen einen direkten Durchgriff, etwa auf den Hersteller, entschieden, obwohl dies vom Gestaltungsspielraum der Richtlinienvorgaben gedeckt gewesen wäre und so das Risiko besteht, dass die Rückgriffsansprüche in der Regresskette hängen bleiben.[503]

---

501 Begr. z. RegE, BT-Drs. 19/27653, S. 82.

502 Vgl. Begr. z. RegE, BT-Drs. 19/27653, S. 82.

503 Brönneke/Föhlisch/Tonner § 5 Rn. 15.

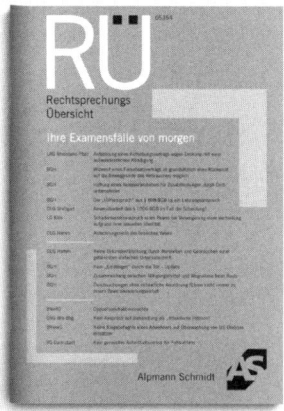
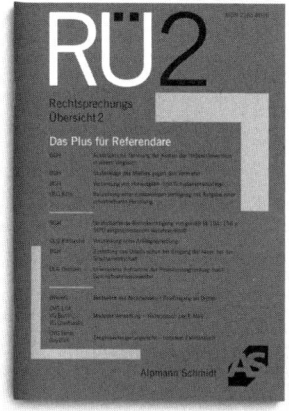

K1 und K2

Mehr als Fall und Lösung

Klausuren 1. und 2. Examen

Ihre besonderen Vorteile auf einen Blick:

Klausuren von ausbildungserfahrenen Repetitoren und Praktikern, auch zum Landesrecht

Klausurtaktische Vorüberlegungen und themenbezogene Vertiefungshinweise

Hygienisch: Upload Ihrer Ausarbeitung als PDF, individuelle und aussagekräftige Korrektur wird zum Download bereitgestellt"

Staatlich zugelassen gemäß § 12 FernUSG

Zusatzangebot im K2: individuelle **Audio-Korrektur**, die Ihre Klausurlösung bespricht und bewertet.

Infos unter www.alpmann-schmidt.de

Alpmann Schmidt